えびすさま よもやま史話

「西宮神社
御社用日記」を
読む

西宮神社文化研究所 編

神戸新聞総合出版センター

はじめに

西宮神社には元禄七年（一六九四）から慶応四年（明治元年・一八六八）に至る、神主達が代々書きつづってきた社務日誌が所蔵されています。従来その一部は歴史研究等に利用されてきましたが、平成二十二年（二〇一〇）に西宮神社文化研究所を設立し、社務日誌の全文翻刻《ほんこく》と出版作業を進めてきました。

そして平成二十三年（二〇一一）に『西宮神社御社用日記』（清文堂出版）として第一巻を刊行しました。現在第三巻まで発刊し、元禄七年から享保十三年（一七二八）に起きた神社内外の様々な事件や動向を、活字で読んでいただけるようになりました。

また刊行と連動する形で、「社用日記」の記述を基にした研究活動も行われました。特に翻刻作業にご尽力いただいた研究者の方々を中心とする『近世の芸能的宗教者・勧進《かんじん》宗教者の組織編成と地域社会』が、平成二十五年（二〇一三）度の日本学術振興会科学研究助成費（基盤研究B）に採択され、諸国でえびす信仰を弘《ひろ》め、支えていた〈えびす社人《しゃじん》・えびす願人《がんにん》〉の実態解明が一段と進められました。

その他、宮司家所蔵の古文書を『西宮神社文書』（清文堂出版、現在第二巻、以後続刊）として、御神影札《おみえふだ》の頒布《はんぷ》に携わった諸家伝来の古文書等を『近世諸国えびす御神影札頒布関係史料集』（当社発行、現在第二巻、以後続刊）として刊行し、西宮神社のみならず、えびす信仰全体の研究基盤となる各種史料集の充実も図っています。

このような出版・研究活動を踏まえて、この度『えびすさま よもやま史話―「西宮神社御社用日記」を読む』と題し、「社用日記」を手がかりに、江戸時代の西宮神社やえびす信仰に関する様々な逸話を、できる限り分かりやすくまとめた書籍の出版を企画しました。本書では西宮神社の神事祭礼やそれらを支えていた人々の話を始め、神社をとりまく江戸幕府や朝廷の話、神社境内で催された色々な行事や事件等を取り上げました。また、各地におけるえびす信仰の多彩なあり方も数多く紹介しています。

本書の全六十篇の逸話を通して、読者の皆さんが江戸時代の西宮神社の知られざる一面に触れ、あらためて「えべっさん」の魅力を感じていただければ幸いです。

令和元年十月

西宮神社文化研究所
戸田靖久

第二章
西宮神社と社中

第三章
西宮神社と祈り

第四章 信仰をひろめる

第五章 西宮神社の境内と賑わい

第六章 西宮神社のあれこれ

序章

「西宮神社御社用日記」のこと

「西宮神社御社用日記」とその概要

「西宮神社御社用日記」・諸国文書の調査

「社用日記」は、元禄七年（一六九四）、当時の神主である吉井宮内《くない》良信が十九歳のときに記録をはじめてから、歴代神主の手により原則年一冊の竪帳として書き継がれ、近世期だけで二一二冊が現存する。その記録者は表のとおりである。基本的に神主の手によって記されるが、例えば、明和四年（一七六七）〜同九年（一七七二）の期間は神主吉井良足がいまだ幼少のためか、社家の東向斎宮良近が記録者となっている。

加えて、「社用日記」とは別に、神社所蔵文書・本吉井家文書（吉井良昭氏所蔵）・西吉井家文書（吉井良英氏所蔵）、さらには原本は戦災で焼失したが、戦前に調査し、原稿用紙に筆写していたもの、などの史料群も残されている。

その他、諸国に散在するえびす願人《がんにん》についての調査・研究も継続的に行われている。えびす願人とは、近世期に幕府より全国におけるえびす御神影札《おみえふだ》の独占的頒布権を認められていた当社より許可を得て、諸国にて同札を頒布していた人々のことである。こちらについては、平成十四年より神職が全国の末社などを訪問した際に閲覧・写真撮影を行ってきた。

「社用日記」をはじめ、これらの諸史料群を通して、近世西宮神社と諸国におけるえびす信仰の様相はもとより、太平洋戦争末期の空襲により町方史料がほとんど現存しないとされる西宮町、さらには阪神地域の歴史を紐解くことにも寄与することが期待される。

「社用日記」からわかること

つぎに、その「社用日記」の概要と内容を紹介しておきたい。前述の如く、基本的に年一冊である

表　近世期における西宮神社神主一覧

代	氏名・官職名	職	口宣案年月日	生没年月日	備考
42	吉井宮内良重	神主	慶長17年(1612)正.5	未詳～承応3年(1654)10.29	生田社後神秀治の弟より養子に入る。
―	吉井主計(新太郎)	神主	叙任なしヵ	未詳	生田社後神秀治の子息より養子に入る。
43	吉井民部良次	神主	寛文6年(1666)2.23	未詳～延宝6年(1678)8.10	大坂塚本角兵衛の子息より養子に入る。
44	吉井式部良政	神主	叙任なしヵ	未詳	伏見藤森社神主の甥より養子に入る。
45	吉井宮内良信	神主	元禄6年(1693)9.5	延宝3年(1675)11.1～寛保2年(1742)5.4	吉井良次子息。
46	吉井左京亮良行	神主	享保19年(1734)12.2	宝永6年(1709)1.29～宝暦8年(1758)4.4	吉井良信長男。年頭礼にて出府中旅宿にて死去。
47	吉井和泉守良知	神主	宝暦9年(1759)2.12	正徳3年(1713)～明和5年(1768)8.24	吉井良信次男。三男は西吉井家として分家
48	吉井陸奥守良秀	神主	明和6年(1769)10.5	宝暦6年(1756)1～文政4年(1821)7.26	寛政2年(1790)以降は良足と称す。
49	吉井上総介良貫	神主	享和元年(1801)10.28	未詳～弘化4年(1847)ヵ	文化7年(1810)以降は良明と称す。萩原従言の子息より養子に入る(天保14年〈1843〉9.10～17)。
50	吉井但馬守良顕	神主	天保10年(1839)5.30	文化11年(1814)ヵ～嘉永7年(1854)8.19	
51	吉井陸奥守良郷	神主	安政2年(1855)9.24	弘化元年(1844)9～明治18年(1885)9.4	

※本表は吉井良昭・松本和明が作成した。

が、欠年や、前後が散逸したのち綴じなおしたと思われるもの、そして特殊な日記として「阿州淡州下向之日記」（寛保元年・一七四一）・「佐渡行御社用日記」（享和二年・一八〇二）など、諸国願人調査のため神職が下向した際に記されたもの、がある。

また、特筆すべき事柄として、江戸年頭礼があげられる。これは年末より神主が参府し、明くる正月六日に江戸城にて将軍へ拝礼するというものであり、たとえば享保二年（一七一七）日記には「独礼座、第一伊勢内外宮祠官、第二山崎神主、次西宮神主、次鹿嶋神主、次武州府中六所神主、次尾張熱田神主、其外六七人一列ニにて御礼申し上げ候」とあり、独礼座の格式を以て拝礼する神社のうち三番目に御礼を行ったことが記されている。ただし、なぜ斯様《かよう》に高い格式を有していたのか、その明確な理由は現在のところ不明である。

この年頭礼は、元禄十六年までは毎年行われるが、幕命により元禄十七年から享保十六年までは隔年、同年以降は四年に一度に緩和される。このことが日記内容にも大きな影響を与えている。すなわち、記録者たる神主が参府するため、年末から翌三月頃までは、江戸での事項は記されるものの、西宮についてのそれは記されないということである。ゆえに、元禄時代の十日戎の様相などは残念ながら不明である。享保十四年以降、参府中の記録は「江戸表ニ而御社用日記」などという表題が付されて別帳となるが、この「江戸日記」は正月から三月の江戸における記録、そして「社用日記」が西宮へ帰着後の三月から十二月の記録であり、前述の傾向はかわらない。

内容については、「社用日記」とあるごとく、当時は一体であった広田・夷・南宮の三社についての神事祭礼・経営（＝社用）が主であり、神職家内部ないし西宮町の様子はほとんど記されていない。ただし、何某からの祈祷依頼、何某からの寄進、などは記録されていることから、それらを追跡し、神社を核として取り結ばれる関係として把握することにより、ある程度は明らかになると考えられる。

神社内部については、構成員たる神主・社家《しゃけ》・祝部《はふりべ》・神子《みこ》・願人頭《がんにんがしら》・関屋役人の身分・職分・得分とその相互関係に留意すべきである。たとえば、神主・社家が祈祷行為を執り行い、祈祷料・初尾などを受納できるが、祝部以下は不可である。ただし、神子は神楽を奉納し、神楽料を受納できる。また、えびす御神影札の印刷の際は必ず神主・願人が立ち会う、関屋役人は神主支配であり神社にかかわる「神用」に使役することができるが、その神主でさえ「私用」に使役することはできない、などといっ

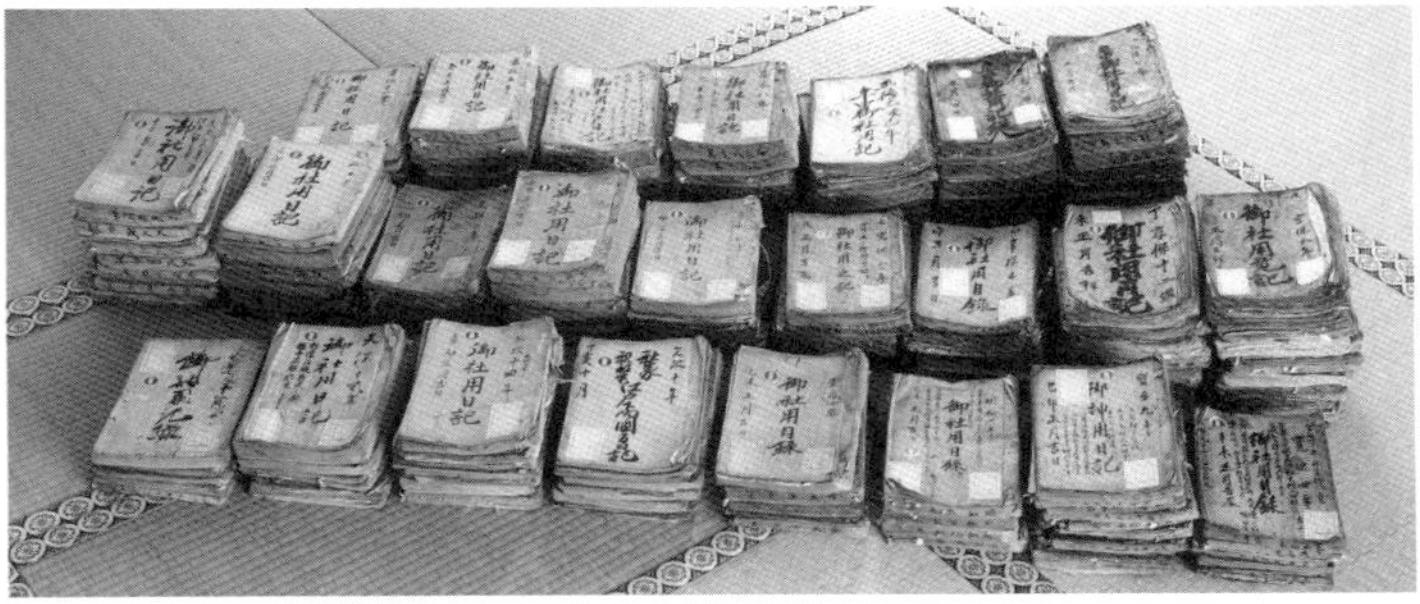
近世期の「西宮神社御社用日記」

たことである。かかる重層的・複合的な関係は神事祭礼の際に可視的に示されるが、神主を頂点に、神社をささえる人々の身分・職分を解明する手掛かりとなるだろう。また、西宮・広田・中・越水の各村にひろがる氏子圏や参詣人・寄進者、さらにはえびす御神影札頒布を媒介として繋がる、全国に散在する願人の実態やその組織、これらも総体として神社をささえる人々として把握し、本社との関係の濃淡や在地における身分・職分などとの関連にも目配りをしながら分析していく必要があろう。

対外的には前述のような幕府との関係のほか、幕府の出先機関であり、畿内近国の寺社行政を司る京都・大坂両町奉行所や、領主尼崎藩の支配をうけた。従来、畿内近国研究においては町奉行所支配に注目が集まる傾向にあったが、日記中には、大坂町奉行所へ提出すべき案件であっても、まずは尼崎藩当局に伺い、提出・不提出の判断を仰ぐ事例が頻出しており、寺社行政を切り口に新たな視点を獲得しうる可能性を有する。加えて、朝廷とは伝奏《てんそう》たる白川神祇伯家（正徳期の争論以降は武家伝奏）を介して繋がっており、宗教的側面からの支配、ないしはそれと前述の世俗権力による支配との関係解明も期待される。これらについて、公的文書では見えづらい意思決定過程や、それぞれの立場でどのように考え、如何に行動したのか、まで判明する。この点は日記史料の長所といえよう。

おわりに

かかる諸点のほかにも、神事への視線も重要である。たとえば、現在は行われておらず、近世においてもすでにその由緒が不明とされていた、三月十八日の「夷御世渡始《えびすみしょうたいはじめ》」の神事などを紐解きながら、近代以前の西宮神社をめぐる信仰のあり方、すなわち現在との連続と断絶の両側面が明らかになると期待される。それ以外にも、境内への窃盗侵入や町内の火災・地震・捨て子、さらには境内外堀で子供が金銀を掘り当てたことなど、単純に興味・関心を満たす内容も豊富に記録されている。

以上のように内容が多岐にわたるため、読み手の興味・関心の違いにより様々なトピックを見いだせると思われる。また、神社に限定されず、近世の西宮をめぐる事件簿などとしてお読みいただくことも可能である。原文はいわゆる候文《そうろうぶん》であり難解であるため、できるだけわかりやすく叙述することを心がけた。ご自身の興味関心に沿った話題からお読みいただければ幸いである。

(松本和明)

日記を書き継ぐ・守り継ぐ

本書の主要な情報源である「西宮神社御社用日記」は、元禄七年（一六九四）以来書き続けられている、西宮神社の社務日誌である。その情報の豊かさは目次が示すとおりで、西宮神社の日々の営みやえびす信仰の実態にとどまらず、江戸時代の西宮地域やそこに生きる人々の諸相をも描き出している。しかしここでは、「西宮神社御社用日記」そのものを話題としたい。「西宮神社御社用日記」は、どのように作られ、どのように継承されてきたのか。資料の観察によって得られた情報から、「西宮神社御社用日記」（以下、日記）の歴史を解き明かす。

江戸時代の西宮神社（現在の西宮神社、広田神社、南宮神社の三社からなる）には、神主・社家・祝部・神子・願人などが所属していたが、誰が日記を書いたのだろうか。奥書や裏表紙の署名によると、日記の記録者は歴代神主であったようだ。神主は、神事と神社の管理運営を司る神職で、吉井家が世襲した。

江戸時代の日記は、吉井宮内良信、吉井左京亮良行、吉井和泉守良知、吉井陸奥守良秀（良足）、吉井上総介良貫（良明）、吉井但馬守良顕、吉井陸奥守良郷という七人の神主によって書き継がれた。日記の記録期間は神主在職期間にほぼ該当するが、幼少期に家督を継いだ場合、一七歳から二〇歳に成長するまで、社家の東向氏や後見人が記録を担った。

また、西宮神社の神主は江戸幕府に対する年頭礼のため、西宮を離れ、江戸に滞在する時期がある。年頭礼は元禄十六年（一七〇三）まで毎年執り行われていたが、その後隔年となり、享保十六年（一七三一）の次は三年後、享保十九年（一七三四）以降は四年に一度の頻度となった。神主は、年頭礼を行う前年の十二月頃から出府の手続きを始め、江戸城において正月六日の儀式を終えた後、二月頃に帰国する。初期の日記では、西宮での社務も出府の記録も区別なく綴られていたが、享保十一年（一七二六）から、江戸での活動記録のみをまとめた「江戸日記」が作られるようになった。では、神主不在の間、西宮での日記は誰が書いていたのだろうか。

吉井宮内良信の代には、神主不在中の西宮における社務記録は存在しない。「江戸日記」を作り出してからも記録者は神主のみであり、従って西宮での日記には十二月から翌二月頃までの出来事が欠けている。一方、吉井左京亮良行以降は、他の者に代筆させるようになった。吉井左京亮良行は弟の吉井采女に、吉井和泉守良知と吉井陸奥守良秀は社家の東向氏に、吉井上総介良貫は前神主の吉井良足に記録を任せていたようだ。そのため、神主が「江戸日記」を記している期間も、西宮での社務が記録されており、正月の神事などについて知ることができるのである。

続いて、日記の形態について考えてみたい。現在残っている日記のほとんどは、竪冊（または竪帳）と称される袋綴じの簿冊である。基本的に、一年分の記録が一冊に収められている。ところで、日記は簿冊状の和紙に直に書いたのか、それとも一紙状の和紙に記録したものをまとめて簿冊に仕立てたのだろうか。資料を観察すると、そのどちらもあったことがうかがえる。

多くの日記は、簿冊の状態で筆録され、その状態が保たれていると思われる。それは、見開きにして文字を書くための十分な余白がノドにあること、小口に乱れがないこと、奥書の後に白紙が残っていることなどから推測できる。一方で、ノドに余裕がなく文字の一部が綴じ目にかかっていたり、質や寸法が異なる紙が混在していたり、文字の一部が裁ち落とされていたりするものは、文字の書かれた紙をまとめて簿冊に仕立てたのだろう。

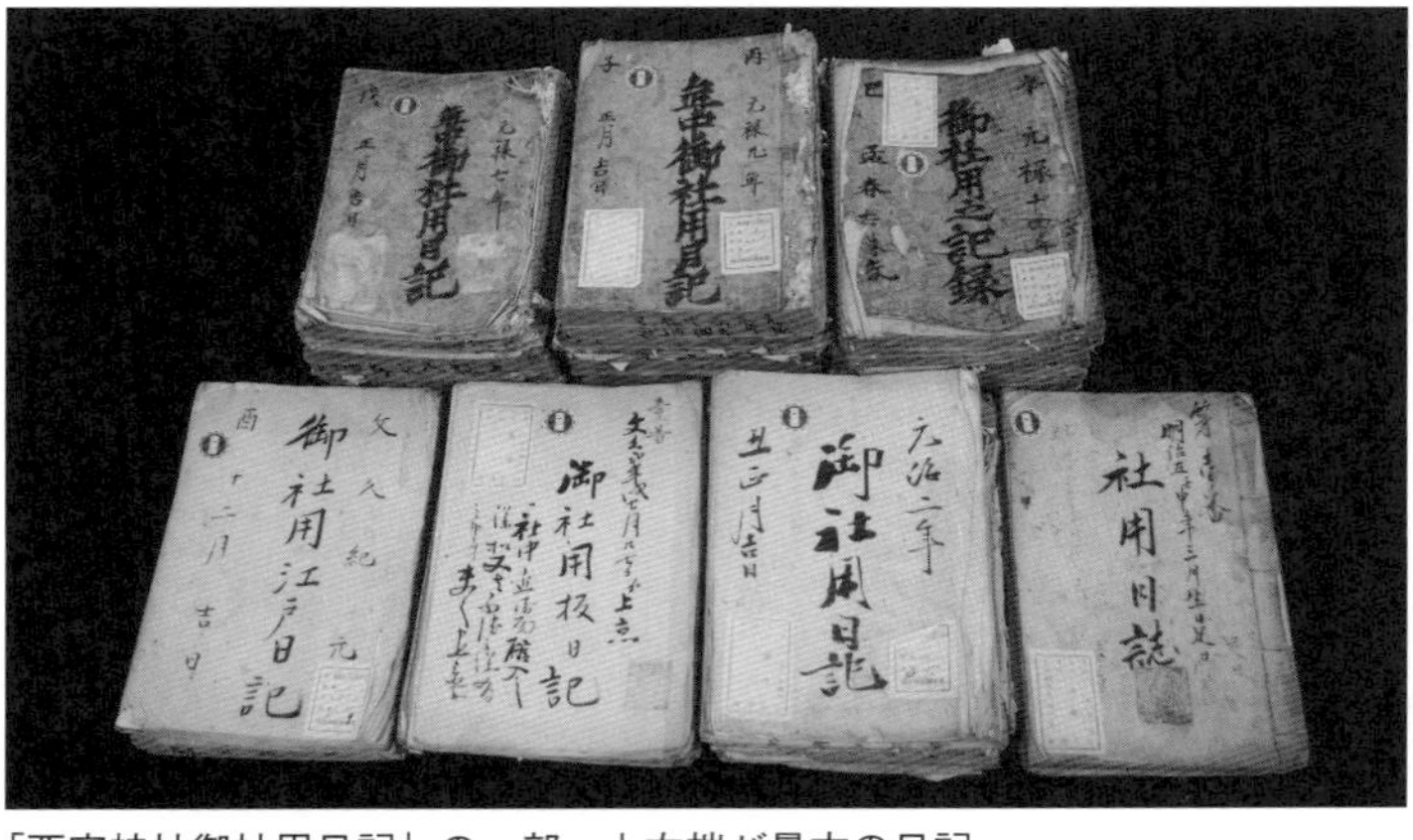

「西宮神社御社用日記」の一部。上左端が最古の日記

また、一度仕立てた簿冊に手を入れた痕跡も見つかった。日記の中には、小口に年代などの墨書を持つものがある。これは、日記を平積みにして保管した時、検索しやすいように付されたものだ。この墨書が欠けていたり、小口に段差があって文字が歪んでいたりするのが、小口書が加えられた後に、日記の綴じ直しや紙の除去などが行われた痕跡である。

実は、補修や編集の跡がある日記は少なくない。表紙が二重になっていたり、「諸用書込」と記された紙片が挿入されていたり、文章の削除や追記といった修正指示の貼紙があったりする。また、神主不在の西宮における社務のみを記した「御社用仮日記」や、寄進帳の裏紙を利用した「仮御社用日記」も残っており、その内容が他の日記に転写されていることから、日記に草稿があったことがうかがえる。現在残っている日記は、編集され、清書されたものである可能性が高い。

さて、上記の様に作られた日記には、二種類のラベルと「貴重書」というシールが貼り付けられている。ラベルには、それぞれ「西宮神社図書票」「西宮神社」と印刷されており、西宮神社が文書管理のための整理を行ってきたことが分かる。重なり方から、前者がより早い段階で貼られたようだ。「西宮神社図書票」は、明治元年(一八六八)以降の日記には貼り付けられておらず、また「西宮神社」ラベルの名称欄には、明治元年より前は「重要」、それ以降は「日記」とあり、西宮神社において、明治元年が文書管理の節目であったことがうかがえる。現在も、日記は「西宮神社」ラベルの番号によって管理され、大切に保管されている。

最後に、日記をめくっていると、イチョウの葉が挟まっていることがある。初めは栞かと思った。しかし、二枚、三枚と見つけると、そうではないなと思い直し、調べてみると、イチョウの葉は紙魚よけとして使われていたようだ。元禄時代に出版された『本朝食鑑』にも、銀杏は「古よりよく書蟲を除くという、そのため新葉をとって常に書中に挟む」と説明されている（ただし、なぜ防虫の効果があるかは不明とのこと）。日記に挟まれたイチョウの葉に、文書を守り、後世に継承しようという意思を感じた。

現存する最古の日記の奥書に、吉井宮内良信は「本年中の出来事を詳しくこれにしたためた。後代の証拠として書き置くものである」（元禄七）と記している。その言葉どおり、日記は後代に引継がれ、引用され、今や一神社の枠を超えた歴史的価値を有している。その価値が評価され、元禄七年から明治八年まで（一六九四〜一八七五）の「西宮神社御社用日記」二一六点が、平成二十八年（二〇一六）二月三日に西宮市指定重要有形文化財に、翌年三月十四日に兵庫県指定重要有形文化財に指定された。これからは、地域の宝物として資料を保護してゆこう、というのである。

西宮神社において連綿と書き継がれ、守り継がれてきた「西宮神社御社用日記」を、今後は地域の宝物としても守ってゆかなければならない。

（笠井今日子）

「社用日記」の書かれ方

「社用日記」は基本的には神主が筆録するが、神主不在の場合は社家や親族が筆を執ることもある。そうした中、吉井宮内《くない》良信が神主として奉職していた時期は全て宮内自身の筆によって記録されたと考えられる。元禄七年（一六九四）から「後代の証跡のため」として日記を書き綴った、宮内による正月の年始祈祷の内容や本文の後に書かれた書き終わりの部分・署名を通じて、年ごとに特色や傾向があるのかどうか比較・検討を行った。

まず年始祈祷について、元禄七年から暫くの間は毎年幕府年頭礼に江戸へ下向しているため、日記に記載があるのは元禄十七年（一七〇四）以降

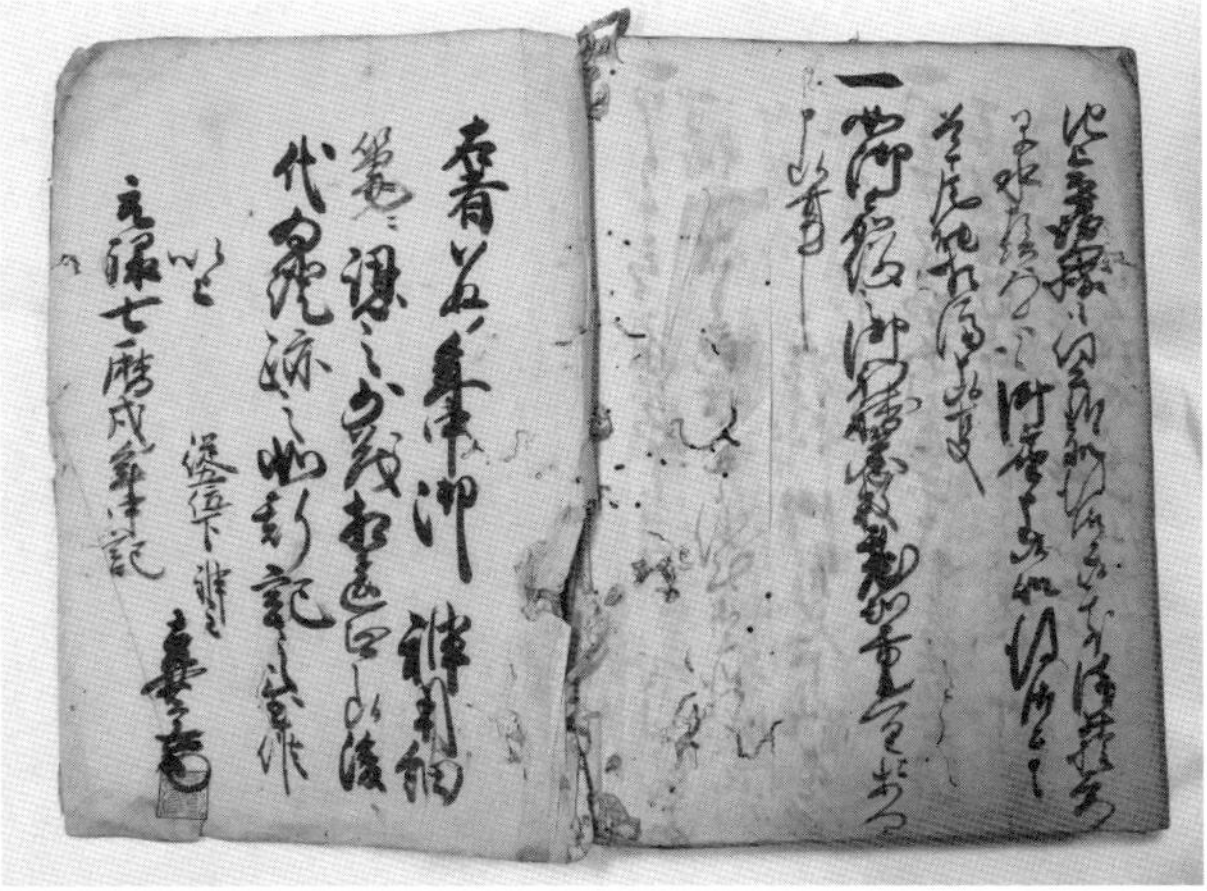

「西宮神社御社用日記」元禄七年末尾（左頁）

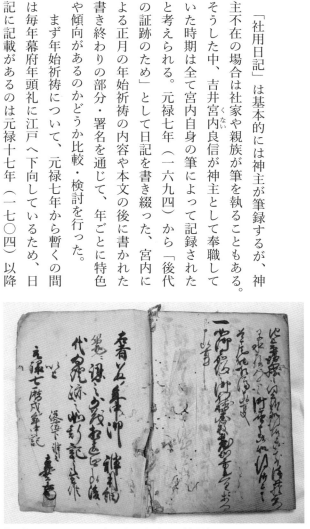

である。元禄十六年（一七〇三）十二月に年頭礼は以後隔年にするよう通達があり（元禄十六年十二月四日）、以後は西宮と江戸を交互に正月を過ごしている。祈祷内容の変遷については大きく三つに分けられるが、毎回見られる天下泰平と社頭繁栄の祈祷以外にどのような内容が対象となっているのか見ていこう。

第一期は元禄十七年（一七〇四）からで、この年の祈祷内容は「天長地久」と「社頭繁栄平安」という非常にあっさりしたものだったが、宝永三年（一七〇六）は「天下泰平」と社頭の繁栄の他、「玉躰安穏」と大樹（将軍）の武運長久を祈っている。隔年となって初めての宝永二年の年頭礼を経た西宮での年始祈祷内容が確立していく過程が垣間見られる。宝永五年（一七〇八）には、前年の地震や疫病流行を鑑みてか「万民安楽」という文言が見られる。宝永七年（一七一〇）に「万民安楽」と「五穀成就」の文言があるのは、前年に干魃《かんばつ》があったからであろう。将軍の「武運栄久」を祈っているのはやはり前年に徳川綱吉が死去したからか。ただ宝永七年以降玉躰に対する祈祷は無くなり、正徳二年（一七一二）は天長地久の文言が復活するものの、万民安楽や五穀成就の文言は見られなくなる。ところが社中の構造が一変した、争論後初めての正徳六年（一七一六）の西宮での年始祈祷は、天下泰平・社頭繁昌平安の他、「公方様安全御息災御延命」といった文言や、「万民安楽」また「国土豊」といった内容が見られる。争論で幕府の裁判において勝訴することができた自信と余裕が見て取れようか。

第二期は享保二年(一七一七)からである。この年は年頭礼で江戸に居ながらも祈祷内容が記されているが、将軍の息子も祈祷対象となっている(以降恒例となる)。前年に徳川家継が死去して吉宗が将軍に就任したことがきっかけと考えられる。

第三期は享保九年(一七二四)からで、この年は前年に夷社及び南宮神社を正遷宮したため、社頭は「平安弥増繁昌」と記されるなど特殊である。また、前年十月二十五日条で尼崎藩主松平忠喬《ただたか》が「来年ハ御本厄」なので「年始御祈祷」を「臨時」に勤めることとなったため、藩主の「武運長久」・「当暦四十二歳厄除息災安全」の祈祷が行われた。この藩主(領主)に対する祈祷は以後恒例となる。玉躰安穏が復活し氏子の無事が祈祷内容となるのもこの年からである。そして享保十一年(一七二六)からは五穀成就の祈祷が復活する。

次に書き終わりの部分を比較すると、大きく六つに分けられる。

第一期は元禄七年(一六九四)から同十二年(一六九九)で、「相違無」・「後証之為」(後代など)・「従五位(下)」・「神主」・「吉井」・「宮内」などといった文言が見られる。元禄七年から四年間はほぼ同一の文言が並んでいるが、同十一年には位階と「神主」の文言が無く、翌十二年には「後代之為」が無い代わりに「記置」という文言があり、位階は「従五位」と記される。当初書き慣わしていた文言が、徐々に変化していった様子がうかがえる。

第二期は元禄十三年(一七〇〇)から宝永三年(一七〇六)で、「記置」・「神主」・「吉井」・

「宮内」（偶に花押あり）などという文言がある。第一期との違いは「相違無」・「後証之為」など及び位階の表記が無いことである。但し元禄十四年（一七〇一）から同十六年（一七〇三）は変則的で、同十六年は「相違無」と「後証」文言が復活する。この年に神子争論の再審があり、年末には江戸年頭礼が毎年から隔年へと変更になったことも関係しているかもしれない。それに関連してか、隔年になって初めての年頭礼があった宝永二年（一七〇五）は「相違無」文言があり、書き終わり部分後に神領割の記事がある。また、翌三年は「失筆候儀共可有之候得共先止菟毫」と記したり、神主の代わりに「社務」と署名したりするといった特色もある。その後に寺社奉行衆の名前が記されていることも年頭礼に関係すると考えられる。

第三期は宝永四年（一七〇七）から正徳二年（一七一二）で、偶に「後証」という文言がある他は「千秋万歳」・「神主」・「吉井」・「宮内」などという文言が見られる。この時期の画期としては、以後殆どの年に書かれる「千秋万歳」という文言が記される点である。これは宝永四年閏正月に地震があり、三月には本所白川家が焼亡し、夏には流行病があったための験担ぎというような性格があるのではないか（ただし宝永四年は本文中に見られ、書き終わり部分に登場するのは翌五年からである）。なお、正徳争論の契機が事実上発生した正徳二年には「相違無」と「後証」という文言が復活する。正徳三年（一七一三）は翌四年七月までの争論に関する一つづりの日記なので区分に含まれないが、同四年七月の書き終わり部分には「相違之儀無之」・

「記録」に加え、「自今已後社頭繁栄平安万歳楽目出度々々」とあり、無事に勝訴した自信と安堵がうかがえよう。

第四期は正徳四年（一七一四）から享保九年（一七二四）で、偶に「後証」などの文言があり、「千秋万歳」・「神主」・「吉井」・「宮内」・（偶に「良信」）・花押などといった表記が見られる。今期の特徴は「神主」に「西宮・広田神社」が付されるようになることである。これ以前は「広田・西宮」というように広田神社が先に記されていた。また、「良信」は宮内が出府している年を中心に書かれている。なお特筆すべき年として、享保八年（一七二三）には「万々歳」・「従五位」・「南宮・西宮両社神主」という文言があるが、前述の通り同年十二月五日及び六日に夷社と南宮神社の上遷宮を行ったことが影響していると考えられる。

第五期は享保十年（一七二五）から同十二年（一七二七）で、「記置」・「千秋万歳」・「神主」・「吉井」・「宮内」といった文言が見られる。この期間は「後証」などが消える代わりに「記置」という文言が復活する他、裏表紙に「従五位神主吉井宮内」と記される点が特徴である。これには、享保十年に息子左京が元服したことが背景にあるのではないだろうか。

第六期は享保十三年（一七二八）から同十九年（一七三四）で、「千秋万歳」（「目出度」の時もあり）・「吉井」・「宮内」（偶に花押）といった文言が見られ、最もシンプルな時期に当たる。ただ、享保十六年（一七三一）は「相違無」文言が復活している。また、享保十九年の裏表紙に「従五位神主吉井宮内」とあるのは、この年に神主職を左京に譲渡しており、位階を意識したためであろうか。

このように、宮内の日記の年始祈祷内容及び書き終わり部分は年によって完全に統一されてはいないものの、大まかに区分できるといえる。年始祈祷は前年の出来事を、書き終わり部分はその年の出来事を反映していると考えられる。両者は時期的に重なる部分もあるが、年始祈祷の方が内容上公的な性格が強いことが指摘できよう。「社用日記」の文言には筆者宮内の心性を垣間見ることができる側面もあるのではないか。

（日向寺朋子）

第一章

江戸幕府・朝廷と西宮神社

江戸時代における西宮神社の社領

本項では、神社の財政基盤ともいえる社領について確認したい。

江戸時代の寺社領は、大きくわけて三種類が存在した。一つは朱印地《しゅいんち》と呼ばれるもので、徳川将軍の朱印状（図参照。朱印を捺印、もしくは花押《かおう》。花押の場合はとくに判物《はんもつ》という）をもって安堵《あんど》された寺社領を指す。二つには黒印地《こくいんち》で、それぞれの地域を治める大名が発給する黒印状《こくいんじょう》（黒印を捺印、もしくは花押）をもって安堵された寺社領である。三つには除地《じょち》と呼ばれるもので、証文の類は発給されないが、年貢を免除された土地である。除地

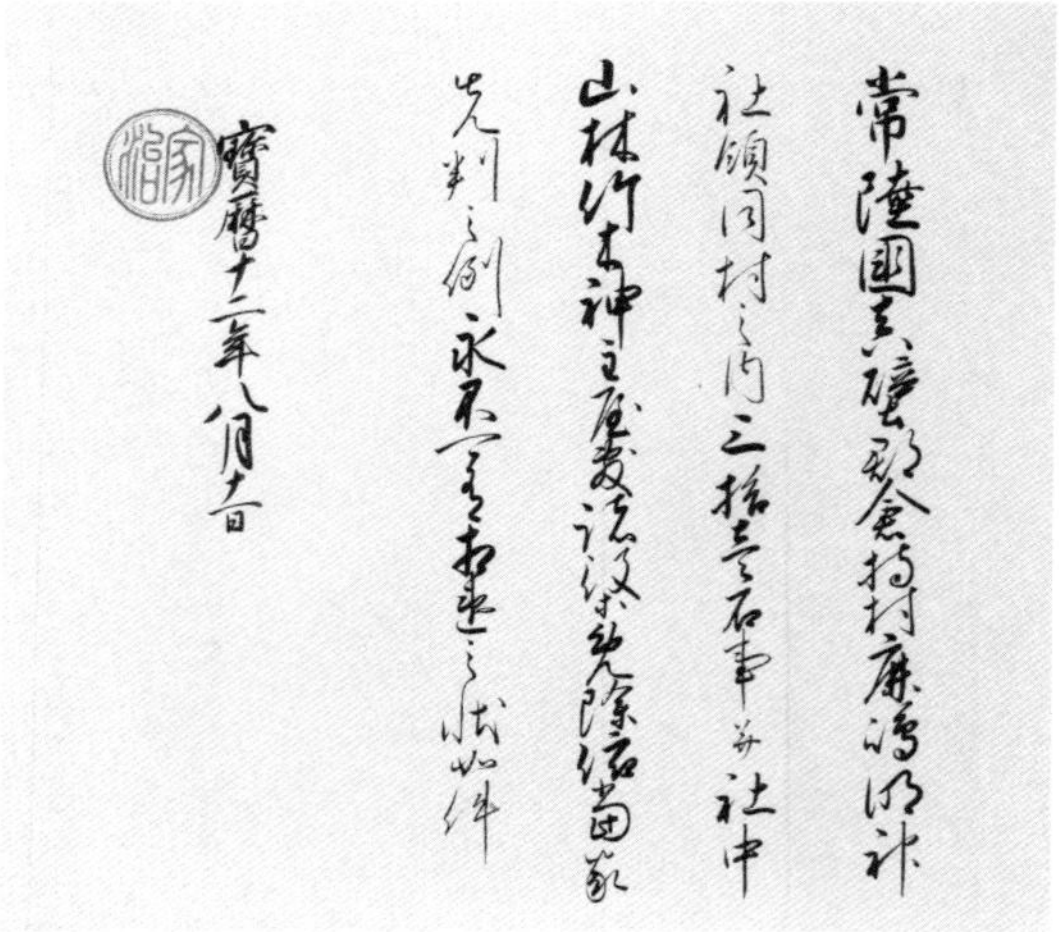

常陸国真壁郡倉持村鹿嶋明神宛
徳川家治朱印状（個人蔵）

は措《お》くとして、朱印地と黒印地では当然朱印地のほうが格上で、寺社にとって経済的基盤としてのみならず、格式の高さを示す一種のステータスでもあった。

しかし、西宮神社に朱印地は安堵されず、元和《げんな》四年（一六一八）に時の尼崎藩主戸田氏鉄《うじかね》より社領三十石安堵の黒印状を与えられて以降、戸田氏→青山氏→松平氏と藩主家がかわっても歴代藩主による三十石の黒印地安堵が継続する。原本は現存しないが、寛永十二年（一六三五）に青山幸成《よしなり》より下された黒印状は以下のようなものであった。

摂州西宮社領其村之内《そのむらのうち》高三拾石《たかさんじゅっこく》先代寄附之旨《せんだいきふのむね》任先判《せんぱんにまかせ》不可有相違候《そういあるべからずそうろう》、
弥々燈明勤行懈怠在間敷之條仍而如件《いよいよとうみょうごんぎょうけたいあるまじきのじょうよってくだんのごとし》

寛永拾弐年

乙亥十一月日　　青山大蔵小（少）輔

幸成（花押）

西宮神主

文中の「其村」とは西宮のことで、形式的には西宮町のうち三十石を安堵されたわけであるが、実際には「ここが神社の領地」といったような特定の土地は存在せず、西宮町庄屋より三十石の土地の年貢分（三割）である九石余の米が毎年神社へ渡されるのみであった。

結果的に歴代藩主の安堵が継続したわけであるが、黒印地である限り最大の問題となるのは藩主家国替えの際である。新しく入封する領主が必ずしも前領主の施策を継承するとは限らないからである。尼崎藩では、宝永八年（一七一一）に青山氏が信濃国飯山へ転封、遠江国掛川より松平氏が入封する。その際、西宮神社でも動きがみられる。時の神主吉井良信《よしのぶ》は同じ尼崎藩領の生田神社や長田神社などの動向を見つつ藩役人へ度々出願するなど、新藩主松平氏からも黒印地を安堵してもらおうと懸命な努力を行ったことが日記から確認できる。

では、なぜ西宮神社にはより格式の高い朱印地安堵がなされなかったのだろうか。それは朱印地安堵の時期と安堵のあり方が関係する。まず、寺格・社格が高ければいつでも朱印地が認められたわけではなく、三代将軍徳川家光の時代、慶安元年・二年（一六四八・一六四九）に全国的に多くの寺社に対して新たに朱印地安堵がなされるが、同四年四月に家光が死去したことと関連するのか、慶安三年段階で安堵は打ち切りとなっている。そして、以降江戸時代を通じて新たに安堵されることはほとんどなかった。

また、この時は住職・神主本人が江戸へ出て幕府へ申請することが条件であったため、運悪く病気や高齢で申請を断念し、そのまま朱印地安堵がなされなかった寺社もみうけられる。西宮神社の場合、史料に「社司等無調法にて、御朱印の御訴詔をおくれ候故、武家御領に相成り」とみえることから、どうやら申請が遅れてしまったことが要因で朱印地安堵がなされなかったようである。ゆえに、幕府巡見使が来社の際「御社領御朱(印脱カ)何程《いかほど》これ有る社」（宝永七年五月十七日）かと尋ねるなど、規模・由緒などから朱印地を有する神社であって当然と思われていたようである。

ちなみに、その地の大名の規模や意向も影響する。加賀藩や薩摩藩などの領域に朱印地は皆無で、規模・由緒とも申し分ない出雲大社や厳島神社も江戸時代はそれぞれ松江藩・広島藩の黒印地であった。また、日本三文殊のひとつとして有名な京都府宮津市の智恩寺は、宮津藩の意向が影響して朱印地を認められなかった。

西宮神社において、朱印地のかわりに神社維持費用として四代将軍徳川家綱の時代に幕府から認められたのが、御神影札《おみえふだ》頒布権であった。しかし、結果的にはこの権限を得たことがえびす信仰と西宮神社の名を全国にひろめる大きな役割を果たし、現在も全国で頒布されている方々とのご縁にもつながっているのであり、神社にとってはまさに「塞翁が馬」であったといえるのではないだろうか。

（松本和明）

幕府・尼崎藩との関わり

西宮神社が鎮座する西宮町は、元和三年（一六一七）に近江国膳所《ぜぜ》藩主だった戸田氏鉄《うじかね》が尼崎に入部して以来、尼崎藩の領地であった。尼崎藩は現在の尼崎・宝塚・西宮・神戸・伊丹・川西・猪名川《いながわ》の各市町域に広がる約五万石を治め、立地上、幕府が大坂城の〈北の守り〉として期待した譜代藩だった。その重要な軍事的役割を経済的に支えたのが、近世期を代表する商業都市の西宮町と兵庫津《ひょうごのつ》である。尼崎藩は両都市に奉行所を設置して町政を統括した。よって「社用日記」には尼崎藩や西宮奉行所との様々な交流が数多く記載されている。

例えば儀礼に関しては、正月五日朝五ツ（午前八時）に生田《いくた》・住吉・貴布禰《きふね》・大島など藩内有力神社の神主と共に尼崎城へ参上し、藩主への年頭礼と祈祷巻数《かんす》の献上が行われる。家老等の重役や西宮奉行への年始挨拶もあり、尼崎藩と西宮神社との支配関係を再確認する重要な儀礼であった。なお宝暦元年（一七五一）に江戸で家督を継いだ松平忠名《ただあきら》が、初めて尼崎にお国入りした際も、生田神主や貴布禰神主らと一緒に登城して新藩主への挨拶を行っている。

また五月五日の端午《たんご》の節句、九月九日の重陽《ちょうよう》の節句、歳末にも神主が登城し、寺社奉行に御礼と巻数の献上を行う。七月と十二月には藩の重役に暑気見舞や寒中見舞を贈っていた。逆に藩主の神社参詣も度々行われ、時には〈お忍び〉で来社し、それがきっかけで「日燈御《にっとう》神事」という新しい神事が創始されたこともあった（「西宮神社の年中行事（上）」一〇四頁参照）。ちなみに藩主の姫君も産所村《さんじょむら》で催される芝居見物のついでに何度も参詣している。藩主家にとって西宮は、城下町の尼崎とは異なり、心安く過ごせる場所だったのかもしれない。

一方、実務の面で神社と日常的に関わりを持っていたのは西宮奉行所である。西宮町内（現・戸田町付近）に設けられた西宮奉行所は、奉行をトップに平士・足軽ら五人が駐在し、住人の願訴訟を受理していた。西宮神社も神事祭礼の開催や終了の届出を始め、新規の神事祭礼や開帳の出願、境内での芸能興行や境内施設修理の出願など、社務全般にわたり西宮奉行所を窓口に尼崎藩と交渉していた。

かつ神主他行の届出、境内地で行倒《いきだおれ》人・変死人が見つかった時の届出、毎年の宗門改《しゅうもんあらため》の提出など、西宮町の町政に関わる案件も奉行所と密接にやりとりしていた。ただし長期間の開帳や勧進《かんじん》相撲の興行など、比較的規模の大きい行事に関しては、尼崎藩だけではなく、幕府の大坂町奉行所の許可を必要とした。この場合、尼崎藩は大坂町奉行所への出願を認めるかを判断するのだが、必ずしも尼崎藩の承諾が大坂町奉行所の許可に結びつく訳ではなかった。

例えば享保十八年（一七三三）に、広田西宮両社の修覆料捻出のため、西宮神社は境内での勧進相撲《かんじん》を藩の寺社奉行に出願した。藩は大坂町奉行所への出願を認めたが、大坂町奉行は神主に「勧進すまふ成《な》り難《がた》し」と命じ、相撲興行を許可しなかった。「社用日記」には不許可の理由は書かれておらず、神社も尼崎藩も開催を諦めざるを得なかった。

このように西宮神社は、尼崎藩領にありながら、大坂町奉行所の統制も受けるという二重支配が敷かれていた。ちなみに大坂町奉行所の支配権は摂津・河内・和泉・播磨の四ヶ国に及び、同国内の諸藩に強力な睨みを効かせていたのである。

しかしそうした二重支配は意外な形で解消された。明和六年（一七六九）に幕府は尼崎藩領の一部を上知《あげち》（幕府が藩や旗本の領地を没収すること）した。その中には西宮町と兵庫津も含まれ、両町は幕領の都市として大きな転換を余儀なくされた。

まず尼崎藩の西宮奉行所は、そのまま大坂町奉行所の出先機関として利用され、西宮勤番所と呼ばれた。勤番所には大坂から勤番与力と勤番同心（交代同心とも）各一名が、毎月交替で派遣された。また飛騨の高山代官所から転属してきた三名が、地付《じつき》同心として所内に常住し、門番一人を加えた合計六名の体制で西宮町を管轄することになった。

次に勤番所の職務は、願訴訟の受理を始め、町中の巡回、神事祭礼時の巡視、火付盗賊の逮捕等があり、勤番与力を同心衆が補佐した。ただ勤番与力らは毎月交替するので、町奉行所に兵庫西宮上ケ知《あげち》方を新設し、帰坂した与力らに報告させて町政情報を一元的に管理した。

以上の点を踏まえて、西宮神社と大坂町奉行所や西宮勤番所との関係を見ていくと、明和六年六月二十一日に支配替えが完了した後、神社は尼崎藩から与えられていた御寄附《ごきふ》米《まい》三十石の継続支給を最初に出願した。この詳細は「江戸時代における西宮神社の社領」（二八頁）に委ねるが、神社は藩領時代の制度や慣習の維持を強く求めたのである。

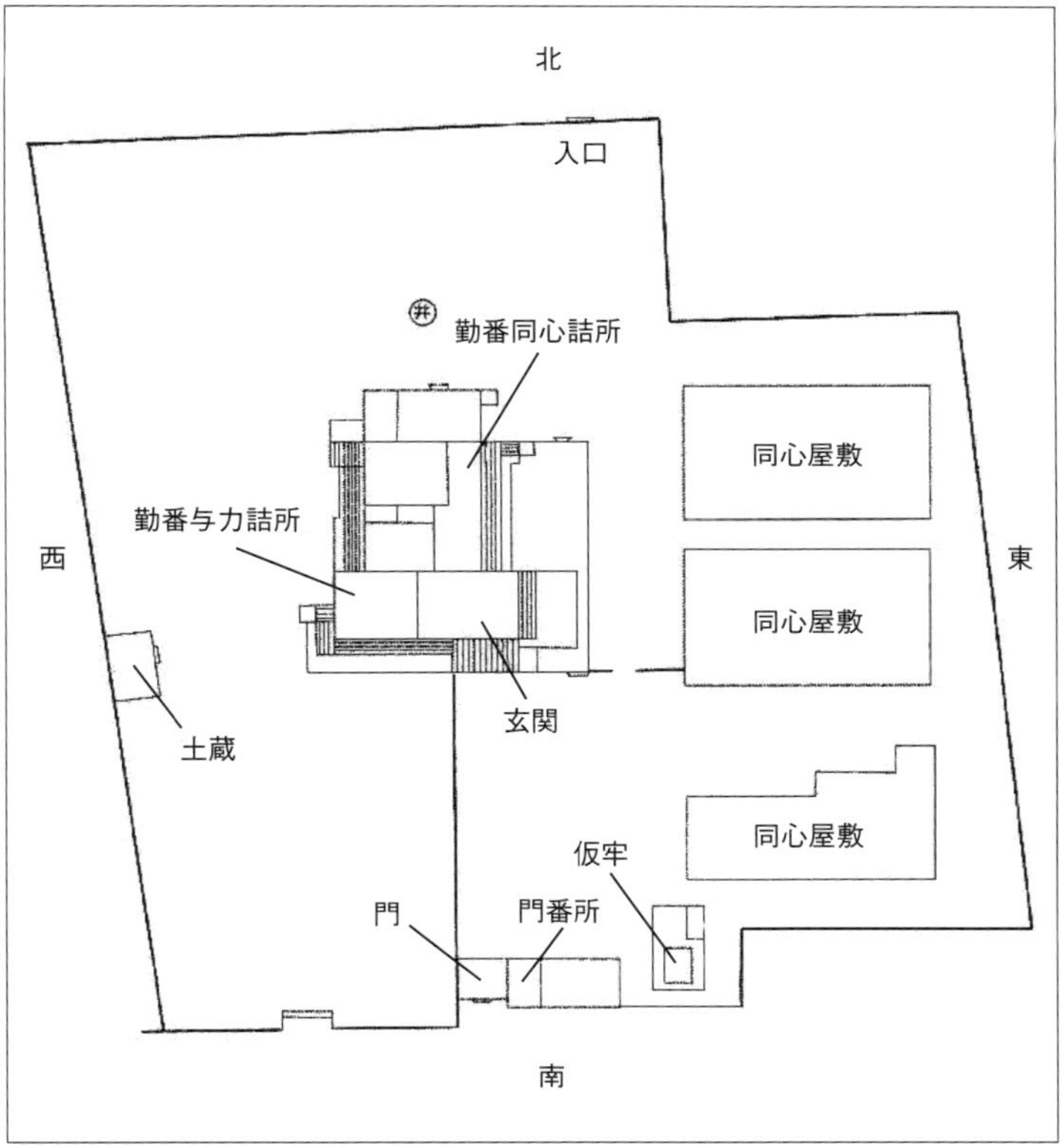

西宮勤番所概要図（西宮市立郷土資料館所蔵「西宮勤番所絵図」より作成）

一方、大坂町奉行所や西宮勤番所に対する儀礼も徐々に整備されていく。

上知当時は神主が不在で、社家の東向斎宮《ひがしむきさいぐう》が社務を管轄していたが、明和七年十二月に町奉行所から、西宮神社は来春の東西両町奉行への年頭礼に参列するかを尋ねてきた。東向は従来大坂の社役人が参列していたので、本社側の参列は見送ろうとした。しかし町奉行所は、大坂天満宮以下管内の神社は神主や社家が参列しており、将来参列を希望しても許可はされないと忠告した。すると東向は慌てて願書を提出し、翌年正月四日に年頭礼を終えたのである。

当初西宮神社は町奉行への年頭礼を重要視していなかったように思える。だが神社の格が神主の発言力に強く反映する近世社会で、突然尼崎藩との関係を切り離され、大坂を中心とする神社秩序に組み込まれた西宮神社としては、大坂天満宮や住吉大社など名だたる大社の神主が居並ぶ儀礼空間に、代表者を参列させない訳にはいかないと気付いたのだろう。

なお西宮勤番所への年頭礼とともに、尼崎藩主への年頭礼も明和八年から再開している。武家社会との円滑な関係を基に、新たな時代に対応しようとする神社の意図がうかがえよう。

他に西宮神社の支配に関わるものとしては、毎年三月に町奉行所へ提出する宗門人別改《しゅうもんにんべつあらため》や、毎年十月の鉄砲改が挙げられる。

前者は藩領時代に尼崎藩へ提出していたが、上知以後の「社用日記」には社中（神職家）の人数が男女別に記録されている。それによると十九世紀の初頭までは、社中は二三〜三五名で推移していたことが分かる。また後者は上知後に初めて提出しており、鉄砲の管理に対する尼崎藩との違いを指摘できる。

明和六年の上知前後で、西宮神社を取り巻く環境は大きく変化する。その変化に神社も懸命に対応し、幕府との様々な交渉を重ねながら、幕末まで社頭を維持していくのである。

（戸田靖久）

江戸の年頭礼

年頭礼とは、正月に江戸城で行われた正月参賀儀礼、つまり正月の将軍への挨拶を指す。年頭礼が儀礼として成立したのは、徳川家康の大御所時代のことで、元和元年（一六一五）から幕府の殿中儀礼の見直しが行われ、寛永期には江戸城における年頭礼の基本形態が確立したと考えられている。大名による将軍拝謁儀礼は、大名の身分・秩序の認識の上で重要な役割を持っていたが、年頭礼を行っていたのは大名たちだけではない。寺社も年頭礼として年始の将軍拝謁を行っていた。それは幕府による寺社支配はもちろん、寺社自身の格式・秩序の認識において重要な役割を担っていたといえる（二木謙一　一九八六、一九九九）。

「西宮神社御社用日記」の「亥之年年中御社用日記」には左のようにある。

亥之年江戸御年礼之次第

元禄八年

一、正月三日寺社御奉行本多紀伊守様・戸田能登守様・永井伊賀守様へ御届に伺公仕候処、御広間御役人衆御帳に御溜なされ候、御月番本多紀伊守様にて委細御溜め

遊ばされ候
六日御城御禮

この史料からは、年頭礼当日の前に寺社奉行所へ行き、江戸到着の報告をすると共に、翌日何時に登城するのかという連絡を受け、正月六日に江戸城にて年頭礼を行っている様子が見てとれる。登城時間の連絡の際には、文書を受け取っている年もある。江戸城における正月参賀儀礼の内、正月一日から三日までは武家の拝謁日が、正月六日、十五日、二十八日、二月にも同様の三日間に寺社の拝謁日が設定されている。では、この正月六日の年頭礼には西宮神社のほか、どのような神社が参加しているのだろうか。享保二年（一七一七）の日記を見ると、

一、正月六日　朝明六ツ前〈ヨリ〉御下馬へ
相詰罷有候
御城御礼
公方様　四ツ時迄御出座座遊ばせられ御見え
申上げ候
御祈祷巻数《かんず》熨斗《のし》献上

江戸城大広間で将軍に拝謁する諸大名（「徳川盛世録」東京都立中央図書館特別文庫室所蔵より）

独礼座
第一　伊勢内宮外宮祠官
第二　山崎神主
次　西宮神社
次　鹿嶋神主
次　武州府中六所神主
次　尾張熱田神主
其外六七人一列にて御礼申上げ候（後略）

独礼座とは参賀儀礼における御目見えの形式を表す。年頭礼はまずその形式から独礼と惣礼に分けられる。惣礼は多数の寺社が一同に年頭礼を行い、将軍の御目見えを受ける形式を指す。独礼は、さらに内独礼（内礼）と惣独礼（独礼）の二種類に分けられ、内独礼は武家の独礼にあたり、単独かつ白書院下段にてお目見え・献上品の披露を受けた。内独礼を行う寺社は、将軍家の廟所を持つ増上寺や将軍家の産土神《うぶすながみ》である日枝山王社、江戸の総鎮守である神田明神など将軍家と密接に関わる寺社であった。惣独礼は複数の寺社が大広間で一度にお目見え、献上品の披露を受ける形式をとる。このように、寺社を武家同様に御目見えの形式による序列形成がなされており、前出の史料の表記には年頭礼を行う寺社の序列が表されていると考えられる。ところで、史料中の伊勢神宮、大山崎離宮八幡、西宮神社以外で惣独礼を行う神社は江戸近辺の一宮や武神を奉斎する神社である。伊勢神宮は別格として、惣独礼をとる神社の中で、大山崎離宮八幡と西宮神社は特異な存在であると言える。

では、どうして西宮神社が年頭礼を行っているのか。その理由は定かではないが、年頭礼の起源は、白川家の史料に求めることができる。元和二年（一六一六）二月に徳川家康の病気平癒のための祈祷巻数《かんず》を献上しており、その後寛永十二年（一六三五）正月に「年始祈御祈祷巻数」を献上している。家康の病気平癒の祈祷巻数の献上を契機として、この寛永十二年正月の献上を西宮神社の将軍家への年頭礼の起源として考えることができる。祈祷巻数とは武運長久などを祈らせ、その祈祷の証拠として中臣祓《なかとみのはらえ》の回数を記したものである。西宮神社は将軍に対しては祈祷巻数三合、大熨斗《のし》二把、三本入り扇子箱を、老中には同様に祈祷巻数、中熨斗、扇子入りの箱などを献上している。熨斗の寸法や数量、巻数・扇子箱に関してはその有無により、幕府については将軍を頂点として、藩においては藩主を頂点として一定の序列が存在していることがわかる。

西宮神社の年頭礼の対象者にはどのような人々がいるのだろうか。藩内の年頭礼では、藩主、家老、郡代、西宮奉行などがその対象者である。江戸城では、記録を見る限り将軍に始まり、将軍継嗣《けいし》、大御所、幕下では老中、寺社奉行などが年頭礼の対象者となっているが、例外もある。元禄十一年（一六九八）の正月の記録には「柳沢出羽守」の文字が見える。言わずと知れた、柳沢吉保である。柳沢の家中を通じて西宮神社は祈祷巻数の献上を行うのみならず、他にも藩主の指図に基づき将軍と密接な関わりを持つ側用人への接近が、祈祷巻数の献上を通して図られている。このことから、年頭礼には年始の挨拶という儀礼的側面のみならず、藩主の意図により巻数を献上するなど音信《いんしん》行為としての側面を持っているといえる。

では、江戸城で行う年頭礼を西宮神社はどのように捉えていたのだろうか。寺社年頭礼の簡略化を命じる法令が慶安五年（一六五二）と元禄十六年（一七〇三）に出されており、遠国の五十石以下の寺社は参府せず、また毎年年頭礼を行っていた寺社についても由緒のない寺社については二、三年に一度の参府との制限を幕府は加えている（『徳川禁令考』前集第五二六七七、二六七八）。元禄十六年の「社用日記」にもほぼ同文のものが記録されている。この法令に対して西宮神社は異を唱え、伊勢神宮や大山崎離宮八幡と並んで独礼で年頭礼を行ってきたことを根拠として、今後も毎年年頭礼を行い、祈祷の巻数を献上したいと大坂町奉行所に願い出ている。このことは西宮神社が、江戸城での寺社年頭礼を独礼座で行うという寺社の序列や格式を明確に意識していることを示している。結果として、西宮神社の年頭礼は、元禄十六年の法令によって「隔年」となり、享保十六年（一七三一）に更なる簡略化の法令（『徳川禁令考』同、二六七九）が出された際には「四年目」ごとに年頭礼を行うこととなる。

ところで、新幹線がない江戸時代に、西宮から江戸に行く道のりは決して平坦なものではない。元禄七年（一六九四）末には翌年の年頭礼の路銀を商人嵯峨屋理右衛門に受け取りに行くなどの記載があり、年頭礼のための交通費を用立てていることがわかる。西宮を出る前には大坂町奉行所、尼崎藩にも届が必要で、京都の白川家にも立ち寄って挨拶をしなければならない。また、人員を用立てる必要もある。約十五日かけて江戸に到着すれば尼崎藩の江戸藩邸に挨拶、寺社奉行にも到着の届と挨拶をし、正月六日の江戸城での年頭礼が終わればまた、寺社奉行、尼崎藩の江戸藩邸に出立の挨拶を、京都に着けば白川家、大坂に到着すれば大坂町奉行所に帰着の挨拶と、十二月中旬に西宮を出発して二月初旬までかかる。このように大変なように感じられる年頭礼だが、神主が喪に服すなどした際には代参者を立てて行い、毎年行っていた年頭礼が隔年、さらに四年ごととなってからは、「社用日記」とは別に江戸出府日記を残すなど、より詳細な記録を残すように努めている。現代を生きる我々には大変なように感じられる江戸城年頭礼だが、西宮神社にとっては大切な儀礼だったことが推察できる。

享保十六年の年頭礼簡略化の法令は西宮神社の正月に大きな変化を与える。江戸城での年頭礼が「四年目」ごとになったため、「社用日記」にも正月の西宮神社の様子が詳細に記されるようになった。神主が出府している際には正月四日、在西宮の時には正月七日に登城し、尼崎藩主に対しての年頭礼が行われ、年月が経つほどに、藩主への年頭礼が儀礼として定着していく様子が見てとれる。

尼崎藩主に対する年頭礼は西宮神社の新たな側面を教えてくれる。「御領分之寺社」（明和八）として尼崎貴船神社や生田神社、本住吉神社の神主と同道して藩主への年頭礼を務め、年末に行う御礼、歳暮御礼の際にも同道している。また、神事に必要な楽人が不足した際には生田神社から楽人を借りるなど、尼崎藩領内の神社神主との交流があったことが確認できる。明和年間に及んでは生田神社神主家と西宮神社神主家との間の婚姻も確認でき、この時期の西宮神社神主家と生田神社神主家の関係には注目すべきところが多い。

江戸幕府が武家を巧みに序列化し、幕府を維持したことは知られるところであるが、従来大名を中心として捉えられてきた江戸城内における儀礼の世界を、神社の目を通して見ることができるのはこの社用日記の楽しさの一つである。また、お目見えの格式、年頭礼への参府期間などにより武家同様、神社にもその序列が目に見える形で存在していることがわかる。さらには、神社内の序列が年頭礼の形式にも影響している点などは興味深い。「社用日記」は一見すると難解なように思えるが、江戸時代を通じて記録され続けてきたこの日記には、神社の公式記録としての一面のみならず、神社の目を通して江戸時代がどのような時代で、どのような世界がそこに存在したのかを知り得る重要な手がかりとなる。興味を持たれたらまずは各年の正月から読み始めてみてはどうだろうか。

（森本真紀子）

江戸往還の旅

江戸時代初頭に五街道が整備され、江戸期を通じて多くの人々が商いや社寺参拝、古跡巡りなどの目的で西に東に、川を渡り峠を越えて旅をした。当社の日記からも神主を始め社家・祝部たちが旅に向かう様子を知ることができる。さて彼らはどのような目的で、どこへ向かったのだろうか。

旅には幕府の御為や神札頒布を果たすためのいわば公的な旅と、湯治や物見遊山のような私的な旅がある。前者には将軍家への年頭御礼や寺社奉行での訴訟のための江戸往還、幕府公認の御神影頒布の吟味のための阿波、佐渡、奥羽一帯の巡国があり、後者には伊勢参宮、出雲大社参拝を始め有馬・但馬への湯治、家族や友人を伴なって播磨見物や牛滝の紅葉狩などがある。ここでは二十冊余の江戸紀行から、当時の神主たちの江戸往還の様子やエピソードを紹介したい。

西宮神社神主は将軍への年頭御礼のため江戸へ出府していた（元禄期は毎年、その後次第に緩和され幕末には四年毎）。江戸城への登城は正月六日と定められていたので、西宮の出発は十二月十日前後、京都で参府用の品を調達し一路江戸へ下向、十二月二十六日頃に到着している。帰路は大体一月下旬から二月となり往還ともに寒気の厳しい、雪深い時期の旅であった。

それでは江戸の往還にはどの街道を利用していたのだろうか。元禄以降、将軍への年頭御礼は五十余度行われているが、享保中期までは特に経路は記されていない。往路については、その日数から推定すると東海道を利用していると思われる。その中で草津から中山道に入り、垂井宿から美濃路経由で名古屋・熱田神宮を経て東海道に出る経路、或いは藤沢宿から江ノ島、鎌倉を経由して再び東海道へ入るという社寺参拝を合わせている場合も稀にある。旅の目的は公儀の祈祷巻数を携えての江戸登城なので、「越すに越されぬ大井川」と唄われたように増水での川留めがあるとしても、積雪が予想される中山道を通行するよりは確実だったということであろうか。

一方江戸からの帰路を見ると、無事に台命を果たした安堵感と見聞を広めようとする意欲の表れからであろうか、次のようないろいろな街道を通っている。

①東海道、②中山道、③甲州道から中山道、④日光街道（日光社参）―例幣使街道―中山道、⑤日光街道（日光社参）―神子内川に沿って足尾―倉賀野宿から中山道―善光寺参拝―中山道

日誌の残る元禄七年（一六九四）から幕末までの百七十四年、七代の神主在職中の前半は往復路共に東海道、寛政年間以降帰路に中山道を利用する回数が増えている。最も距離の長い⑤は嘉永三年（一八五〇）に神主に代わって参府した祝部の足跡である。江戸を発ち日光と善光

寺に参詣して二十三日を要して西宮に帰着している。

旅は天候次第で苦となり、また楽ともなる。積雪や吹雪が続けば「大難渋」し「困り入り」立ち往生、晴天が続けば峠越えに吹く風も心地よく歴史に思いを馳せ、先人の歌を口にしながらの楽しいものであっただろう。

吹雪の七里ガ浜　積雪踏み分け和田峠越え名古屋城下の立派

文化六年（一八〇九）暮から翌正月の江戸行は往還ともに雪に悩まされる旅となった。

頻りに大雪が降り十五センチもの積雪の中、江ノ島の宿を出発し、初めての道で人の足跡も見えないところを宿の主人の言う大きな蔵を目指して七里ガ浜の波うち際の雪を踏み分けて進

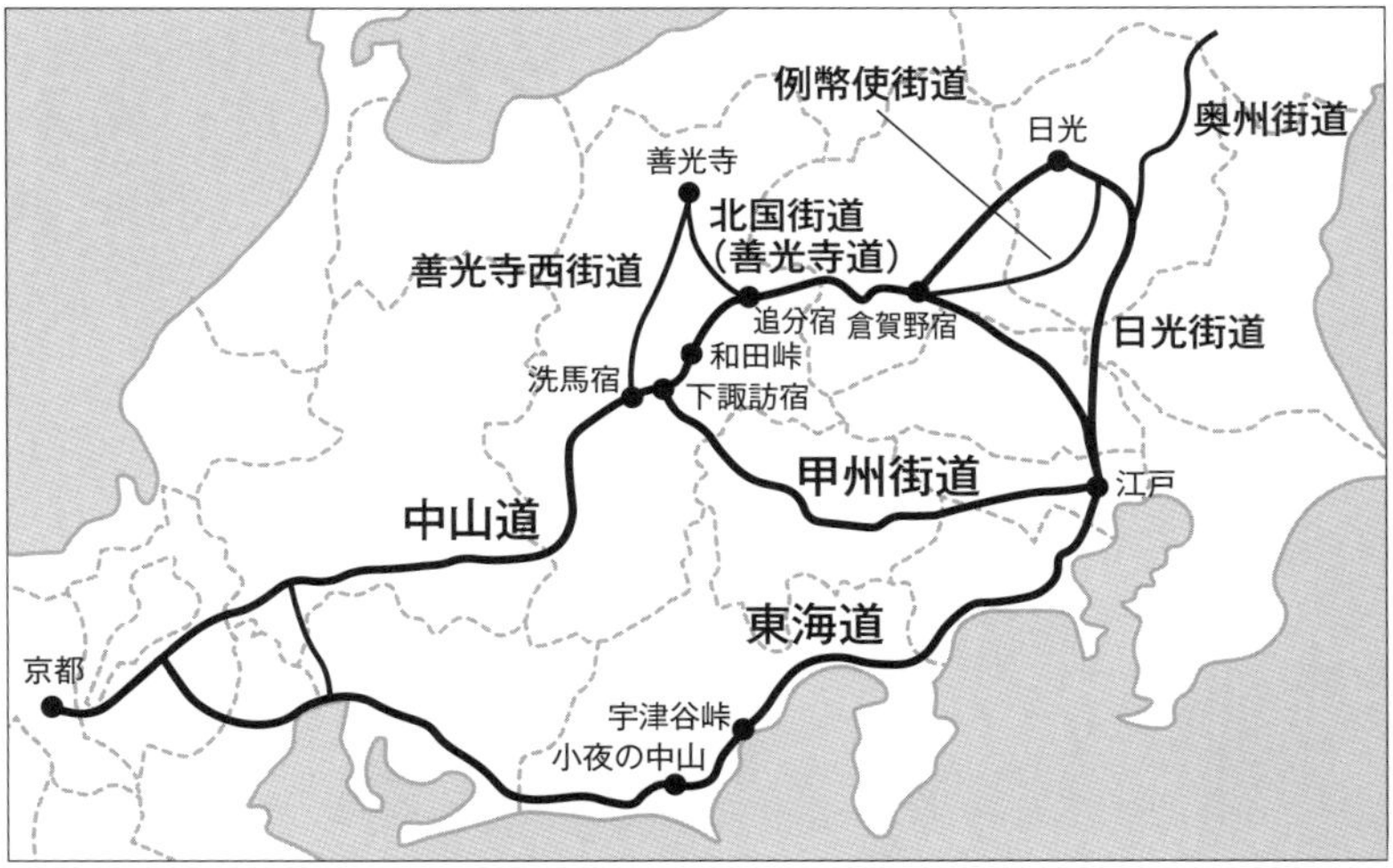

神主等の街道足跡

み、漸く着いた伊奈村崎の茶店でいろりに足を差し入れて寒さを凌いでいる。文字通り「這う這うの体」である。ここで暫しの休息をとるや直ちに雪の中を再び歩を進め、鶴岡八幡宮や円覚寺に詣で戸塚宿を経て保土ヶ谷宿に泊っている。

翌年の帰路には日光に社参し中山道を通っている。街道随一の難所和田峠に差し掛かると、雪まじりの風が強く、宿駕籠も馬も出ないので仕方なく荷物を背負って峠越えに入り、急坂続きで息が切れる中、旅人の笠や合羽が風で雪深い谷へ吹き飛ばされる様子に足がすくみ、何とか無事に下諏訪宿に辿り着き春宮へ詣でている。生きた心地がしない生死の中を彷徨う旅路であるかのようだ。道中で唯一の温泉宿場下諏訪での一泊は、何ものにも替えがたい安堵感に満ちたものであったろう。しかしその後に続く塩尻峠、鳥居峠、馬籠峠、十曲峠でも背丈ほどの積雪や雪道に大いに悩まされている。

一方、天候に恵まれれば旅路もまた楽しいもの。天保八年（一八三七）の旅路では、「六つ時頃出立（日坂宿）佐夜中山を越　大井川七十六文瀬戸川十二文　宇都山を越　安部川四十五文也　西行業平の御歌おもひ出し候」と予定通りに川や山を越える中、小夜の中山では「年たけて　また越ゆべしと　思ひきや　いのちなりけり　小夜の中山」を思い出し、西行も越えた峠を追体験しつつ命のありがたさを噛み締め、続く宇津山越えでは、在原業平の「駿河なる宇津の山辺の　うつつにも　夢にも人に　逢はぬなりけり」と千年の時を越えて伊勢物語の世界を甦らせている。

建物や町並みでは「立派」ということばを用いて感心している。嘉永七年（一八五四）、名古屋城下の配下触頭宅に立ち寄り城下見物を行ったときのこと。

「昼後より鍋三郎案内にて御城見付門を入、大名家老町を見物いたし候、大いに立派に候、夫より大手へ参り、金のさちぱこ御天守誠によく見物いたし、夕方同人宅へ帰り且又、御城主菩提所建中寺と云、浄土宗大寺へ参り、大守の廟所も内見いたし候、是も随分立派に候事」

家老屋敷の町並み、金のシャチホコ、城主菩提寺に「大いに立派」「随分立派」と感嘆している。二百余冊の日記中でも「立派」の用例は、京都萩原家の新築御門や大改築された聖堂（昌平坂学問所）を目の当たりにした時ぐらいである。

社寺参拝でその様子を最も具《つぶさ》に書き記しているのは日光東照宮である。大沢宿を七つ立ち、今市宿手前で夜明けを迎え日光には九時頃に着いている。早速酒井屋方で日光御社拝見を頼み、その案内による参拝のお蔭で、社殿の表現や説明が事細かである。

「御石の間と申す所より入り拝礼致し候、拝殿の左右御宮着座の間、戸襖は唐木にて鷲を彫り有之候、将軍着座の間拝殿の左也、是も唐木にて桐に鳳彫り有之候、天井は天蓋組天井也……」

続いて天井の葵の大御紋、御唐門、左甚五郎等々数々の彫り物、灯篭、建物を見て廻り、その豪華絢爛なる社殿を堪能し、しっかりと書き留めている。

西宮から京都までは、西国街道を進むと芥川宿あたりで一泊して翌日京都に着く。大坂町奉行所に立寄る場合は、大坂八軒屋から夜船で淀川を上り淀若しくは伏見で下船している。京都では一両日滞在し、江戸までは川止めがなければ十二日で到着する。また中山道を通行した場合の江戸・京都間は大体十三日を要している。

東海道という大道であっても、江戸を目前にして思わぬ付替えが起こっていた場合がある。嘉永六年（一八五三）、恒例によって江戸参府のため東海道を下って六郷川を舟で渡り品川宿に着いたところ、度々の異国船渡来のために品川沖に大筒鉄砲の御台場を築くために、御殿山から大勢の人足が土を運んで東海道を横断するので、高輪で道を付替えて御殿山の背後に新しい道を敷き芝赤羽橋へ通じるようになっていた。新道はよいのだが、前日来の雨で道がぬかるみ困り果てた末に漸く日本橋の旅宿に着いている。駕籠かきへ鳥渡《ちょっと》一献飲ませて帰らせるほど皆疲れ果てていた。

江戸往還の旅路は苦楽一体の行路である。「立派」さに感銘し「大難渋」に困り入る。いずれにしても公儀への御祈祷巻数を大切に、将軍御目見えの上献上するという大きな使命を担って時の神主は只管《ひたすら》に街道を往還していた。

（吉井良昭）

大坂城代の西宮神社参拝

江戸時代の西宮神社には、幕府役人や参勤交代の諸大名など、武家の参拝者も多かった。しかし、大坂《おおさか》城代《じょうだい》の参拝は記録上では江戸時代を通じてわずか二度であり、しかも二度目は予定されてはいたものの、実際に参拝は行われなかった。

大坂城代（定員一、五〜六万石の譜代大名、図1・2）とは、当時幕府直轄の城であった大坂城を、大番《おおばん》（旗本）・加番《かばん》（定員四、数万石の大名）・定番《じょうばん》（定員二、一〜二万石の大名）な

図1　江戸時代の大坂城。現在の西の丸庭園に城代の屋敷が確認できる（藪田貫『武士の町大坂』〔中公新書、2010年〕17頁より）

どの在番衆を率いて守衛するのみならず、大坂諸役人の統率や西国大名の監視の任を負い、京都所司代《しょしだい》とならぶ上《かみ》方《がた》における幕府の重職である。また、譜代大名にとり、城代を経て所司代や老中へと昇任していく、出世の一階梯であった。

一度目は享保二年（一七一七）四月五日、城代内藤豊前守弌信《かづのぶ》の参拝である。城代社参予定との一報をうけ、神社では社中の掃除と拝殿すべての畳替え・敷砂《しきすな》を行うなどお迎えの準備を整え、対外的には大坂の担当役人へ大坂えびす願人《がんにん》組頭などのツテを使っての問合せや、尼崎藩当局への届け、藩役人による宝物の事前チェックなどが行われた。参拝当日には午前六時頃から祝部《はふりべ》二名は装束を着用して枝川（武庫川河口の支流）まで、神主は祝部・神子《みこ》を連れて赤門前の鳥居まで出迎え、尼崎藩寺社役人も待ちうけるなか、午前九時頃に城代が到着する。城代は鳥居の内で乗り物からお降りになり、神主の案内にて拝殿において神拝のうえで全ての神

大坂御城代　所司代格式
内藤豊前守弌信
同御在番　大御番頭　八月代リ
本多因幡守
太田隠岐守
同御城番　与力三拾騎　同心百人
渡邊備中守基綱
松平大蔵少輔勝以
同御加番　八月代リ　四人宛
山里　中小屋
青屋口　鴈木坂
御大名役

図2　享保2年の武鑑（ぶかん）。大坂城代の項に内藤弌信の名前が見える（『江戸幕府役職武鑑編年集成』第8巻、東洋書林、1997年）

宝を見物する。神輿蔵を開けて神輿を見た際には、「祭礼の際に神輿途御《とぎょ》があるのか」とのお尋ねがあったという。

二度目は、時代は下って天保十四年（一八四三）閏九月一日、城代青山下野守忠良の参拝である。九月十九日、西宮勤番所（大坂町奉行所の出張役所）よりその旨の通知と、城代参拝の先例があれば書面にて提出せよ、との指示をうける。神主は「記録取調べ候ところ、百弐拾七年前享保二酉年四月五日御城代内藤豊前守様御社参これ有り候控え相見え候」（天保十四年九月十九日）と記している。おそらく記録とは「社用日記」のことであり、先例確認のために活用されていたこと、また、このような時のために日記が記されていたことがうかがえる。

参拝予定日の前日には、城代は往復とも海路をとる予定だが帰路は未定であること、浜方で上陸後神社までの経路上では、辻番所には幕・水鉄砲を飾り、人家は一軒ごとに用水桶を準備すべし、などと詳細な指示が来る。そして参拝当日を迎えると、神社では午前二時～六時に神事を行い、城代の着座場所を用意し、毛氈を敷き、手水桶と手を拭くための手拭いまで準備のうえ、鳥居前にて社役人辻大炊《おおい》（麻上下）・祝部二人（折烏帽子・浄衣）、南宮前にて社家東向斎宮（折烏帽子・浄衣）、拝殿前にて神主（立烏帽子・狩衣）がそれぞれ待機していた。

ところが、当日は朝から雨天のうえ、昼を過ぎても何の連絡なかったところ、午後二時頃には遠見《とおみ》の者（西宮町として大坂へ派遣した偵察役）から、ついで午後四時頃には勤番所より参拝延期となった旨の通達が来る。閏九月四日に延期となり、その当日も早朝から準備を進めていたところ、午前八時頃に先発隊が到着し、城代は未明に乗船したことを告げられる。しかし、この日も午後二時頃になるも到着がなく、午後四時頃に戻った遠見の者から、城代が乗船した船は大坂川口まで出航したものの、強い西風と高波のため帰港し、再度延期となったことを告げられる。悪天候に阻まれ、二度とも参拝が叶わなかったわけである。浜方では準備のためだけに銀六貫（約百両）もの経費がかかったとある。なお、さらに日を改めての参拝の有無については日記に記されておらず未詳ではあるが、なかったと考えられる。

いずれにおいても、幕府重職の参拝とあって、神社や町での準備、神職の出迎えは大変丁寧であるが、なぜこの二度のみ参拝が計画されたのか、あるいは別の目的のついでに立ち寄ることになっていたのか、などもわからない。一度目の参拝の際、神主から城代参拝予定の旨報告をうけた尼崎藩寺社役人は、「なんとも珍しきこと申し来たり合点《がてん》まいらず候」（享保二年三月二十五日）と発言しており、藩役人ですらそのような認識であったほどの珍事であったことは間違いない。

（松本和明）

伝奏―西宮と朝廷をつなぐもの

ゑべっさんの神主は、年頭に挨拶回りをすることが恒例だ。江戸の将軍をはじめ、尼崎藩、さらには京都の「伝奏《てんそう》」と、息つく暇もない。これらの挨拶先のうち、将軍や藩は読者のみなさんにもイメージしやすいと思うが、「伝奏」はどうだろう。将軍や藩は時代劇でもお馴染みだが、「伝奏」が登場することはまずない。そこで、「西宮神社御社用日記を読む」ために、ここでは「伝奏」について解説しよう。

「伝奏」の「伝」は伝える、つまり申し送るという意味である。「奏」は、今では「かなでる」の訓で楽器を演奏する意味で用いられることが多いが、「すすめる」と読んで「君主の前に差し出す」、あるいは「もうす」と訓じて「事案をまとめて君主に申し上げる」といった意味もある。手元にある漢和辞典を引くと、「かなでる」よりも「すすめる」「もうす」の意味が先に書かれているから、今我々が用いることの多い楽器演奏という意味は、むしろ二義的な意味だ。日本の場合、「奏」の対象となるのは天皇で、将軍に上申する時は「奏」の字は用いない。したがって、「伝奏」は天皇に申し上げるべき事案、すなわち「奏事」を伝える役職である。

寛文五年（一六六五）に幕府が出した神職向け法令「諸社禰宜《ねぎ》神主法度《はっと》」（当時は「神社条目」と呼ばれた）の第二条にも、「伝奏」がみえている。

社家位階、前々より伝奏を以て昇進を遂げる輩《ともがら》は、いよいよその通りたるべきこと

ここにみえる「伝奏」は、社家の位階昇進に関与する役職であった。位階を授与する権限を持つのは天皇であるから、この「伝奏」は社家の位階昇進希望を天皇、あるいは天皇に案件を奏聞する朝廷の担当者に取り次ぐ役割を果たした役職ということになる。天皇に関わることであるから、「伝奏」を務める者は朝廷の構成員である公家に限られた。

神社だけではなく、寺院にも「伝奏」があった。ただ、あらゆる寺社が「伝奏」を有したわけではない。それを有したのは、特定の公家と特別な関係を持っていた寺社に限られた。このような、寺社と朝廷の仲介者となる「伝奏」は寺社伝奏と呼ばれる。寺社伝奏は、位階や官職の取り次ぎに限らず、祈祷命令など、寺社と朝廷の間に生じる諸々の案件を仲介する役割を担った。

享保初年に京都町奉行所が所轄の状況を把握するために作成したと考えられている『京都御役所向大概覚書』には、「寺社伝奏之事」として、どの公家がどの寺社の「伝奏」を務めているかが記されている。それをみると、西宮は京都の松尾《まつのお》・伏見稲荷社などと同じく白川家を「伝奏」とすることが記されている。他の神社についてみると、広橋家が石清水八幡宮の、持明院

家が尾張熱田社の、九条家が梅宮の、勧修寺《かじゅうじ》家が住吉社などの、それぞれの「伝奏」としてみえている。

白川家は、平安時代の末頃以降、神祇官の長官「神祇伯」を世襲し続けた公家である。もともとは皇族で、源の氏を賜って臣籍降下するが、神祇伯に就任したときには諱《いみな》（いわゆる下の名前のこと）の後に皇族であったことを意味する「王」を続けることを許されていた。「社用日記」で「伝奏」白川家の当主に「雅冬王」「雅光王」などと傍注が付されているのはこのためである。だが白川家は、別項で説かれる正徳争論に伴い、西宮の「伝奏」を解任される。『京都御役所向大概覚書』は正徳争論の数年後の成立と考えられているが、少し古い情報を載せていたことになる。西宮の「伝奏」は、白川家に代わって「武家伝奏」が務めることになった。

武家伝奏が西宮の「伝奏」を務める。ちょっとわかりにくい話だが、要は次のようなことである。武家伝奏とは、朝廷と幕府の間に生じる諸事の連絡・調整を担った定員二名の朝廷の役職であった。案件は頗る多岐にわたり、多忙かつ適切な判断が求められる重職だ。そのため、公家の中でも特に経験豊富なベテランが選任された。この武家伝奏在任中の公家が西宮の「伝奏」を務めた、つまり武家伝奏と西宮の「伝奏」を兼務した、ということである。武家伝奏の任期は定まっていなかったが、平均すると九年程度であった（平井一九八三）。正徳争論以降の「社用日記」において、時期によって西宮の「伝奏」の家名が異なっているのはこのためである。

「伝奏」が白川家から武家伝奏に代わったことによって、西宮は何か影響を被ったのだろうか。神主が年頭礼に赴くことは変わらない。ただ、ちょっとした変化はあった。西宮神主の江戸年頭礼は、前年の末に出発し、江戸で年頭礼や他の所用を済ませ、二月に戻ることが通例であった。状況によっては、滞在がさらに長引くこともある。「伝奏」への挨拶は、江戸からの帰途に行われた。白川家時代であれば、帰着が何月になろうとも、当主が在京していた。だが、武家伝奏時代になると、屋敷に足を運んでも空振りのこともあっ

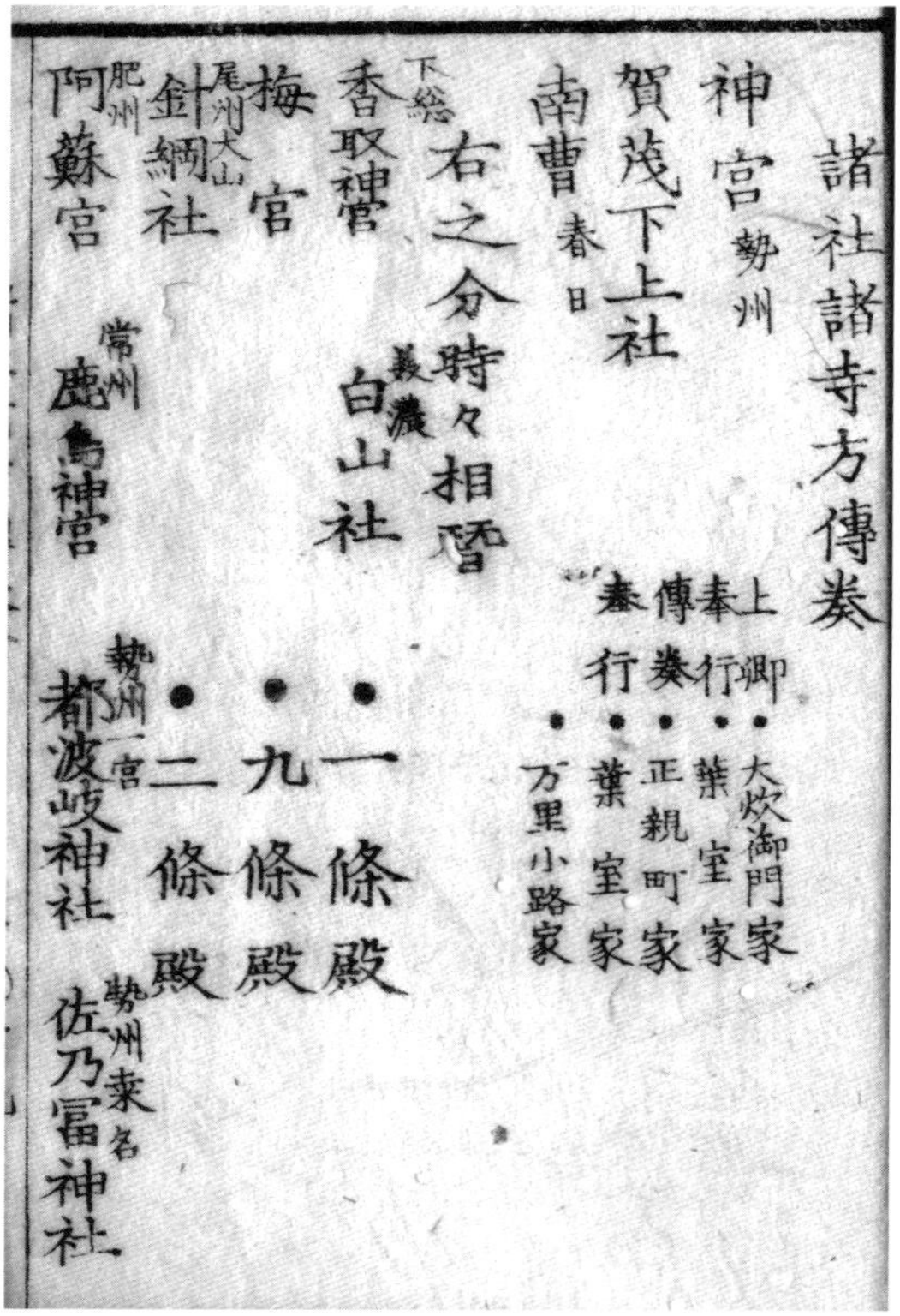
諸社諸寺方傳奏
神宮 勢州　上卿・大炊御門家
賀茂下上社　奉行・葉室家
南曹 春日　傳奏・正親町家
　奉行・葉室家
　・万里小路家
右之分時々相替
下総 香取神宮　美濃 白山社　・一條殿
梅宮　・九條殿
尾州犬山 針綱社　・二條殿
肥州 阿蘇宮　常州 鹿島神宮　勢州一宮 都波岐神社　勢州桑名 佐乃冨神社

寺社伝奏とする寺社である。忍・尾張東照宮、讃岐の
覧大全』下巻、幕末期、個人蔵）

た。武家伝奏の重要な任務に、将軍から天皇に送られた年頭礼の返礼に、勅使として江戸へ下向することがあった。その時期が、江戸年頭礼から帰った西宮神主と入れ違いになることがあったためである。

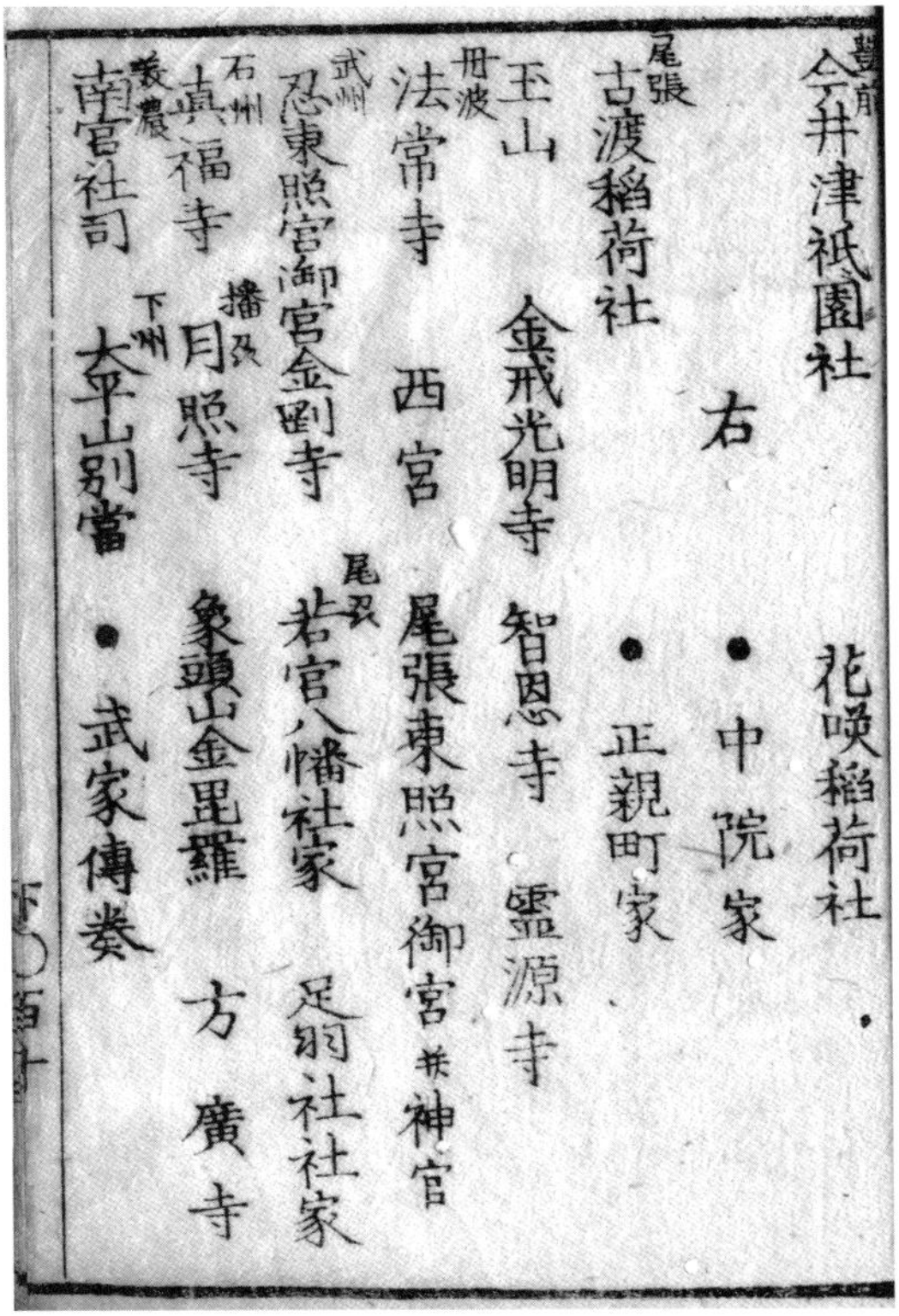
豊前 今井津祇園社　花咲稲荷社
右　・中院家
尾張 古渡稲荷社　・正親町家
玉山　金剛光明寺　智恩寺　霊源寺
丹波 法常寺　西宮　尾張東照宮御宮并神官
武州 忍東照宮御宮金剛寺　尾張 若宮八幡社社家　足羽社社家
石州 真福寺　播州 月照寺　象頭山金毘羅　方廣寺
美濃 南宮社司　下州 太平山別當　・武家傳奏

寺社伝奏の一覧（部分）　左側四行目以降が武家伝奏を
金毘羅などとともに西宮がみえる。（『年々改正 雲上明

白川家時代と武家伝奏時代の最大の違いは、「伝奏」が家元機能を具えていたか否かという点であった。白川家は神祇伯として、神道に精通していることを期待された。西宮神主吉井宮内をはじめ社家たちは、神道の行法相伝や社内の諸事に対する判断などを白川家に乞うことがあった。白川家は、西宮にとって単なる「伝奏」ではなく、神道の家元でもあり、社内の運営に容喙《ようかい》することがあっ

たのである。正徳争論の原因の一端はこの点にあった。一方、武家伝奏は、白川家のような神道関係の官庁の役人ではなく、家元機能を持たなかった。白川家から武家伝奏への「伝奏」の交替は、西宮に家元からの自立を促したといえよう。

武家伝奏にせよ、白川家にせよ、「伝奏」の屋敷では、当主自らが来訪者を迎えることはない。雑掌《ざっしょう》と呼ばれる執事が初期対応をする。「社用日記」でも、「伝奏」とのやりとりは雑掌を介してなされている。当主が在宅でも対面せず、雑掌を介して当主の言葉が伝えられるだけのこともあった。「伝奏」への対面は「御目見江《おめみえ》、有り難き仕合《しあわせ》」(「社用日記」元禄十三年二月十日)と、西宮神主にとってそれなりの感慨を伴ったようだ。

(井上智勝)

臼井左忠とは何者か

正徳の争論の一方の当事者の臼井左忠とは、いったい何者だろうか。これまでベールに包まれていたその半生が少しずつ明らかになってきていて、正徳の争論の敗北・追放を含め、彼の人生はまさに波乱万丈という言葉がぴったりである（正徳の争論は九八頁参照）。

臼井左忠は、京都の祇園社家臼井定清（七郎兵衛、春丸）の子として生まれた。平将門の子孫との由緒から氏は平氏、実名は興胤であった。生没年は不明だが、寛延三年（一七五〇）頃までは活動していた可能性があるし、兄に接伝（竹之丞、定賢、一六六八～一七〇五）がいて、接伝の生まれた年を考えると、左忠はかなりの長命だったと推定される。彼の名乗、実名は時期によって異なっている。争論の最中に、白川家では左忠ではなく下総助と呼ばれるようになり、追放後には臼井帯刀平胤栄と名乗った。享保十六年（一七三一）十月、霊元院の院宣によって故雅光王の猶子となった時から、平氏から白川家の源氏に改め、白川家の通字を用いて臼井帯刀雅胤とした。一条兼香の日記に彼が最初に登場したときには「猿島帯刀」とも書かれている。このように、名前一つとっても一筋縄ではいかないが、ここでは、「西宮神社御社用日記」

で用いられる臼井左忠と呼ぶことにする。

左忠の父の定清は神道の本所である吉田家に出入りして吉田神道を学ぶとともに、神職や文人との交流を広げた。そのおかげで、多様な書籍を所蔵することができた。接伝・左忠兄弟は、これらの書籍や神道の実践に接しながら神学を深めたのだろう。独自の活動を展開し吉田家からは妖術のようにいわれた接伝は、自分こそ吉田神道の正当な継承者であると考えていた。元禄三年（一六九〇）八月、吉田家から木綿手繦の裁許を得た前後から、接伝は武士・神職に対して自ら伝授を始めていた。さらに二人は、元禄十二年（一六九九）から十五年（一七〇二）の肥前国諏訪社神主青木左近一族が追放となった事件に関係していた。白川家に配下替えを目論んだ青木左近が接伝・左忠から伝授を受けたと主張し、当然のことながら、吉田家はその正当性を否定した。このような活動が原因となって、吉田家は接伝を破門したと推定される。おそらく左忠もそのころ吉田家から遠ざかったのだろう。

宝永二年（一七〇五）八月に接伝が没すると、左忠はその学問を引き継ぎながら―言葉は悪いが、兄の仕事をパクったという側面がないわけではない―、白川家に出入りするようになる。宝永二年十二月十六日に、白川雅光王が左忠に対して神事勤行を命じたのが、白川家との関係が示される最初である。『白川家日記』によれば宝永三年（一七〇六）正月五日、雅光王に年頭の挨拶をしたことがわかるから、前年末に白川家に通じたことは間違いないだろう。左忠は同年七月に白川家で『日本紀』を講釈し、同月二十三日に雅光王から神祇道管領学頭職を命じられた。このようなキャリアのおかげで、左忠は吉田家・白川家の両方に通じることになったのである。

雅光王は宝永三年十月九日に神祇伯を辞退して、弟の雅冬王に再び神祇伯を譲り、翌十日死去したが、それまでの雅光王・雅冬王兄弟の関係は複雑である。雅光王は、元禄十一年(一六九八)にいったん神祇伯を雅冬王に譲ったが、宝永元年(一七〇四)、病気の雅冬王にかわり、再び神祇伯となった。雅光王が没するまで、白川家には雅光王と雅冬王の二家が存在しているかのごとくだった。雅光王には実子がいたようであり、左忠はその子に返伝授するという条件で雅光王から伯家神道の伝授を受けたのだという。このため、のちに左忠は、雅冬王の養子として白川家に入った雅富王への伝授を拒むことになる。当時の白川家は内部に亀裂を抱えていて、そこに臼井左忠が入り込むスキが生まれたのである。

宝永七年(一七一〇)八月、雅冬王のもとで神祇道管領学頭職となった左忠は、同年十一月には中御門天皇の即位式を見学し、のちに『御即位見聞私記』をまとめている。また、政治的にも手腕を発揮し、同年閏八月、稲荷社の惣坊留守居乗龍の灌頂執行を差し止めた。正徳二年(一七一二)六月には山城国宇治郡石田村田中社の神職兼帯について裁許を下している。これらの神社の次に矛先が向いたのが西宮神社だった。臼井左忠が西宮神社に干渉したのは、当然

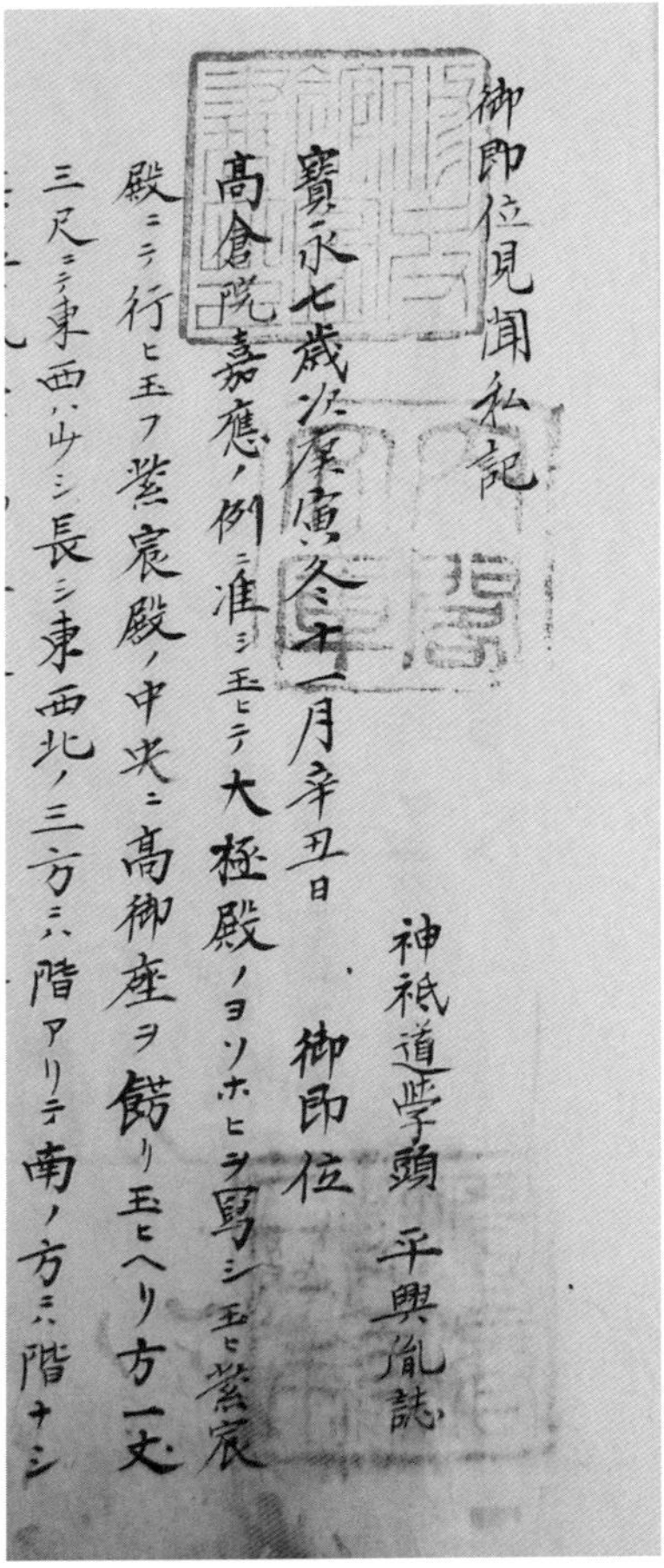
御即位見聞私記
神祇道學頭　平興胤誌
寶永七歳次庚寅冬十一月辛丑日　御即位
高倉院嘉應ノ例ニ准シ玉ヒテ大極殿ノヨソホヒヲ寫シ玉ヒ紫宸
殿ニテ行ヒ玉フ紫宸殿ノ中央ニ高御座ヲ餝リ玉ヒヘリ方一丈
三尺ニテ東西ハ廾シ長シ東西北ノ三方ニハ階アリテ南ノ方ニハ階ナシ

臼井左忠（興胤）著『御即位見聞私記』
（国立公文書館所蔵）

の成り行きだったことになる。

正徳の争論で敗れた後、しばらくの間、左忠の動向はわからなくなる。大津に住み、上御霊神社・北野神社の代参人をして糊口を凌いでいたという。復活がうかがえるようになるのは、享保十三年（一七二八）に安井門跡道恕に鞠精進を伝授してからである。その後、鎮魂祭を復興したい霊元法皇に見出されて表舞台に再登場し、霊元法皇や桜町天皇に祈祷によって仕えるようになった。左忠を復活させたのはおそらくこの祈祷の力である。その評判はかなり広まっていたようで、元文四年（一七三九）には神祇不拝のはずの西本願寺で門主湛如の病気祈祷を行っているほどである。

元文二年（一七三七）十一月に当時関白だった一条兼香の屋敷に出入するようになり、『日本書紀神代巻』の講釈や神道の諮問に応じていく。そして閏十一月二十八日、左忠は雅光王から授けられたという白川家の神祇官八神殿を一条兼香に奉呈したのである。臼井左忠といえば、正徳の争論によって追放されたとき、神祇官八神殿を白川家から盗んだというのが通説である。しかし、『白川家日記』を見ていても八神殿をめぐる記述が全くなく、そもそも白川家に神祇官八神殿があったのかどうか、かなり疑問である。かりに白川家から盗んだものであれば、兼香はいち早く白川家に返すべきだっただろう。しかし、宝暦元年（一七五一）まで、八神殿は一条家に置かれたままになっていたので、話は単純ではない。おそらく道統の乱れに乗じ、臼井左忠が雅光王家に伝わったものとして八神殿を創出し、一条家に届けたものだったのではないかというのが、私の見立てである。

臼井左忠は、神道の本所の所属を吉田家から白川家へ変え、幕府の法廷での訴訟に負けて追放され―朝廷あるいは白川家から切り捨てられたと言い換えてもよい―、そこから天皇・関白の懐に入り込んで大嘗祭にまで食い込んでいった。そんな左忠は、宗教家というより政治家といったほうがわかりやすいかもしれない。身分制の厳しい江戸時代とはいえ、彼のような存在もまた活躍しえる時代だったのである。

（幡鎌一弘）

「後悔至極」の裁判

江戸時代の西宮神社における注目すべき事件といえば、十八世紀初頭に神社内の構成が一変した本所白川家との〝正徳の争論〟であるが、約二十年後の元文期には、当時多くの神職を支配していた京都の吉田家に関わる長期に亘る裁判が行われた。後代に〝元文の裁許〟などと称されるそれは、各地で御神影札《おみえふだ》を配る願人の支配や社内の社家・祝部の身分問題に密接に関わることとなる。争論の具体的な展開とその後の影響をみていこう。

享保十九年（一七三四）八月十二日、奥州白川（現福島県白河市付近）などの願人を兼職する社人らが、五、六年前から吉田家の地域支配のトップである注連頭《しめがしら》が社人らに「下賤」という理由で添え状を出さないため、身分保障がされないと西宮神社に申し出た。当時の神職は吉田家や白川家によって身分保障されることになっていたのである。神社の東向左膳と辻重左衛門は吉田家を訪問したが、吉田家の奥州方面の担当である鈴鹿大膳の回答によれば、当家としては願人を下賤などとしたことは無いという。

西宮神社側は注連頭の本所である吉田家のこうした命令があれば幕府に訴えることもないと

していたが、元文二年（一七三七）六月十日、神主左京亮と奥州支配社役人柴田治右衛門が京都の吉田家を訪問すると、注連頭が願人を「いやしき勤方」として身分保障を止めるよう連印の文書を提出したという。

そこで、翌年正月十六日、幕府年頭礼のため江戸に下向していた左京亮は、奥州方面の注連頭八名を相手に寺社奉行所へ訴状を提出（藤田家文書一四、佐藤家文書一、和久井家文書一九）。元文四年（一七三九）正月には訴訟が落着しないため再び江戸へ向かうが、五月十八日付で判決が下され、六月十四日に帰国した。その内容は、願人を卑職とすることは不当であるとし、注連頭ら七名に欠職若しくは戸閉を言い渡すものであった。この判決の写しは複数通存在するが、当時諸国に西宮神社側の勝訴と願人が卑賤の身分ではないと証明するためであったと考えられる。この時、社人（願人）も神主同様京都の武家伝奏の取り次ぎによって身分保障されるとされた（藤田家文書一九、田島町史所収史料三）。

ところが七月に左京亮が大坂町奉行所及び武家伝奏を訪問した際に、伝奏側の認識とズレがあることが発覚する。すなわち諸国の支配下の社人が伝奏の取り次ぎで身分保障を受けるのは難しいというのである。この後、幕府寺社奉行所より呼び出しがあり、左京亮が病気のため弟の采女が向かうも本人でなければならないとされ、十一月再び左京亮が江戸へ出かけた。最終的に翌元文五年（一七四〇）十二月二十六日、諸国社人はその地域の領主の添え状と西宮神社神主の添え状を以て吉田家より身分保障を受けるという決定が下され、誤った証言をした左京亮は逼塞を申し付けられた。

この裁判期間は単に判決を待つだけでなく、江戸において陸奥・信濃・名古屋・水戸・上総など東国方面の願人の問題を処理していた。また、元文四年五月付で東国諸国に宛てて、幕府の判決や神札賦与の由緒、神職勤方などを申し渡すなどしている。また、寛保元年（一七四一）における越後国村上藩との神札賦与に関する一連のやりとりからは、この争論が願人を神主が直接支配する体制の強化につながったとされる（松本二〇一一）。これ以降に神札賦与の免状や職務規程が複数通残っていることも、裁判が落着したことによって願人の支配体制が進展したことが背景にあると考えられる。

ところが判決は諸国願人の範疇に留まらなかった。帰国後、約二十日間の逼塞期間が終わり、伝奏へ年頭礼を兼ねて裁判の報告を行い、吉田家にも訪問した。すると、それまで身分保障を受けてこなかった西宮神社の社人も吉田家の取り次ぎによって身分を保障すると伝えられたのである。伝奏に確認すると土岐丹後守より確かにそのように言い渡されたという。吉田家の身分保障が関わるのは各地の願人だけであると捉えていた左京亮は動揺するが、このことはそのまま放置される。

この裁判が問題化するのは、下って文政十年（一八二七）である。この年の二月に、吉田家より元文期の江戸での裁判について尋ねたいことがあると神社の社家・祝部宛に書状が届いたことが発端となる。元々武家伝奏の取り次ぎによって身分保障されていた神主以外は、保障を受けてこなかった西宮神社の社家・祝部に対して、吉田家は元文年中の幕府判決によって神主は武家伝奏が、社家・社人は吉田家が担当であり、吉田家の神職許可状が無くては「諸社禰宜神主法度」（幕府による全国の神職統制法。事実上吉田家を頂点として全国的に神職を組織化することを目的とした法）に差し支えるという。この文政年間の騒動の背景には、天明二年（一七八二）の「諸社禰宜神主法度」の再布告などがあると指摘されているが（松本二〇一八）、当時の西宮神社の神主である上総介が、吉田家の分家である萩原家からの養子であることも一因ではないだろうか。これについては吉田家によって大坂町奉行所、そして幕府寺社奉行所へ訴えられる。社家・祝部は多数の先例や格式を並べ立てて、身分保障の担当が武家伝奏と吉田家との二家になっては社中混乱の元となると反論するが、先例などに関する公文書が無いため取り上げ難いこと、元文年中の申し渡しで吉田家支配であることは現然であることが指摘される。社家や祝部は他の神社へ先例を尋ねたり、多方面へ伝手を求めたりするなど、様々な方策を試みたようである。また、上総介も京都へ上京して武家伝奏に吉田家付きになるつもりはないことを確認するなど、左京亮の時に起こったようなズレが生じないよう努力している様子が垣間見られた。

西宮神社が吉田家の支配にここまで抵抗した明確な理由は不明である。ただ最終的には元文の判決を覆すことが出来ず、吉田家側の言い分が認められてしまうこととなった。左京亮の代で言い渡された「元文御裁許」は、およそ九十年後には社家や祝部に「後悔至極」とまで言われてしまうものとなったのであった。またこの文政の判決後、西宮神社に吉田家が度々介入したことは、天保年間以降後ろ楯として近衛家との繋がりを深めていく背景になったとも考えられる（松本二〇一八）。結局社家や祝部は吉田家の保障を得ずに江戸時代を終えるのだが、元文期の判決は諸国支配のみならず、社中構造にも時を経て影響を及ぼしかねないものであった。

（日向寺朋子）

第二章

西宮神社と社中

西宮神社の神職

江戸時代、西宮神社には神主・社家《しゃけ》・祝部《はふりべ》と三階級の神職と神子《みこ》、さらに俗人である願人《がんにん》など複数の身分・職分から構成されていた。この項では神職・神子について、十八世紀初頭段階の概要を紹介する。なお、当時は神仏習合思想にもとづき、社僧（神社付属の僧侶）が存在するのが一般的であったが、西宮神社については江戸時代以前には社僧が二十人ほどいたと記録されているものの、江戸時代には存在せず、神職のみとなる。

神職は序列化されていた。まず、トップは神主（現在でいえば宮司）であり、平安時代から現在に至るまで吉井家が世襲する。寛文期（一六六一～一六七三）までは平田家も神主であったが、家が絶えたようである。神主の次位は社家で、これには上官《じょうかん》と中官《ちゅうかん》の区別があり、上官は中村・浜・東向《ひがしむき》・田中の四家、中官は鷹羽家があった。神主・社家は神社の北隣（現在の西安寺付近）や西宮町中に居宅を構えていたようである。社家の次位は祝部（祝子《はふりこ》）と呼ばれる神職で、西宮町近隣の中村・広田村・越水村などに住み、田畑を所持するかたわら神事奉仕するという、半農半神職の存在であった。中村の堀江・大森・橋本、広田村の広瀬・田村などがいた。ここまでが神職である。

神子は現在とは異なりすべて男性で、成尾《なるお》屋・紅《べに》屋・瓶子《へいじ》屋など、元禄期には二十人ほどが確認できる。屋号を有していることから、西宮町内在住の町人と考えられている。神子は神事行為を行うことが許されていないため神職には含まれない。神事行為とは、装束を着用して祝詞・奉幣・祈祷などを行うことであるが、彼らは神事の際、あるいは平日は現在の祈祷殿の場所にあった神楽所に詰め、参詣人の要望に応じて神楽を奉納することを職務としていた。

神主から祝部までの神職についても、つとめることができる神事行為が決まっていた。それを端的に示す事例を「社用日記」から引用してみよう。


十二月朔日、広田・南宮・西宮月普(並)の神供《しんく》進上、祝詞神主宮内《くない》これを勤め、社司中臣祓《なかとみのはらえ》勤読、祝部神供運送、神子庭神楽《にわかぐら》（元禄十年〔一六九七〕十二月朔日）

これは、毎月朔日に広田社・南宮社・西宮（戎）社で行われる月並《つきなみ》神事の次第を記した箇所であるが、祝詞奏上は神主（当時は四十五代吉井宮内《くない》良信）、中臣祓奏上は社司（社家）、神供《しんく》運送（お供えを神前へ運ぶこと）は祝部、庭神楽は神子が、それぞれつとめている。その神事の願文たる祝詞の奏上は神主のみが行える行為であり、以下序列に応じて従事する神事行為（神楽は除く）の重要度は下がっていく。

神事以外の場面での神職内序列を示す事例として、再び「社用日記」から、宝永六年

（一七〇九）六月二十一日の午前七時頃に社参した、尼崎藩主青山幸督《よしまさ》への神職の対応についてみると、神主は冠・紅衣《こうい》着用にて神前広間に着座し、その場所にて対面、社家は布《ほ》衣《い》・烏帽子着用にて、祝部は黄衣《おうえ》・烏帽子着用にて東唐門（本拝殿を廻る透垣《すいがい》にあった門）付近の手洗石のところまで出迎えた、とある。職分別に着用する装束も異なり、さらに出迎え位置も別である。神前から遠いほど序列も低くなるというように、視覚的にも序列がよくわかる。

　現在の神職も神事などの際には職階（宮司・禰宜・権禰宜など）と階位（特級～四級・浄階～直階）により装束・服務内容は異なっており、何らかわらないようにもみえるが、藩主出迎え時の事例のように、神事のみ

写真1　冠・紅衣

写真2　布衣・烏帽子

ならずあらゆる事柄にわたりこの序列が反映され、しかも生まれながらに規定される点が身分制社会の特質であった。江戸時代の西宮神社は、幾度かの社中争論を経つつも、最終的にはこの序列に則ることにより、つつがなく運営されていくのである。（松本和明）

写真３　黄衣・烏帽子

神主の官位とステータス

官位とは朝廷から授与される官職と位階の略称で、与えられた者にとっては一種のステータスであり、それは西宮神社の神主においても例外ではなかった。宮内以降の神主職相続において欠かすことの無かった官位とは、神主にとってどのようなものであったのか見ていきたい。

吉井宮内は元禄六年（一六九三）、前代の式部で「官位中絶」のため官位の取り次ぎを行う伝奏白川家に申請し九月に従五位下に叙せられた。正徳年間に白川家によって神社経営が乗っ取られる危機に瀕した際には、位階授与の文書「位階綸旨」が神主身分を保障する重要な要素となった。神主支配の正当性を主張することに役立ったのである。宮内が「従五位下」という位階を使用したのは、諸国願人向けの証文や祝詞などの署名においてであった。

正徳期の争論によって伝奏が白川家から武家伝奏に変更された後、神主となった左京は享保十九年（一七三四）九月五日条で尼崎藩に相続を届出、同年十二月に従五位下左京亮という〝官位〟を得る。当時の伝奏葉室頼胤によれば神主に「官はこれ無き筈のもの」であり、西宮神社も往古より位階のみで官職は無かったはずだが、願いにより左京亮を任官することとしたという。同年十二月二十一日条では広田・西宮神社の制札を「左京名」に改めて建て替え、翌年二月十三日条で尼崎藩へ印判を改めることを願い出て、神主職相続が完了した。このように、神主職相続は概ね社中・在地領主・幕府（年頭礼で報告する）・朝廷に対して行われていた（神主職相続と在地領主の関係については松本二〇一七）。ただ、制札が九月付で日付を遡って記されていることからは、相続が本来的には社中のみで済むが、公的には朝廷の認知が重要であり、それは叙任によって支えられていたといえよう。

左京亮は官職を日記や文書で徐々に使用していった。任官の翌年正月、尼崎藩へ献上する巻数の署名について寺社奉行の田中清助から西宮神社が重要な神社であることを踏まえ、「左京亮」と記すようにと指示されていることからは、藩としても官位に一目置いていたことが推察される。

元文年間の争論では、判決が出された翌年の寛保元年（一七四一）四月に西宮神社神主の格式覚書として叙位任官していることが記されている。正徳期以降願人が神主の直接支配となったことも相俟って、官位が願人支配の上でも重要であったといえよう（藤田家文書二八）。

また、延享元年（一七四四）四月の開帳を行った際に、左京亮は役人から無礼を咎められ、「官位等もこれ有るなと重からぬ事を重き様に」自分の身分を認識していたと告白している。これは左京亮が一般論として官位を重んじていたことの裏付けではないだろうか。

左京亮が江戸で客死してから神主となった弟の采女は従五位下和泉守に任官されるが、尼崎藩寺社奉行に官名を名乗ってよいか確認した上で社中の制札の署名を書き換えた。宝暦十年（一七六〇）十月四日条では神社支配方を記すよう大庄屋から依頼され、「官位の儀」は武家伝奏が担当であると返答した。伝奏からの支配回路が官位授与によると認識されていたことが推察されよう。後に江戸幕府寺社奉行に松平和泉守が就任し、重複を避けるため幕府向けの文書には「式部」と署名することになるが、社中や諸国配下宛ての文書等では「和泉守」と署名していることからは、やはり支配の上で官位を重要視していたといえる。なお改名に伴い社中制札も汎用性の高い「神主」と書き改めたためか、以後神主職相続において制札の名書き改めの記事は見られなくなる。

明和五年（一七六八）の和泉守病没後は、継承者である常太郎が幼少であったため社家東向斎宮によって社務が主導されていたが、翌年から神主職を相続し、十月五日に従五位下陸奥守（良秀）に任官された。十一月八日には名古屋や江戸の願人へ「神主官位相済」んで跡目を相続した旨の書状が出されている。やはり官位受領と相続が密接なつながりをもっているといえ、ここでも官位を受領することが神主職相続のための重要事項であったといえよう。陸奥守の代になると武家伝奏による任官も「代々」と称されるようになる。陸奥守は更なる官位の上昇を目論むが、寛政二年（一七九〇）正月に京都方の人物から京官（国守に対して左京の官職）も四位も難しいが、「大宮司」などの職号は可能性があるとの見解を示されている。このことから、叙任する側はともかく、叙任される側も官位の高低などの意識を以て受領していたといえよう。ただしこの昇進希望には同時期に位階を所持する神職が多くなり、二十二社などの大規模な神社の神職の位階が上がっていたことが背景にあるとも考えられる。

次に神主となった上総介は養子であり、実際には萩原従言息という公家出身の人物であった。そのため大国でも親王任国である上総介に任官されたと考えられる（享和元年〔一八〇一〕十月）。上総介の代では、文政十年以降社家や祝部が受領元を巡って吉田家の官位・着服争論に巻き込まれるが、武家伝奏を取り次ぎとする神主は追及されなかった。

天保十年（一八三九）五月には従五位下但馬守が任官された。但馬守の神主職相続自体は翌年以降と推察されるが（天保十一年の日記は現存せず）、任官が済んで帰国してから社中のみならず、町・浜役人や酒屋行司中へ任官の礼廻りを行っている（天保十年六月）。

こうした町人との関係性は、次の陸奥守（良郷）の代にも世話人への廻礼や氏子への土産配布において確認される（安政二年〔一八五五〕十月）。広田神社拝殿で氏子・役人・世話人と揃って拝礼した後、行列を作り七ツ半刻西宮神社で社家・祝部に迎えられているのである。神主が当時幼少であったため任官を念入りに周知する目的があったのか、或いは後見役であった叔父の銀次郎と後神肥前守秀熙（生田神社神主）の内、後者が弘化三年（一八四六）に任官の後、生田神社へ行列を作って帰社したことが影響しているのかもしれない。但馬守・陸奥守（良郷）の例からは、任官自体が町中を巻き込む重要な行事となっていたことが窺えよう。

ところで歴代の神主が受領した官位についてであるが、和泉国は下国、陸奥国は大国、上総国は大国、但馬国は上国であり、国の等級が上昇していることがわかる。全国的に当時の神主は一部の神社を除いてほぼ国守など受領官を任官されるが、寛政二年に京官への昇進は難しいとされていることもふまえると、左京亮の任官は異例であったといえよう。その理由は不明であるが、いずれにしろ官職については左京亮以降の神主が代々任官されるようになることから、左京亮の任官を画期とすることはできよう。この享保十九年に官職を求めた背景には、当時御神影札を配る地方の願人が卑賤視されることが問題化していたことがあるかもしれない。官位は在地社会において朝廷権威として一定の効用があったとされるためである（井上二〇〇七）。年頭礼などの武家側への儀礼が政治的・経済的側面が強い一方で、朝廷との関係は歴史的・権威的に重要視されていたといえるのではないか。

明治維新によって諸制度が変革していた明治二年（一八六九）に至っても、社家や祝部は官位を望む口上書を提出した。任官は神主のみならず神職全体にとって身分表象のため重要な要素であり、それが神社世界内外に認識されていたといえよう。

（日向寺朋子）

江戸で亡くなった神主

江戸時代には、四十二代吉井宮内良重から五十一代吉井陸奥守良郷まで十代十名が神主をつとめている。その墓所は現在に至るまで阪急夙川駅近くにあるが、四十六代吉井左京亮《さきょうのすけ》良行の墓所は東京都港区芝の大松寺《だいしょうじ》にある。

吉井良行は宝永六年（一七〇九）に四十五代吉井良信の長男として西宮で生まれる。弟に采女《うねめ》（のちの四十七代和泉守良知）・藤五郎（のちの吉井良則）がいた。年未詳ではあるが、南野村（現大阪府四條畷市）の篠山多田八妹いちを妻とし、一子常太郎（のちの四十八代陸奥守良足）をもうける。享保十九年（一七三四）九月に父良信から神主職を相続し、「社用

代々の神主が眠る夙川墓地

日記」も翌年から良行が記している。

病弱であったようで、元文四年（一七三九）には「左京亮儀このほど病気以てのほかにて引籠り」という理由で弟采女が代理として出府している。寛保三年（一七四三）四月には二週間ほど有馬温泉へ湯治に行くなどしている。そのため、この寛保期には弟采女も神事を勤めるなど、兄神主の補佐を行いはじめる。その後も病気のため度々神事や尼崎藩への節句御礼を欠勤している。しかし、権力側への御礼については、当代神主が、時期を外さず行うことが重要であったため、延享二年（一七四五）二月には京都の伝奏への年頭礼があまりに遅くなってはということで、病気をおして上京するなど、無理を強いられる場面もあった。

延享四年以降になると多くの神事・行事を欠勤し、日常の神事は代理として弟采女が勤めるようになるが、寛延三年（一七五〇）と宝暦四年（一七五四）の江戸年頭礼は無事勤めている。

かかる状況下、さらなる難題が神主に降りかかった。それが和泉国大鳥郡石津社との争論である。これは、同社がえびす像札を勝手に頒布していることを指弾するもので、西宮神社にとってはえびす像札の独占的頒布権を認められた「公儀御定之社法」を侵す行為として看過できないものであった。寛延四年（一七五一）九月にまず尼崎藩へ届けたうえで上坂し、大坂町奉行所へ出訴を行う。しかし、管轄違いとして大坂町奉行所は受理せず、堺奉行所へとまわされる。しかし、翌宝暦二年（一七五二）には、訴えは社法の儀に該当するという理由により堺奉行所でも受理されなかった。このようないきさつもあり、良行は訴訟のため尼崎・大坂・堺へ頻繁に出向くこととなる。病気がちの身の上、その心労はいかばかりだったろうか。

その時は唐突にやってくる。翌正月六日の江戸年頭礼（時の将軍は九代家重）のため、宝暦七年（一七五七）十二月八日の明け六つ半（朝七時頃）に良行は西宮を出発する。なんとか大役は果たしたと思われるが、このかんの日記は采女が記録しており、良行のたどった経過は不明である。つぎに良行の動向がわかるのは、三月十四日に江戸を発し、二十日に西宮へ到来した、「時疫の病気相煩い余程重き様子」との知らせによってである。翌々日より連日病気平癒祈祷が三社神前にて実施され、采女も急遽出府するが、同人が江戸に到着した四月五日には、良行は二日に死去しており、すでに葬儀も済ませた後であった。良行にとり、江戸への出立が故郷との永遠の別れとなったのである。数え四十九歳であった。

采女以下は帰路につき、その途次尼崎藩へ神主死去届けを提出する。その届けには「廟所は江戸三田大松寺の内に葬り申し候、墓標立て置き候」とある。

病身をおしての厳寒期の出府と、極度の緊張を強いられたであろう将軍家へのお目見えが命を縮めたことは間違いないだろう。幕府は神主職を一社の代表として認識し、西宮神社をめぐる度々の争論においても神主勝訴の判決を出すが、そのかわりに代表としての責務が課せられた。年頭礼などはその最たるもので、当代神主が出府することが重要な意味を持っていたといえる。格式を誇り、晴れ舞台でもある江戸年頭礼の裏側には、そのために壮年にして遠く故郷を離れて亡くなった一人の神主がいたのである。彼の墓は大松寺に現存している。

なお、神主家のその後であるが、跡を継いだ弟采女良知の子供は女子二人で男子がおらず、良行の子常太郎が後継の神主となる。また、三兄弟のうち三男藤五郎は神職を離れて独立するが、彼の系統は明治維新後に復職し、現在にいたるも西吉井家として西宮神社にて神明奉仕を行っている。

（松本和明）

江戸で亡くなった吉井良行の墓
（東京都・大松寺）

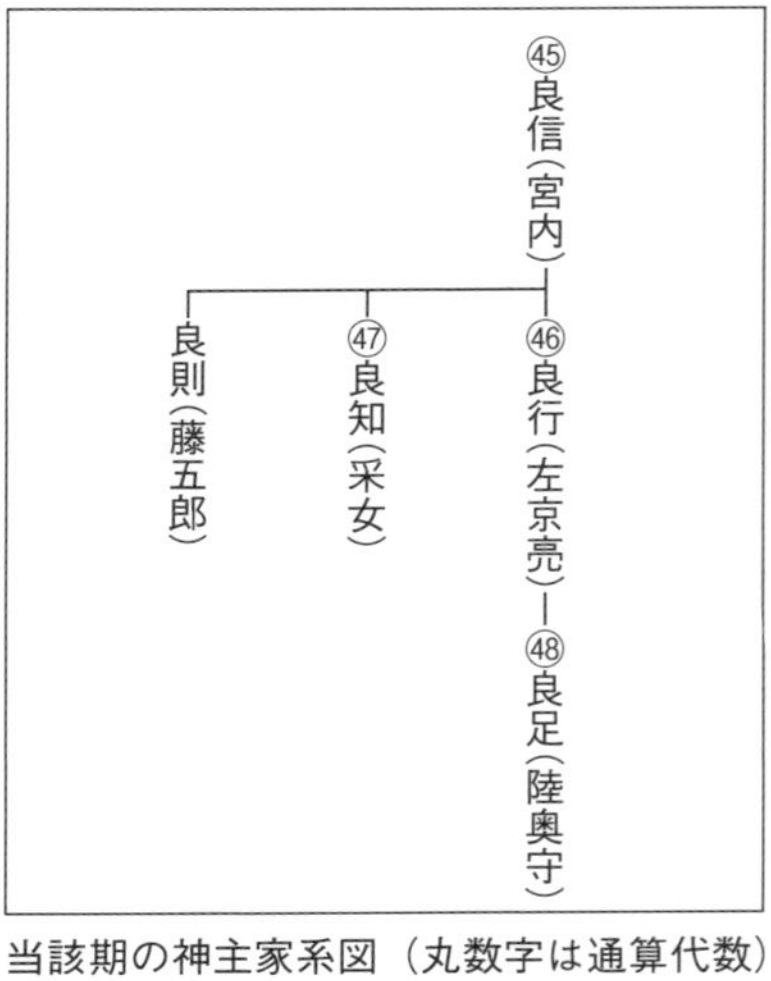

当該期の神主家系図（丸数字は通算代数）

元禄期の神子

神楽や湯立には欠かせない神子《みこ》。神子といえば白衣《びゃくえ》に緋袴《ひばかま》を着用した未婚女性の神子がまずイメージされる。しかし江戸時代には男性の神子も珍しくなかった。西宮神社の神子もまた男性であった。当時の神子は西宮町内の特定の屋号を持つ者が奉仕しており、神主や社家といった専業の神職とは神事に対する感覚もかなり違っていた。

元禄八年（一六九五）三月八日、社家の東向刑部《ぎょうぶ》と神子の平左衛門の間で口論がおきた。神子が神社境内の神楽殿《かぐらでん》で参詣者から神楽料以外の金銭を受け取っていたということが社家らに問題視されたのである。その二日後の十日、神主・社家らの連名で西宮町奉行所あてに正式に訴状が提出された。問題にされたことは、①宗門改のときに神子一同が自身のことを「社人」と申告し、神子頭が月神《つくよみ》の姓を名乗ったこと、②境内で神子が参詣者に祈祷札を配り、初穂料や散銭（賽銭）などを受け取っていたこと、③月並み神事の時に奏する庭神楽《にわかぐら》を神子が怠っていたことなどであった。

神主・社家らは、自分たちは祈祷の職であると申告した神子に対して、「社人」と呼べるのは神子より上の身分の者であると反論し、神子の祈祷まがいの行為は許容できないとしたのである。神子が奏する神前の神楽も神主・社家にとっては祈祷ではなく、神事を厳かに彩る荘厳《しょうごん》にすぎなかったのである。

神子側にすればこの訴えは当然受け入れがたい主張だった。古くから神子は神社の内外で旦家に福寿札を与えたり、求めに応じて歳神《としがみ》祭や荒神祓《こうじんはらえ》を執行して、日常的に初穂銭や祈祷料を得てきたからである。

この神主・社家の訴えは、尼崎藩を経由して京都の神祇伯《じんぎはく》白川家によって裁かれることとなった。そして六月十五日には裁許が下され、神子の祈祷行為は禁止され、神楽料以外に諸種の祈祷料や初穂料を受け取ることも禁じられた。しかし、その裁許を神子に完全に履行させることは現実には不可能であった。神楽以外の全てを禁じられるならば神子職を返上すると神子たちが述べたためである。結局、禁じられた歳神祭と荒神祓は「歳神参り」と「荒神参り」に名を改め、祈祷色を除いたかたちで存続することになった。

元禄八年の裁許が念頭に置いていたのは境内での祈祷行為であった。そのためか、神子が神社の外部で行ってきた配札や祈祷に関してはその後も徹底を欠いた。元禄十一年二月には、兵庫津の旦家に神子が「神楽祈念之札」を配札していたことが発覚し、再び問題化している。

神社の主構成員(社務に専従する神主や社家)にとって、神子の職分は神楽にほかならなかった。だが、境内で行われる神楽は神子にとっては生業の一部に過ぎなかったのである。他の全ての稼業を捨てて神社の祭祀体系に一方的に組み込まれることは神子にとってデメリットしかなかったのである。

いざとなれば職を辞してもよいと言い放った神子は、いわば聖俗ふたつの世界に生活拠点をもつ者であった。そうした神子にすれば庭神楽の重みも神主らとは当然異なっていた。神主や社家にとって、「御神御奉公」のために広田社・南宮社・夷社それぞれで実施する月並み神事は極めて重要な祭事であり、庭神楽もそのために行われるべきものであった。だが神子にとっては、四方から参詣者が群集する夷社での神楽こそが大事であり、神楽銭収入が期待できない夷社以外での神楽は意味がなかった。

元禄八年の裁許で神楽こそが神子本来の職であると公定されると、三社それぞれで庭神楽が行われるようになった。ところが依然神子の対応は冷淡なままであった。神子十七、八人中、三社での月並み神事神楽に出勤する者はわずか二、三人というありさまであった。

そうしたなか、訴訟に勝利した神主らは、広田社夜祭りへの社参を強制するなど、次第に神子に対する統制を強めていったが、対立はなかなか解消しなかった。なかでも大きな問題に発展したのは湯立《ゆたて》神楽の再興問題であった。湯立は清太夫という神子が存命中の元禄五年に一度行われたことがあったが、彼の死後は式法を継承する者がなく、当時は断絶状態にあった。

元禄八年八月十六日、神主は神子に対して六日後に予定されている西宮社祭礼日に湯立を執

現在の湯立神楽

行するよう命じた。それに対して、神子は式法稽古に時間が必要だとして翌十年まで挙行を引き延ばし、その二年後には再び湯立は行われなくなってしまった。

　元禄十三年九月、いよいよ現状に不満を持つ神主・社家側は、西宮町奉行所に願書を提出し、再度三社での湯立執行を神子に求めるという挙に出た。そして十一月、両者は再び京都白川家で裁決を受けることとなった。神主らは、我々が広田・南宮・夷三社の神事を兼ね行うことは神社の「御社式」であり、幕府の御条目にもあることだ、よって神子も三社で湯立をして当然だ、と主張したのである。しかし現実には、過去行われた湯立はいずれも八月下旬の夷社例祭の時に行われてきたもので、広田社・南宮社の祭礼では行われていなかった。そのため神子は強く反発した。

白川家での審理中、神子のリーダー格六人は夷社以外での湯立執行を拒否し続けた。そのため六人は神子職を罷免され、その二日後には、国許《くにもと》に残る全ての神子が自ら職分を返上するという事態となった。神子の総辞職で慌てた神主・社家側は、急遽西宮町と氏子村の人々にむけて神子の希望者を募ったが、予想に相違して希望者は現れなかった。神社側は元神子の者に復職を勧めたりしたものの、状況は好転しなかった。祈祷料や初穂収入を禁じられた神子の職はもはや魅力的なものではなかったのである。

結局、神子不在の状況は、尼崎藩役人の強い希望もあって、元禄十六年の夏に一部の者が復職することでようやく解消した。しかしその後も神子は神社での役割を積極的に果たそうとはしなかった。町人として他の生業も持っていた神子たちは、不利な労働条件に変更された神子職にはあえて拘泥しなかったのである。

西宮神社では十七世紀半ばころまでは、神社での諸神事のうち、どの部分が祈祷行為にあたり、どの部分が非祈祷行為なのかということが曖昧だった。そして元禄期という時代は、その曖昧な状態にひとつの線が引かれて、神主・社家などの特定の神職に祈祷者としての地位と権益が独占されていく時代だったのである。

（志村　洋）

神子と巫女

江戸時代、西宮神社に付属し、日常的に神楽を奉仕する「神子《みこ》」は、西宮町に居住する人々であり、全員男性であることがひとつの特徴であった。ところが、江戸時代なかば以降の史料には神子と併記されて「巫女《みこ》」が登場する。この巫女は何者か？　神子との違いは？　といった点を紹介し、神子と巫女が併存する理由を考えてみよう。

前述のように「神子」は男性で、明治三年（一八七〇）の「神領下行米内訳器械取調記《しんりょうげぎょうまいうちわけきかいとりしらべき》」（西吉井家文書）という史料に「男巫《おとこみこ》」とあることから、明治初年まで存在していたことがわかる。神事の際の庭神楽《にわかぐら》奉納と、平日は神楽殿へ詰め、参詣者の求

神事において神楽を奏する巫女

めに応じて神楽を奉納し、神楽銭を得ていた。元禄期には二十数名がいたようであるが、その後減少し、元文三年（一七三八）には瓶子源兵衛が死去し、大石・紅野両名のみとなっている。

巫女の初見はちょうどこの時期であり、同四年に尼崎藩寺社役へ提出した願書によれば、神子の多くが断絶し、現在の神子は人数不足かつ「不鍛錬」にて湯立神楽が中絶している。そのため、当時西宮近在の神社や貴船神社（現尼崎市）・住吉神社（現神戸市東灘区）などを巡回しながら奉仕していた神子を雇用して湯立神楽《ゆたてかぐら》を行いたいとの望みが西宮神社にはあったようである。

この願いが受理されたためか、あるいは寛保二年（一七四二）四月における、江戸講中からの要請による太々神楽《だいだいかぐら》執行とも関連するのか、友田数馬《かずま》なる神子を大坂から招請して太々神楽を行い、三日間の礼銀として銀五十匁を支払っている。これは太々神楽執行のためだけに臨時に雇用した神子といえるが、その際、「巫女壱人太鼓戸拍子横笛」とあり、友田数馬は巫女を引き連れて来社していたことがうかがえる。また、これが日記上の巫女の初見である。

暫くは友田への依頼による太々神楽執行という状況が続いていたが、延享三年（一七四六）九月に巫女の奉仕を依頼したところ、差し支えありとして断られる。そこで、十一月の太々神楽について、別の神子西林出雲へ相談を行ったところ、妻と娘二人がいるが、妻は差し支えあり、娘二人を連れて行くとの応諾があった。西林は神事前日に巫女二人・神人二人・家来一人の計六人で来社し、神社は南宮御供所を宿泊所として貸し、食事も提供している。また、神楽料五百疋を支払っている。ここで注目すべきは、神社付属の神子は神楽所にて宮籠《みやごもり》と記されていることであり、同じ神事に神子と巫女とが同時に携わっていることが確認できる。この両者の違いは天明元年（一七八一）六月の沖殿（沖戎神社）神事の際、湯立神楽について「御神楽は西林兵部（出雲の後継）・巫女相勤め候までの事に候、御社の神子職相勤め候事にはこれ無く候」とあることから、巫女とは湯立神楽のために臨時に招請する存在であったことがうかがえる。

このように、巫女が登場する理由は、湯立神楽執行を氏子・崇敬者が希求するものの、神子は「不鍛錬」で行いえず、アウトソーシングすることで行うしかなかったことによる。湯立神楽は特別な作法を会得しなければならなかった可能性がある。ちなみに、現在の西宮神社でも毎年八月の湯立神楽は、神社の巫女ではなく、アウトソーシングすることで行われているが、①旧来からの慣習、②やや異なる作法、③年一度の湯立神楽作法をわざわざ会得する手間、などがその理由という。共通する理由もあるのではないだろうか。

その後、寛政七年（一七九五）八月には、西林出雲の後継と思われる西林兵部《ひょうぶ》夫婦の死去により大坂巫女を雇用するなどといった事例はみうけられるが、文化五年（一八〇八）八月には西林龍蔵が、天保十二年（一八四一）六月には「巫女は例年の事ゆえ門戸村天神宮湯立相勤め候より此方へ参り候事」として西林兵部（先代兵部の後継ヵ）がそれぞれ来社しており、以後幕末に至るまで西林家との関係は途切れなかったようである。また、わざわざ神社が呼ばずとも、例年通りの日取りに他神社での湯立神楽執行後に来社するなど、慣例化していることも確認できる。

これらのことから、西林家とは、彼を家長《かちょう》・頭《かしら》に、妻・娘を巫女として、また神人・家来（雇用関係ヵ）も含めて一家・一座として各神社の要請により湯立神楽を奉納してまわる、渡りの湯立巫女一家ともいうべき存在であったことがうかがえる。おそらく、最初に招請した大坂神子の友田数馬も同様の存在ではなかったろうか。

かように西林家に依存するようになると、弊害もみられる。たとえば、宝暦十一年（一七六一）六月の末社名次《なつぎ》神社湯立は当初八つ（午後二時頃）執行の予定が、巫女の遅参により七つ（午後四時頃）になる、あるいは天保十三年（一八四二）には西宮六軒問屋より三月二十六日に湯立神楽執行の依頼が来るものの、巫女の調整がつかず翌二十七日となる、などといったことである。巫女の都合が優先され、神事自体のスケジュールが変更を余儀なくされるのである。

なお、かかる神子と巫女の併存は、慶応四年（一八六八）六月の「当年御一新につき巫女諸方にこれ無く」といった事態を経て、近代以降には現在と同様に神社が直接雇用する巫女と、湯立神楽の際に臨時に来社する巫女との併存へと変容していくのであろう。

（松本和明）

願人頭

江戸時代の西宮神社には「願人《がんにん》」がいた。願人は寛文七年（一六六七）、幕府から「夷神像札」や「田の神像札」「神馬札」といった御札の頒布を認められ、諸国で御札を配る夷願人から役銭を徴収するとともに、彼らを統括した者である。よって「願人頭《かしら》」とも称された。

西宮社中において、願人は夷社の散銭や夷絵像などを支配し、御供《ごく》を調進するとともに氏子への勧進をおこなった。願人は散銭・諸勧進物や役銭などをとりまとめ、社頭の修理をおこなう役割を担っていたのである。それでは、神社のトップである神主の役割はどのようなものだったのだろうか。神主は社頭諸所の鑰《かぎ》の支配と祈祷料・初尾の支配、南宮の修理・諸事の勤め、さらに将軍への年頭礼をおこなった。神事にかかわる場所やそれによって生じる金銭を支配するほか、対外的な交渉に権限を持っていたことになる。簡単に言うならば、神主は神事、願人はそれ以外の俗事について社中全体の運営をおこなっていたのである（松本、二〇一一）。

神主によれば、願人は当初二十人ほどいたという。それは西宮の氏子であったといい、正徳期には西宮の町方に居住していたようである。豊臣秀頼が西宮を造営した後に散銭などの管理を任せたのがはじまりで、願人と称したのは慶長九年（一六〇四）以降であるとする。貞享元年（一六八四）までに願人は中西と辻の二家になっていたが、このうち中西太郎兵衛は、自分が夷社の宮守として夷社人を支配してきたこと、さらに自らが「本願」であると主張して、神主と争った。本願とは、寺社内において社殿や仏閣の造営・修復の運営や管理をおこなうもので、造営などに必要な費用の勧進・管理を担った寺坊組織や宗教者のことをいう（大谷めぐみ二〇〇六）。たとえば、紀伊国熊野三山の本願は、社殿や堂塔などの建立資金を集めるために「牛玉宝印」や「大黒天札」などを頒布したり、絵解きをしたりした。さらに諸堂の散銭・散物の徴収や、社堂の鑰の管理、燈明役を担った。本願は、熊野山伏・比丘尼などへ免許状も発給した（山本殖生二〇一〇）。西宮の願人の役割と本願の役割はよく似ている。次の史料を確認してみよう（『近世諸国えびす御神影札頒布関係史料集』一、21－一）。

一、摂州西宮御戎御祈念ならびに
　　檀那廻り初尾取り申す末社の社人
　　駿河国江尻町河口角太夫
　　恒例の如く御神事懈怠なく相勤べきもの也、
　　免これなき者仕り候は、此証文
　　吟味を遂げらるべし、御免の儀は毎年書き替え

出すべき也、仍って敬状を遣す、件の如し

寛文拾暦

戌二月三日

西宮本願　久清（印）

寛文十年（一六七〇）に「西宮本願」中西久清（太郎兵衛）が、駿河国江尻町の河口角太夫を西宮戎の祈念や檀那廻りの初尾を取る末社の社人として、恒例の神事を怠りなく勤めるよう免許したものである。このように中西は本願として免許状を発給し、諸国の夷願人を配下としていたのである。ところが、中西は貞享期の裁許で本願とは認められなかった。本願は宗教者であるが、神主は願人中西を俗人と言い、事実、中西は神事には携わっていなかったからである。これは願人頭の中西だけではなく、その配下である諸国の夷願人も同様に位置づけられた。中西配下の夷願人は社地のない者に限られ、社人（神職）ではないとされたのである（西田二〇一三）。

「本願」を否定された後に中西が出した免許状は、次のようなものであった（『近世諸国えびす御神影札頒布関係史料集』一、9－一写真）。

摂州西宮戎尊像、恒例の如く旦那廻り配るべき事、もし証文持たざる者

これあるにおいてハ吟味を遂ぐべし、是ハ壱年切の証文、翌年よりハ反古たるべし、猶、年々

改め替えせしむべき者也、仍って件の如し

摂州西宮

中西久元（印）

元禄五年

申二月十五日

越後国十日町

野村七太夫

本願という肩書や、末社、神事という言葉はなく、配下には西宮戎尊像を旦那に配ることのみを許可している。ただし、願人頭の中西は諸国の夷願人を配下とし、西宮社中においても大きな権限を持ち続けたことに変わりはなかった。その状況が大きく変化するのは、正徳期の争論である。

（西田かほる）

免状（新潟県　蕪木家文書）

正徳の争論

江戸時代の西宮神社の歴史を振り返ったとき、もっとも大きな変化をもたらしたのは、正徳の争論であるということに、異論をさしはさむ人は少ないだろう。伝奏白川家の学頭臼井左忠が西宮神社の祭儀や人事に干渉して、正徳三年（一七一三）四月二十六日、神主吉井宮内良信を罷免。吉井良信はこれに屈することなく京都町奉行へ訴え、さらに江戸の寺社奉行のもとで審理された事件である。

翌正徳四年（一七一四）五月二十三日に寺社奉行が下した裁許で、吉井良信が勝訴、破れた臼井左忠は追放された。白川家当主雅冬王も閉門となり、西宮神社に対する伝奏の立場を失った。神社内部も大きく変わった。それまでの西宮神社には神主（吉井家）・社家（中村・浜・田中・東向・鷹羽の各家）・祝部・神子・願人（中西・辻の各家）と呼ばれる社人がいた。この争論の結果、社家は東向家のみとなり、神主の立場が強化されるとともに、祝部が社家にかわって運営の中核を担った。願人支配の中西平次右衛門は追放されて、諸国の願人は神主の直支配になった。以後、近世を通してこの枠組みが維持された。また、争論前に突然登場した御旅所支配人戸田見竹は、その職を召し上げられ、閉門に処された。

神社の歴史を分けるほどの重大な争論は、なぜこの時に起こったのだろうか。その理由をさぐるために事件の裏側に立ち入っていくと、白川家・西宮家それぞれに事情があったことが浮かび上がってくる。

白川家の場合、雅光王・雅冬王兄弟の問題もあるが（「臼井左忠とは何者か」六一頁参照）、直接関係するのが、宝永五年（一七〇八）三月、京都で起こった大火による被災である。復興のための資金が不足し、白川家は稲荷神社・西宮神社に支援を求め、稲荷神社は白川家側からの二十両の要求に対して五両を進上した。西宮神社に対する要求額はわからないが、見舞っただけで金銭を上納した形跡がない。正徳二年（一七一二）十月に、臼井左忠は西宮神社に対して薬の販売を依頼した。おそらく配下の願人を使って売りさばこうという目算だったのだろうが、この時も西宮神社はほぼ何もしなかった。白川家が西宮神社、とりわけ神主吉井良信に対して快く思うわけがない。

一方、西宮神社側には二つの問題があった。一つ目は、神社内が必ずしも一枚岩ではなかったことである。吉井良信は、社家や神子・願人と繰り返し対立しており、それまで取り繕ってきたいろいろな意見の食い違いや確執が、この事件で一挙に噴き出してしまった。

二つ目は、この時新たに浮上した御旅所への神輿渡御の復興である。正徳二年正月二十三日、

かつて御旅所があった場所では現在「御輿屋祭」神幸式が行われる

このために御旅所支配人戸田見竹が神社に呼び出された。「西宮神社御社用日記」は元禄七年から残っているが、支配下にありながら、この時まで御旅所や支配人の見竹が話題になったことはない。かなり唐突に祭礼の復興が持ち出されてきた理由ははっきりしないが、それまでは尼崎藩青山家との関係で御旅所や神輿渡御について言い出すことができなかった可能性が高い。前年の正徳元年四月に青山幸秀が信濃国飯山に移封されて、かわりに松平忠喬《ただたか》が尼崎に入ったことが、西宮神社が御旅所への神輿渡御を尼崎藩に持ち出す絶好のチャンスと見たのだと思われる。正徳二年三月、この祭礼は復興した。

　訴訟へつながる事件は、正徳三年三月十五日、臼井左忠が御旅所の祭礼前に西宮に乗り込んできたところに始まる。思い通りにならない西宮神社を何とかしたいと思っている学頭臼井左忠に、復興したばかりの渡御の検分は格好の口実だったに違いない。ここに、地位を求めて白川家にすり寄っていった御旅所支配人戸田見竹、神主と折り合いがよくなかった社家や願人中西平次右衛門などの思惑が折り重なり、吉井良信に対する彼らの不平不満が臼井左忠によって吉井良信の罪状としてまとめられていった。

臼井左忠が吉井良信を免職とした理由は、①御旅所祭礼後すぐに神輿の神霊を本社に遷すことを怠り、神明を軽んじたこと、②不当な装束で神威を乱したこと、③散銭を受納するようにという白川家の命に背いたこと、④信州福島村荒井徳参の永代神供・神酒料を神主一人で取り込んだことの四点であった。京都町奉行のもとで審理されたとき、臼井側は七箇条の罪状を示すが、いずれも言いがかりに近いもので、吉井良信にことごとく論破されてしまうのである。

御旅所祭礼が行われた三月十八日から、白川家において吉井良信が罷免を言い渡される四月二十六日までのひと月余りの間、吉井良信に与えられていた綸旨をめぐって攻防が繰り返される。臼井左忠は、綸旨さえ取り上げてしまえば、あとは雅冬王が吉井良信の免職を宣言すれば済むと考えたのだろう。その点を百も承知していた吉井良信は、臼井左忠に絶対に綸旨を見せようとしなかったし、四月二十六日に上京した時も綸旨を持参しなかった。拘束されたときのことを考えて、綸旨は社家や臼井左忠などが簡単に手を出せない尼崎藩に預けられていたと推定される。臼井左忠の思惑通りにはさせなかったのである。

尼崎藩としては御旅所の祭礼が終わった直後の三月二十三日に、無届で資格を得たことを咎めて戸田見竹を閉門に処しており、その後も、どちらかといえば吉井良信を支持する側に回っていた。松平忠喬が尼崎に入部してから、吉井良信は上手に立ち回って尼崎藩松平家との結びつきを深めていた。綸旨を預けられたのも藩との信頼関係があってのことである。

白川家による西宮神社の支配をめぐる問題とはいえ、周囲がこの事件をだまって見過ごしていたわけではない。背後では、尼崎藩京都留守居役人と白川家が接触し、たとえば吉井良信が白川家から呼び出されて上京するについても、京都留守居が間に立った。

公家の家職にかかわる問題だけに、武家伝奏と所司代も連携していた。臼井左忠ほか白川家家臣は京都町奉行が扱うが、雅冬王は所司代松平信庸の扱いとなった。正徳四年一〇月、訴訟は京都から江戸に移されるが、その時の武家伝奏徳大寺公全・庭田重条は白川家に対して、江戸に下向するのは臼井左忠だけで、家臣を添えることを禁止していた。白川家にわざわざ念書を提出させるほどの気の使いようである。幕府も承知の上のことで、おそらく白川家を守るために、臼井左忠一人にその責を負わせるというのが、幕府・朝廷の枢要が考えたこの事件の着地点だったのだろう。公家の断絶を避けるための苦肉の策といえるかもしれない。

臼井左忠と吉井良信はその立場はまったく相反するものだった。しかし、ともに神道の教義ないし実践を深めながら神社組織を統制しようとし、発展してきた新しい町の住人の力を御旅所の祭礼に結集しようとしていた。既存の枠組みを窮屈に感じ、民衆の力を吸収しようとしていた点では、同じ方向を向いており、この事件は、十八世紀になって神社と社会の関係が大きく変わり始めていたことを示唆してやまないのである。

（幡鎌一弘）

第三章

西宮神社と祈り

西宮神社の年中行事（上）

現在西宮神社では、全国的に有名な正月の十日えびす大祭を始め、毎年定まった日に八十余の神事祭礼が行われている。ただしこうした神事は年代によって増減があり、今では絶えてしまった神事も少なくない。また神事以外にも、その時代ならではの年中行事が催されていた。そこで一年を前後半に分けて、江戸時代の西宮神社の代表的な神事祭礼を見ていこう。

【一月】　西宮神社の一年は元旦の年頭神事から始まる。西宮神社・広田神社・南宮社の各神前で、神主が祝詞《のりと》奏上と奉幣《ほうへい》を行い、社家と祝部《はふりべ》が中臣祓《なかとみのはらえ》を唱え、神子《みこ》が神楽《かぐら》を奉納する。神前への御供《ごく》や神酒は、願人頭《がんにんがしら》（社頭の雑事や諸国えびす願人を管轄する役）が調進することになっており、神社関係者総出の年頭神事は三が日を通して行われた。

ただ西宮神主は、毎年正月六日に江戸城で将軍家への年頭礼に参列するため、年末年始は基本的に西宮不在だった。江戸年頭礼は、元禄十六年（一七〇三）以降は隔年に、享保十六年（一七三一）以降は四年毎に変更されたので、神主が西宮に居る場合は、六日（のち七日）に尼崎城で藩主への年頭礼を行った。この二つの年頭礼は、西宮神社に対する武家支配を明確に示す重要な儀礼であり、江戸時代を象徴する年中行事と言えよう。

そして西宮神社の一月といえば「十日えびす」である。前日に「居籠《いごもり》」が行われ、神職は神社の門を閉じて精進潔斎《けっさい》する一方、町内でも莚《むしろ》等で戸口を覆い、門松を逆さに立て、すべての灯りを落として謹慎したという。居籠自体は中世頃から行われていたようで、神事を前に心身を清浄にする〈忌《い》み籠もり〉が転じたものと考えられる。しかし元禄期の「社用日記」には記載がなく、神社でもその由来は失われていたらしい。居籠が「社用日記」に登場するのは享保十一年（一七二六）を待たねばならない。

また、神前で神拝や祈祷が十日に行われた記述も、享保九年以降にようやく見られる。ただ室町末期に書かれた『足利季世記《あしかがきせいき》』には「正月十日は西宮の神事にして御狩《みか》りなり」という記載がある。「御狩り」の詳しい内容は分かっていないが、十日えびすの古態を示す神事とされており、享保年間に九日の居籠と連動する形で、再び神事日として意識されたと思われる。つまり十日えびすは江戸時代に〝発掘〟されたと言えるだろう。

その後、十日えびすは徐々に認知されていくが、参拝客が一気に増えるのは十八世紀後半で、賽銭が百貫文の大台を超える。仮に一人一文を投げ入れたとしても、約一〇万人が参拝したことになる。多少割り引いても大変な参拝客が押し寄せたのは間違いない。この時期の西宮町の経済発展と連動して、西摂地域を代表する神事祭礼に成長していったのである。なお十日えび

すについては「江戸時代の十日えびす」（二五二頁）で詳しく紹介している
　また毎年一月十九日・五月九日・九月九日は「日燈御神事《にっとう》」が催される。これは享保十三年（一七二八）に始まった神事で、全ての神職が出仕する祈祷が行われた後、神社の庭前に三六〇個の灯明を灯す儀式が行われる。元々は前年の九月九日に、西宮の某有力町人が灯明料を寄進した一度きりの催しだった。しかしその夜、偶然神社に居合わせた尼崎藩主の好評を得たので、急遽《きゅうきょ》神社が藩に願い出て、年中行事化に成功した神事だった。幕府や藩が新規の神事をなかなか認めなかった時代だけに珍しい事例と言える。

【二月】　二月は恒例の神事祭礼が見られない。ただし願主がいる場合、臨時で催されることはある。

【三月】　上巳《じょうし》の節句に伴う神前行事が三日に行われ、西宮神社の拝殿に神宝「龍明珠《りゅうめいしゅ》」が開帳される（日記中には「龍明珠出現」と記される）。
　龍明珠は「劔珠《けんしゅ》」と並ぶ西宮神社の神宝である。泉州堺の何某が渡唐の際に入手し、延宝六年（一六七八）に江戸住人大坂屋七郎兵衛の娘しちが神社に寄進したらしい。この珠を拝むと邪気を払って神心を安んじるとともに、大風・洪水・雷・疫病の災難はもとより、旅行中の海難風難を退け、産前産後の疾病や小児の夜泣きにも効くという。神社や寺院は人々を境内に呼びこむ貴重な機会として宝物の開帳を活用してきたが、この日も老若男女がご利益を求めて多く神社に訪れたであろう。

続いて三月十八日は「御世渡始《みしょうたいはじめ》」と呼ばれる年中神事が西宮神社で行われるが、これについては「謎の神事『夷御世渡始』」（一一五頁）の考察に委ねたい。

【四月】十六日頃に西宮神社境内の松尾社で恒例の神事が行われる。松尾社は西宮町の酒家中一同が酒造繁栄祈願のために出願し、寛政二年（一七九〇）三月に建立された。祭神は大山咋神《おおやまくいのかみ》（松尾神）・住吉三神・猿田彦命《さるたひこのみこと》。松尾神は酒の神様として酒造家から絶大な信仰を受け、住吉神は海上交通安全の神様として特に有名である。神事当日は酒造家や酒問屋、渡海《とかい》仲間等が参列しているが、江戸時代の西宮町は酒造業と海運業の両輪で経済発展を遂げたこともあり、松尾社の建立は彼らの

西宮神社境内にある松尾神社。背後には「えびすの森」が広がる。

悲願だっただろう。西宮神社も氏子達の多様な信仰心を受け入れる空間を提供したと言えよう。

【五月】　五日の端午《たんご》の節句に伴う神事が行われる。神主は尼崎に赴いて、藩主や重役達に挨拶し、巻数《かんす》（奉読した中臣祓の回数を記した文書）を納めるのが恒例となっている。ただし明和六年（一七六九）に西宮町が尼崎藩領から幕府領になって以後、尼崎への出向は見られなくなり、西宮神社を取り巻く政治情勢と恒例行事は連動していた。

十日は境内で二回目の日燈御神事、十四日は神社境外の御旅所《おたびしょ》で神事が行われる。かつて西宮神社から町内への神幸があった頃、神体を載せた神輿の行き先が御旅所で、神事はその名残りと考えられる。現在は「御輿屋祭《おこしやまつり》」として六月十四日に斎行されている。

なお五月は豊作を祈願する「御田植《おたうえ》神事」が広田神社で行われる。事前に大庄屋や西宮町の庄屋を始め、神社周辺の農村にも開催が伝えられて、地域をあげた神事だった。この日は神前での各種祈祷や神楽が奉納された後、神社近くの田で田植えを行う。参列者は拍子に合わせて「一粒万倍《いちりゅうまんばい》、一粒万倍」と唱えながら苗を植えるなど、神事ながらも賑やかな雰囲気で催されたと思われる。ちなみに御田植神事では「サビラキ」と称される特別な神饌《しんせん》が供えられるが、詳しくは「神様へのお供えもの」（一一九頁）にまとめている。

【六月】　一日は西宮・広田・南宮の三社で「氷室《ひむろ》御神事」が行われ、この日だけ氷餅が奉納される（「神様へのお供えもの」一一九頁を参照）。また十六日は西宮神社で神事が行われるが、摂末社の恒例神事が集中し、九日・十日は沖恵美酒《おきのえびす》神社、二十四日・二十五日は松原天神宮、二十九日には松尾神社の相殿・住吉神社などで催される。

菅原道真を祀る松原天神宮では、毎年上津島村（摂津国豊島《てしま》郡）に住む西森兵部配下の巫女を招き、三釜の湯立神楽が神前で催される。西宮神社の神楽は、男性の神子が代々世襲で担当していたが、外部から巫女を招くのは大変珍しい。また奉納された供物は湯立願主の与古道《よこみち》町と寺子屋中に送られている。その供物が子供たちに配られたかどうかは分からないが、学問の神様を祭神とする神社ならではと言えよう。

以上、上半期の主な年行事を見てきた。西宮神社の十日えびす神事や広田神社の御田植神事、松尾社の神事など、商業・農業・流通業・酒造業に関する神事が盛大に行われている。神社とその境内が、地域住民の多様な信仰心の受け皿となっていたことが読み取れよう。

（戸田靖久）

西宮神社の年中行事（下）

江戸時代の西宮・広田・南宮社で行われた年中行事について、後半の七月から十二月まで見ていこう。

【七月】七月の年中行事は、七日に七夕の節句に伴う神事が催されると同時に、社宝の虫干しが行われる。八代集や香爐《こうろ》などの社宝の多くは西宮神社の拝殿に陳列されるが「剱珠《けんしゅ》」は南宮社の神前に〝出現〟する。

剱珠とは『日本書紀』に、神功皇后が関門海峡の豊浦津《とよらのつ》で海中から得た如意《にょい》の珠とされ、神社きっての宝物である。珠中に剱状の刻目《きざみめ》が入っていることから名付けられ、平安末期には南宮社が、江戸時代は西宮神社が管理した。現在は広田神社に奉納されている。参詣者にとっては普段公開していない宝物を見られる貴重な機会だっただろう。ちなみにこの日南宮社には「点心《てんしん》」と称される特別な神饌《しんせん》が供えられる（「神様へのお供えもの」一一九頁を参照）。

【八月】「八朔《はっさく》」に当たる一日は、天下泰平や将軍家安泰、社頭繁栄の祈祷が行われる。また十日は西宮の網元が願主となる「浜祭」が催され、漁業関係者が参列している。なお漁業にまつわる年中行事には、毎年六〜八月頃に催される「海月祭《くらげ》」がある。クラゲ退散の祈祷と、海中に投げ込むクラゲ除けの御札を漁師に賦与《ふよ》している。西宮浜は桜鯛や白魚（宮じゃこ）の特産地だったが、漁師の天敵クラゲへの対策はまさに神頼みだったのだろう。

そして十七・十八日は広田神社の祭礼、二十一・二十二日は西宮神社と南宮社の祭礼が催される。後者は平安末期の記録にも残る西宮神社随一の祭礼で、江戸時代には出店や見世物小屋等が立ち並ぶ、正月の「十日えびす」に匹敵する盛況ぶりだった。なかでも境内の相撲場で取り組まれる神事相撲は目玉イベントで、数多くの参詣者が神社を訪れたと考えられる（「西宮神社境内での相撲興行」二六七頁を参照）。

なお現在は九月二十一〜二十三日に「西宮まつり」として挙行されている。安土桃山時代以降中絶した神幸式も復興し、二〇一九年にはえびす神漂着の地・兵庫和田岬への海上渡御も企画されている。

【九月】　九日に「重陽《ちょうよう》御神事」と三度目の「日燈御神事」およ

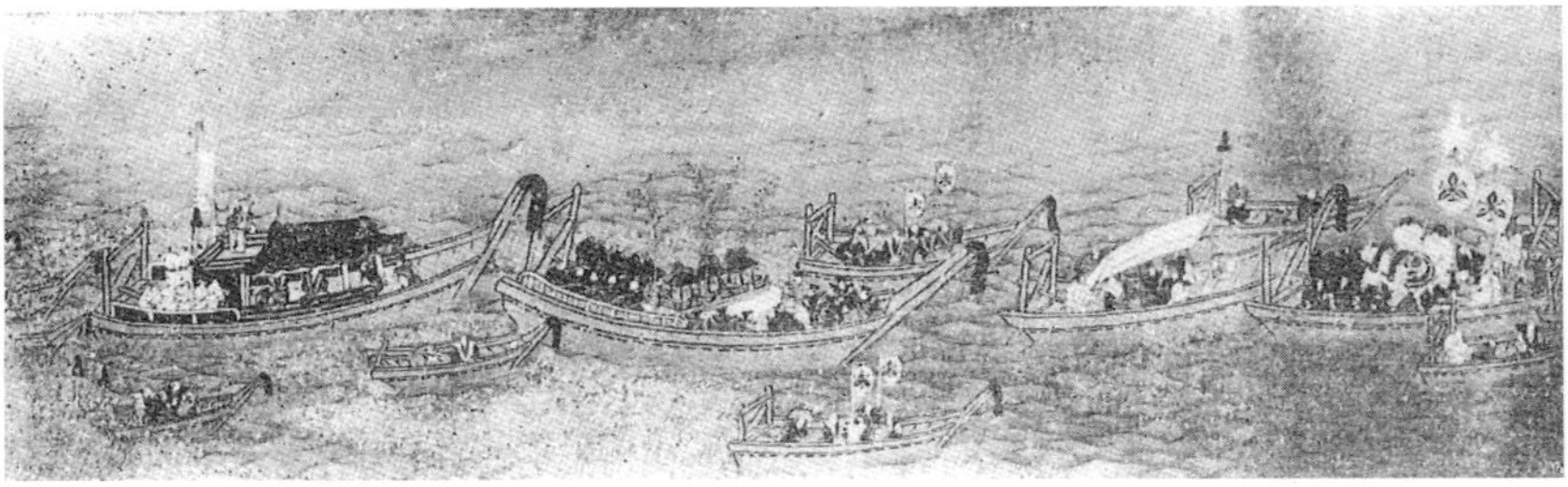

『西宮大神本紀』に描かれた海上渡御の様子

び境内末社の愛宕《あたご》社で「鎮火祭」が行われる（日燈御神事は「西宮神社の年中行事（上）」を参照）。鎮火祭では御膳に加え、植土・河菜・瓢が特別に神前へ供えられる。

そして二十日は西宮神社で祈祷が行われ、御供と神酒が献上されるのだが、願主は新井得参《とくさん》という人物である。得参は信州木曽福島の人で、正徳三年（一七一三）に西宮神社を訪れた際、永代祈祷料十両を奉納したので、毎年正・五・九月の各二十日を祈祷日と定めたのである。特定個人の永代祈祷は他に例がなく、明治初年頃まで実に百五十年以上、年三回の祈祷と供物献上がほぼ確認できるので、充分に歴史のある年中行事と言えるだろう。

【十月】十月の年中神事で興味深いのは十九日と二十日に行われる神事である。正徳五年（一七一五）に近江国大津追分《おいわけ》町のえびす講中が来社し、神前に常夜燈を奉納した。祈祷料と油料として十五両、神前への御供料として六両を納め、毎年十月二十日を祈祷日とした。それが宝暦九年（一七五九）に至って、この日を「ウケヒ祓之御神事」と称している。

「ウケヒ祓」とは、いわゆる「誓文払《せいもんばらい》」で、京都の商家や色街の者が日頃のウソの罪を免れるよう祈る年中行事である。またウソの罪滅ぼしのため、京坂地方のえびす講は商品の大安売りを行い、大いに活況を呈していたという。こうした状況を西宮神社も無視できず、「社用日記」宝暦十年六月条に「諸国万方共夷講と申す事を相営み候処、本社に左様の儀これ無く候ては相済み申さず」と記している。そこで大津追分えびす講の祈祷日だった十月二十日を、誓文払の神事日に〝昇格〟させ、一枚摺《ずり》の広告も配付して宣伝しようと試みた。

さらに明和二年（一七六五）には尼崎藩の許可を得て、十九日も神事日に加えることに成功し、中臣祓《なかとみのはらえ》を千度唱える「千度祓神事」も併せて行った。また境内での芸能興行の藩許も獲得し、多くの参拝者を集める祭礼に発展させていったのである。京坂地方における誓文祓の盛行を、西宮神社が見事すくい取った形であり、神社の努力の賜物《たまもの》といえよう。

【十一月】十一月の初辰《たつ》の日に広田神社で「辰ノ頭《とう》神事」が行われる。神主ら一同広田神社に出勤し、祈祷と御供の献上が行われた。しかし詳しい内容や由来が全く分からない、ある意味謎の神事だった。また当日は七ツ時（十六時頃）の入浴が恒例だったと「社用日記」に記されている。その理由も含めて謎の多い年中行事である。

【十二月】十一月末から十二月初めの七日間、将軍家のために西宮・広田・南宮社で行われる「公儀御祈祷」がある。祈祷前日は厳重な潔斎《けっさい》があり、境内への僧尼の立ち入りも禁止された。またこの時の祈祷巻数《かんず》（奉読した中臣祓の回数を記した文書）は、神主が新年の将軍家年頭礼に出府した際、幕府に納められるものであり、公儀御祈祷は神社と徳川将軍を直接結び付ける極めて重要な行事だった。

以上、西宮・広田・南宮三社の代表的な年中行事を紹介してきた。今回取り上げられなかった行事も多くあり、時代の経過で廃絶した神事もある。神事祭礼の盛衰は、西宮神社を取り巻く政治的・社会的・経済的な状況と密接に繋がっている。特に氏子である西宮町人が抱く様々な願いの受け皿として神社や神事は機能していた。従って年中行事を見ていくことで、神社に関わる人達のあり方も浮かび上がってくるのである。

（戸田靖久）

謎の神事「夷御世渡始」

現在、西宮神社では、毎年多くの神事が執り行われている。古くからの神事はもとより、諸願成就を祈る人々により創始された神事もあるだろう。いっぽうで、現在では行われていないような神事も「社用日記」には記録されている。ここではその神事のひとつ、毎年三月十八日に行われていた「夷御世渡始《えびすみしょうたいはじめ》」神事に注目する。

この神事は、夷社にて執り行われるもので、「御世帯始」「御所帯始」などとも記され、天明八年（一七八八）の日記に「ミシヤウタイ始」とあることから、「みしょうたいはじめ」と呼ばれていたと考えられる。日記上、元禄十一年（一六九八）が初見で、以降ほぼ毎年記録されている。

この「御世渡始」神事の由緒については、江戸時代においても「古来よりありきたり候御神事に候えども、由緒は相知れず候」（宝暦五年（一七五五））と記されるように、古くから行われているというだけで、一体何の神事であるのかすらわからなくなっていた。その読みが「御《み》正体《しょうたい》」（御神体）に通じることから、夷社の創建にかかわる重要な神事とも考えられるが、おそらく戦国期の争乱や幾度かの火災などにより様々な記録類が失われ、その由緒も忘れられてしまったのではないかと思われる。なお、その由緒が創建伝承につながっている「おこしや祭り」（現在は六月十四日に執行）とは別であろう。江戸時代においても毎年五月十四日夕刻に御旅所（現在の御輿屋《おこしや》跡地）にて神事が行われている。

「御世渡始」は夷社で神事が執行されるのみであったところ、正徳二年（一七一二）、突然盛大なものとなる。日記には

神主冠・紅衣、社家布衣《ほい》・烏帽子、祝子黄衣《おうえ》・烏帽子、其外神子五人、願人平次衛門（中西、願人頭）・小左衛門（辻、願人頭）上下《かみしも》を着し大小、御旅所支配人戸田見竹《けんちく》父子上下大小にて御神輿供奉、時行役人・庄屋・年寄・筋目の氏子御神輿の両脇守護、尼崎よりの御政道人《せいどうにん》（猿田彦）御神輿の両方、当地御屋敷立石伊兵衛殿（西宮町奉行）・同心鼻高の前両脇政道」
（正徳二年三月十九日）

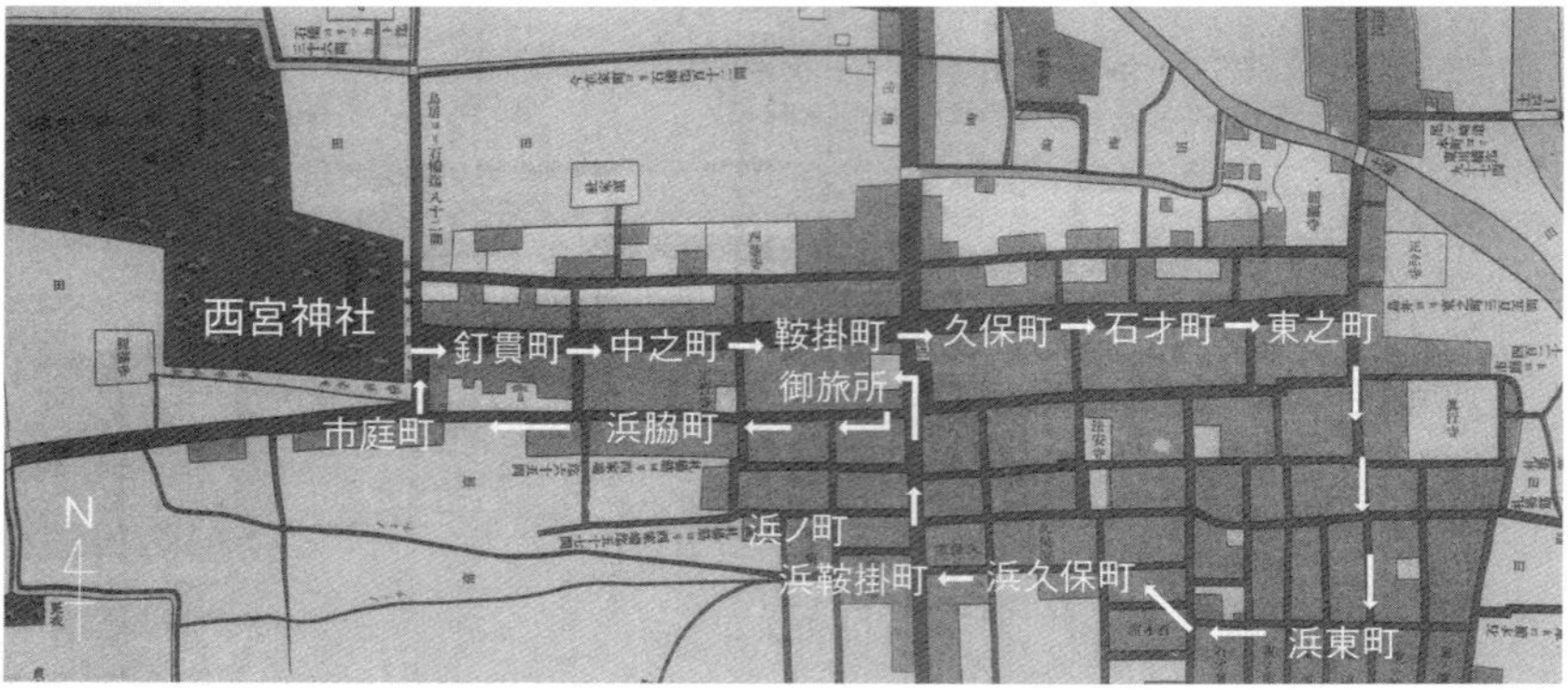

正徳３年神幸順路（吉井良秀『老の思ひ出』付図に加筆）

とあり、神輿を奉じ、御旅所への神幸《しんこう》を行うようになっている。神職・社役人はもとより、氏子らも供奉《ぐぶ》しており、さらに西宮町奉行はじめ尼崎藩役人が行列の先頭（「鼻高」とは猿田彦のことで、神話に則り神幸を先導する）と御神輿脇に附き添い、「政道」（制止役）をつとめている。見物人が大勢いたと考えられる。そして翌正徳三年には、神幸行列が、御旅所を経由しつつ西宮町中をほぼ一周するようになり、さらに盛大に執行される（図参照）。

しかし、この神幸も正徳三年を以てわずか二回で終了している。西宮神社の支配権獲得を目論む寺社伝奏《てんそう》白川家の学頭《がくとう》臼井左忠と神主との間で、神事中の賽銭配分をはじめ、さきの史料中に登場する戸田見竹の身分などを争点とする争論が生起し、一時は神主が排斥され、最終的に幕府寺社奉行の審理をうける事態にまで発展したためである（「正徳の争論」九八頁参照）。新井白石が自著『折たく柴の記』にも記したほどの一大争論は、「御世渡始」神事が引き金となってしまったといえよう。これ以後神幸が再興されることはなく、従来通り夷社にて神事が執行されるのみとなった。

その後は、明治二年（一八六九）、酒造家中を願主とする太々神楽とあわせて執行されたのを最後に日記上みられなくなり、以降は太々神楽のみとなった模様である。現在においてはその名残をとどめるような神事も行われておらず、この神楽に統合されたのか、あるいは明治六年に実施された、旧暦から新暦への改暦の影響の有無など、最後まで不明点が多い神事といえ

よう。争論に発展していなければ、あるいは盛大な祭礼として今に伝えられた可能性もあった

「御世渡始」神事は、日記上にのみその痕跡を残してひっそりと消えてしまったのである。

（松本和明）

神様へのお供えもの

現在西宮神社では、毎月十日に斎行《さいこう》される旬祭「十日参り」の参列者に、えべっさんにちなんだ月替わりの和菓子を「とおかし」と称して配っている。清々しい朝の参拝とともに、西宮の和菓子舗が丹念に拵《こしら》え、神前にお供えした銘菓を愉しめるとあって人気を集めている。

こうした「とおかし」を始め、神前には様々なお供え物（神饌《しんせん》）が、年間を通して献上される。毎日朝と夕に〈神の食事〉として奉献される神饌（朝御饌《あさみけ》・夕御饌《ゆうみけ》）や、年中行事毎の神饌が代表的だが、「社用日記」には西宮神社・広田神社・南宮社のそれぞれ一風変わった神饌が記載されている。

【広田神社】元日～三日の神前に「五ツ貫《ぬき》団子」が奉納される。「社用日記」の初見記事は延享四年（一七四七）だが、「御徳例に依り、勘四郎調進し、献上致す」とあるので、すでに恒例だった可能性がある。勘四郎は広田神社の雑用を担う御炊《おたき》役人で、団子奉納は彼自身が費用を出し、神前から下ろした団子は参詣者に振る舞っていたらしい。

五ツ貫団子の奉納は、京都下鴨神社の御手洗祭《みたらしまつり》の折、五体に見立てて五個ずつ串に刺した団子を氏子が作り、神前にお供えしたあと食べて厄除《やくよ》けにしたという、いわゆる「みたらし団子」にヒントを得たものだろう。勘四郎以後の御炊役人も継承し、天保二年（一八三一）まで記録が残っている。勘四郎がなぜ身銭を切ってまで奉納したのかは分からないが、神社参詣と和菓子の組み合わせは、現代の「とおかし」を彷彿《ほうふつ》とさせる光景と言えよう。

また五月頃に行われる御田植《おたうえ》神事の際は、「サビラキ」という神饌が献上される。これは榊の神木の上に、煎《い》った大豆と洗い清めた米を混ぜてワカメを添えたもので、「社用日記」が始まる元禄七年（一六九四）から献上の記録がある。

サビラキは「苗代の苗を田に植えはじめること」の意味とともに、田植始めに田の神を迎える祭りを指すという。田の神は稲作の豊饒《ほうじょう》神として信仰され、江戸幕府が西宮神社に独占的な配賦《はいふ》権を認めた三種の御札（夷《えびす》・神馬《しんめ》・田の神）の一つでもある。

つまり御田植神事は広い意味でサビラキの祭りに相当するが、神社側は神饌に名付けて奉納していたようである。なお朴葉で包んだ煎り大豆入りのおにぎりをサビラキと呼ぶ地域もあり、サビラキは日本の民俗社会に根付いた名称だった。

【南宮社】　毎年七月七日の七夕に社宝の虫干しが行われる。後奈良天皇や関白一条兼良《かねら》らの筆による八代集、弘法大師直筆の法華経、菅原道真直筆の般若心経、足利尊氏奉納の香爐《こうろ》などは西宮神社の拝殿に陳列されるが、神功皇后が龍宮から得たという神宝「剣珠《けんしゅ》」だけは、南宮社の神前に陳列される。そんな特別な日に奉納されたのが、ハスの葉にそうめんを乗せた神饌「点心《てんしん》」である。「社用日記」の初見は宝永元年（一七〇四）である。

そもそも点心は中華料理の軽食を指す言葉だが、日本には室町時代に伝来し、貴族や寺院の間で「間食《かんしょく》」を意味するようになったという。その際によく食べられたのがそうめんである。平安時代の儀式書には、七夕にそうめんを食べると大病に罹《かか》らないとも記されており、宮中での七夕行事にお供え物としても用いられていた。加えて七月はお盆に当たるが、周知の通りハスの葉はお盆の行事に欠かせない品物である。

つまり南宮社の点心は、日本の季節の慣習を取り込んだ神饌と考えられる。ただし、なぜ南宮社だけに奉納されるのかは分かっていない。

【西宮神社】　夏の暑気を払い、無病息災を祈念する六月一日の「氷室《ひむろ》御神事」の際、冬に搗《つ》いた餅を凍らせて保存していた「氷餅」が奉納されている。「社用日記」での初見記事は元文五年（一七四〇）

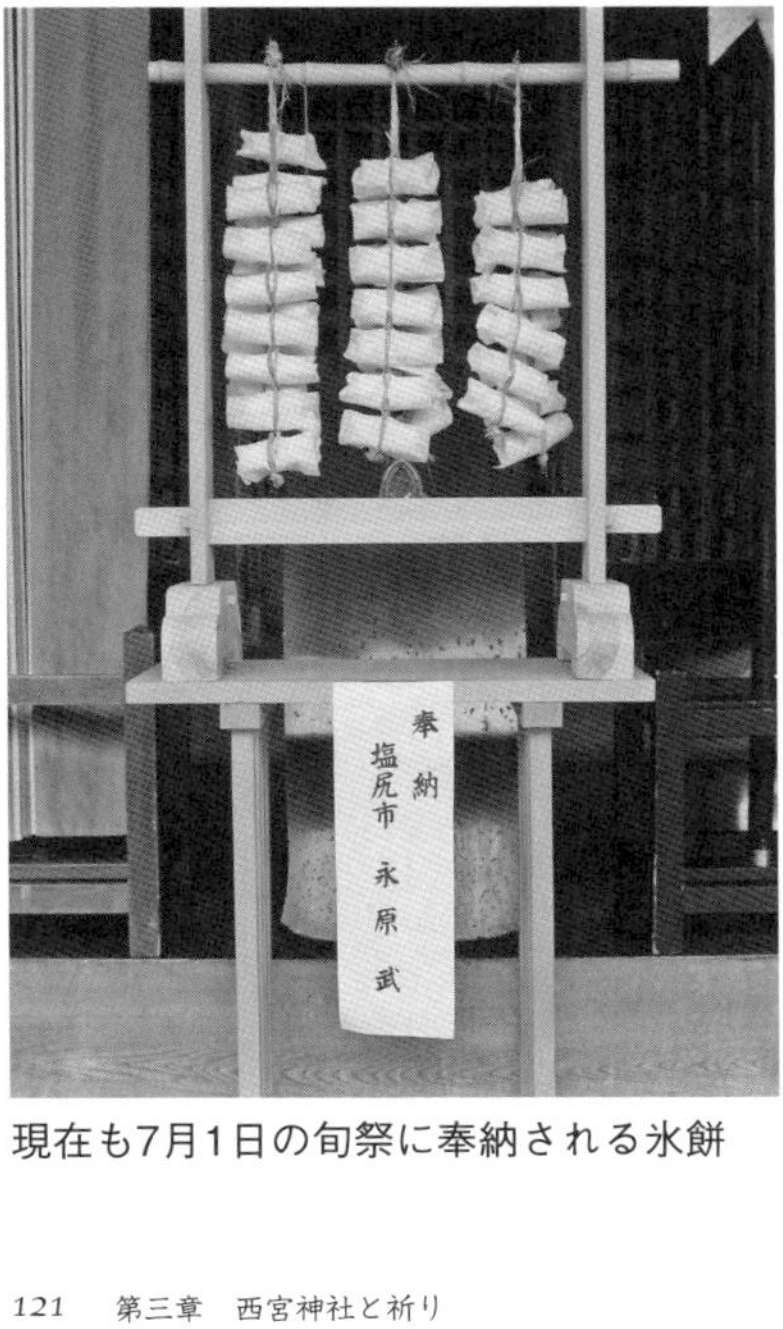

現在も7月1日の旬祭に奉納される氷餅

である。

そもそも六月一日は「氷の朔日」と呼ばれ、氷を食べる風習が古くから各地で見られ、氷に見立てた「氷餅」は、夏場の体力を補う栄養食として珍重されたという。奉納された「氷餅」の力で、えびす神の神通力も回復したかはさておき、季節に合わせた神饌が供えられている。

また形状が面白いのは、十二月一日に奉納される「二股大根《ふたまた》」である。西宮神社への奉納は延享三年（一七四六）が初めての記録となる。

子孫繁栄や豊饒を象徴する二股大根を、えびす神に供える風習は各地に見られ、「えびす大根」と呼ぶ地域もある。農業神としても信仰されるえびす神に、冬を迎えて美味しくなった大根を食べてもらおうという、氏子の温かい気遣いがうかがえよう。

そして最後に取り上げたいのが「掛鯛《かけだい》」である。

えびす神の持ち物と言えば釣り竿と鯛だが、西宮神社の南に広がる西宮浜（御前浜《おまえ》とも）はかつて鯛の名産地だった。その鯛二尾をわら縄で結び合わせた掛鯛が、十八世紀中頃から本殿の正月飾りとして使われるようになった。

当初掛鯛は神社の費用で調進していたが、次第に氏子の献上が見られるようになる。十九世紀初頭には兵庫津《ひょうごのつ》の塩魚問屋や尼崎の魚問屋が、毎年大鯛三掛、中鯛三〜四掛、小鯛一掛を神前に奉献している。ちなみに掛け終わった鯛は、正月二十三日に催される鈴講の際に、蒸し焼きにして振る舞われたようだ。塩が効いて、さぞ美味かったであろう。

現在は元旦から十日えびすまでの間、本殿の西側に「御掛鯛舎《おかけだいしゃ》」を設置し、一本の棒にいくつもの掛鯛を並べ掛けている。最近は冷凍大マグロの奉納が有名だが、えびす神と鯛との関係をよく示している御掛鯛舎にも注目されたい。

以上多くの神饌を紹介してきたが、それらに共通するのは、氏子の生活文化と密接に関係していることである。団子やそうめん・大根など、自分たちが収穫したものや食べているものを神様も一緒に食べて欲しい。ここに多種多様な神饌が作り出される理由があるのだろう。神饌のあり方を見ることで、地域社会と神社の関わりも読み取ることができるのである。


（戸田靖久）

武士の肉声を復元する

西宮神社には古今を問わずご利益を求めて老若男女が参拝するが、江戸時代、身分の高い武士の参拝も度々あった。日記には、彼らが発した言葉が書き留められている場合がある。本項は、それらを紹介し、参拝した武士が神主らとどのような会話をしていたのか、その肉声を復元する試みである。

「大儀」

享保四年（一七一九）六月二十一日、大坂町奉行鈴木飛騨守利雄が兵庫へ向かう途次に参拝した際、出迎えた社家《しやけ》・祝部《はふりべ》に対してかけた言葉。また、延享二年（一七四五）四月二十二日正午頃に兵庫からの帰路に参拝した大坂町奉行松浦河内守信正が、参拝後に神主らにかけた言葉。

「御神像拝見は成るまじきや」

延享三年（一七四六）四月十八日に来社した幕府巡見使の三名（稲生左門・神保宮内・岩瀬

吉左衛門）のうち誰かが神主へ対して発した言葉。御神像とはいわゆるご神体のことではなく、開帳の際に披露される、沖夷神像《おきえびす》・客人神像《まろうど》のいずれかを指す。神主は、「数日潔斎をしたうえでないとお見せできない」と返答している。その後は神主による解説のもと宝物類を拝観し、退出している。

「左京亮に候か」

宝暦四年（一七五四）四月四日午前八時過ぎに参拝した尼崎藩主松平遠江守忠名《ただあきら》が参拝後に関屋にて休息ののち帰路につく際、見送りのため関屋の向かいにいた神主に対して、駕籠脇より家来を遣わして尋ねられた。時の神主は吉井左京亮《さきょうのすけ》良行であった。

「早う上へござんせ、手前ハ服中にて上られませぬ」

宝暦十年（一七六〇）十一月二十一日午後四時前に兵庫方面からやって来た幕府巡見使三名（遠藤源五郎・山角市左衛門・一色源次郎）を拝殿へ案内したが、うち一名のみ昇殿せずにいたため、神主も彼が昇殿するまではと下にて待機していた際にかけられた言葉。「早く昇殿なさい。私は服中なので昇殿できないのです」という意味である。

「これはこれは、はやうてはやうて」

安永九年（一七八〇）五月十二日、巡見のため来社した大坂町奉行京極伊予守高亶《たかあつ》が出迎えた神主らへ発した言葉。前日にも町庄屋より来社予定との知らせがあったため、当日早朝より神職一同にて拝覧に入れるため宝物類を準備し、午前八時頃から関屋にて朝食をとりながら遠見の者を派遣すべきか否かなどの相談をしていたところ、すでに境内にお入りになったとの知らせが到来。一同は「打驚きあわてふためき、はしり拝殿へ罷り越し」、なんとか拝殿前にて出迎えることができた。思いのほか早くに参拝して申し訳ない、というニュアンスにとれそうであるが、あわてて出迎えにやって来る神職の姿を見て、走るのが速いという皮肉を込めているのかもしれない。

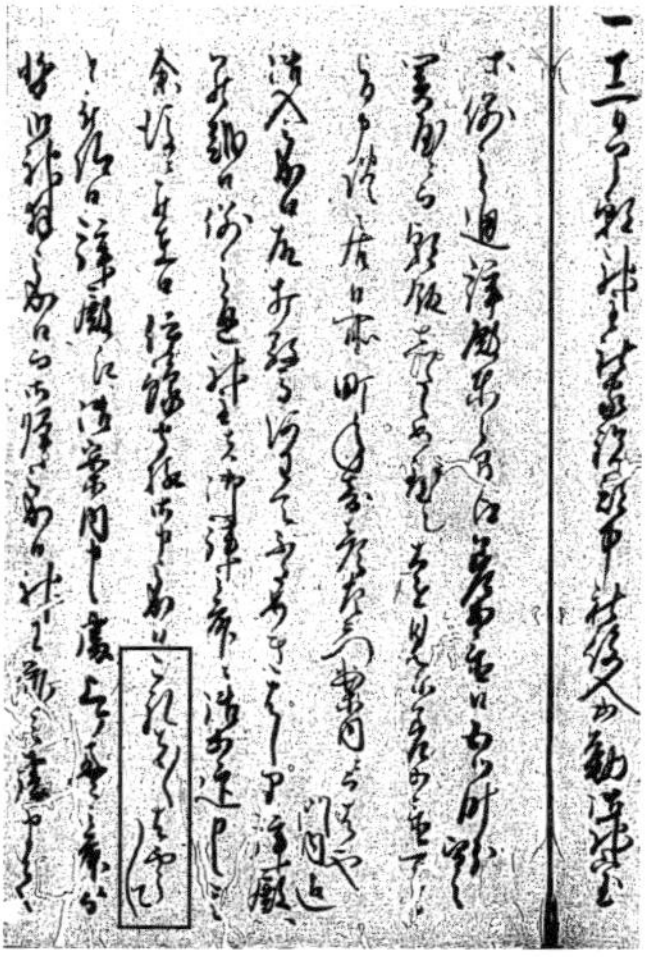

「日記」安永9年5月12日の箇所
「これはこれははやうてはやうて」
とみえる

（拝殿前にて）**「草履草履」「下駄にて候不礼の段真平御免」**

（宝物について）**「願わくば拝見致したく」**

（お札について）**「懐中守いただき申したく」**

（提出書類を一覧して）「結構なる御社誠に大社に御座候」
（帰り際）「御沓にて御座るに下駄にて甚だ不礼真平御免」

天明八年（一七八八）六月十一日、幕府巡見使三名（遠藤兵太夫・松原八左衛門・三宅権七郎）が参拝の際に発した言葉で、いずれも発言者は特定できず。まず、拝殿前では草履を探している様子、結局草履が見つからず下駄履きであったため、「下駄で申し訳ない」、と謝っている様子が窺える。つぎに、神主が宝物を展示してあることを告げると、「できれば拝見したい」、と申している。その後、社家がお札を差し上げたいと言うと、「懐中守りを頂戴したい」と、お札の種類をリクエストしている。境内地・建物の寸法を記した書類を見せると、「結構な神社であり本当に大社でございますなあ」、と感嘆ともとれる発言をする。そして、下駄履きであることを最後まで気にかけていたようで、帰り際には「あなたは沓《くつ》を履いておられるのに私は下駄履きで大変失礼をしました、申し訳ない」と、将軍の名代ともいえる巡見使とはとても思えないほどの低姿勢な発言をしている。

肉声がそのまま書き留められていることは稀ではあるが、拾い集めてみると、たとえば宝暦十年の幕府巡見使は真面目な性格、対して天明八年の幕府巡見使などはかなりざっくばらんな性格であるといったように、武士たちの個性まで透けてみえるようである。

（松本和明）

江戸商人と西宮神社

釣り竿を右手に左腕に鯛を抱えたえびす神。えびす神は商売繁盛の神様であるとともに漁業の神様としても有名である。それを祀る西宮神社は古くから上方《かみがた》はもとより、上方以外の漁民からも崇敬されており、遠くは薩摩国（現在の鹿児島県）の阿久根浦などからも参詣があった。人の往来が今ほど容易でなかった江戸時代でも、西宮えびすの神徳は遠隔地の人々に広く知れ渡っていたのである。

しかし、そうした状況は西宮神社や夷社人《えびす》と呼ばれた配下の宗教者たちの力だけでもたらされたのではなかった。

江戸時代のはじめ、西宮は商業や漁業の先進地であった。その西宮から、新たな政権所在地として成長著しかった大都市江戸や、房総半島をはじめとする関東の浦々に向けて、商機を求めて旅だっていった人たちがいた。そうした西宮出身の商人や出漁民らが、東国各地での西宮えびすの神徳普及にひと役買っていたのである。

著名なところでは西宮九郎右衛門という商人がいる。九郎右衛門は姓を真宜《さなぎ》といい、古くは上方で酒造業などを営んでいたと言われている。九郎右衛門は、江戸時代のはじめ元和二年（一六一六）に、下総国（現在の千葉県）銚子の田中玄蕃《げんば》（ヒゲタ醤油の創業者）にたまり醤油の製法を伝授したとされ、その子孫はのちに江戸で最有力の魚問屋に成長するなど、江戸を代表する問屋商人として知られている。西宮九郎右衛門は十八世紀後半以降たびたび西宮神社の「社用日記」に登場しており、江戸に来た本社神主の世話などを行っていたことがわかる。

西宮九郎右衛門のほかにも、江戸の一等地には多くの西宮出身の商人が店を構えていた。「社用日記」によれば、安永六年（一七七七）の歳末には、翌年正月の将軍拝謁のために江戸に出張した本社の神主が、八人の江戸在住の「西宮店の衆」にたいして扇子や風呂敷といった土産ものを配っている。そこには、日本橋魚問屋の西宮九郎右衛門に加えて、本石町の炭薪仲買商である西宮平右衛門、魚問屋の西宮（千足）甚左衛門、同じく魚問屋の米屋太郎兵衛、下り酒問屋の小西甚兵衛や安国善左衛門などといった西宮ゆかりの商人名がみられる。米屋太郎兵衛などは、初期には臼米商を営む商人であったが、十七世紀前半に、安房国の館山で漁獲物商売をしていた同郷の商人座古屋（雑魚屋）佐次兵衛から優先的に魚荷物を廻してもらい、江戸での商売に大成功した商人である。

こうした同郷の商家への挨拶は、神主の江戸下向が数年に一度であったということを考えれば、一般的な社交の例として、特筆すべきことではないと思うかも知れない。しかし「社用日記」には、単なる儀礼的な挨拶にとどまらない、江戸商人との日常的な関係が数多く記されている。

たとえば、東国各地に散在する夷社人を西宮神社の神主自らが監督する方式がとられるようになった享保年間（一七一六～一七三六）には、西宮神社からの求めによって、江戸商人の西宮五郎右衛門や西宮平兵衛が、諸国の夷社人から上納された役銭を国許《くにもと》の西宮へ送金する役割を引き受けたという記事がみられる。彼らは江戸日本橋の小網町に店舗を構えた商人であった。小網町は江戸の主要な商業地区のひとつで、日本橋川沿いの河岸地に白壁の土蔵が立ち並ぶその光景は、『名所江戸百景』や『江戸名所図会』などに

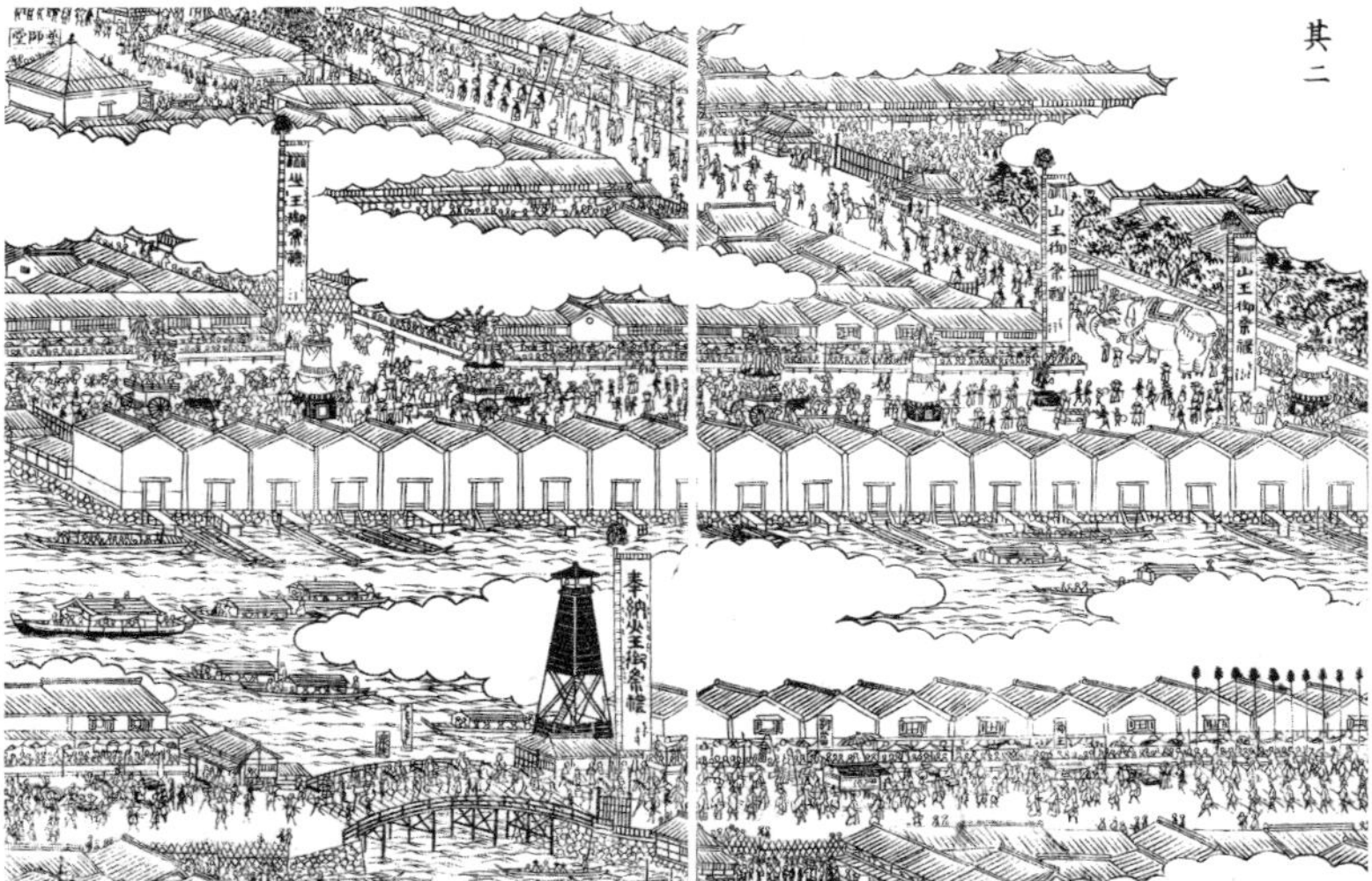

日本橋川沿いに立ち並ぶ商家の土蔵群（『江戸名所図会』七巻「山王祭、其二」）
手前の部分が小網町

も描かれている。江戸に東国支配のための専従スタッフを置く余裕のなかった当時の西宮神社にとって、役銭の送金や文書の送達を確実に引き受けてくれる彼らのような同郷の有力商人はとても頼りになる存在であっただろう。

また、西宮出身の江戸商人は、多くの庶民が西宮本社へ参詣するようにと参詣講の講元役をつとめたり、何らかのトラブルが発生した時には、神社の側にたって問題解決に努めたりしている。

安永八年（一七七九）には、西宮神社の江戸支配役所役人の宗田大膳という者が自身の病気を理由に急に退職を申し出るということがおこった。この時、西宮神社は、江戸在住の下り酒問屋で参詣講の講元である安国善左衛門らと連絡をとって、後任の選定について相談を行っている。江戸支配所役人は、東国の夷社人支配の要となる役職であり、訴訟があった時などは幕府との連絡窓口ともなる要職である。その担当者の選任に西宮神社に縁のある江戸商人が大きな影響力を行使していたのである。

降って天保十三年（一八四二）には、天保改革の一環として幕府の発した出家社人等江戸町方居住禁令によって、それまで江戸の町人地内に置かれていた西宮神社の江戸支配役所が廃止され、移転を余儀なくされるという出来事がおきた。この時も西宮神社は江戸の西宮九郎右衛門らを頼って移転の候補地選びを行っている。当時の江戸支配所役人である吉角左京は、打開策として、南茅場町にある日枝神社御旅所の土地を借用するプランを掲げたが、西宮神社は、「茅場町のあたりには当地（西宮）で懇意にしている下り酒問屋がいないので難しい」と言って却下している。懇意にしている江戸商人が支配役所の近くにいることがいかに重要であったかということが知られよう。

西宮神社は将軍への年頭礼を認められた西国では数少ない神社のひとつであった。そのため、本社の神主は数年に一度、定期的に江戸に下ることとなる。そうした時に神主一行の世話をしたのが西宮に起源をもつ江戸商人や江戸に出店をもつ西宮商人たちであった。彼らのような西宮に深い縁を持つ江戸商人は、西宮神社への参詣講を組織して氏子の拡大に努めただけでなく、本社への送金業務や、出府した神主一行の面倒をみたりしていた。西宮神社の東国での活動はこうした江戸商人の助けによって支えられていたのである。西宮神社の神徳は西宮商人の東国進出とあいまって各地に広まり、彼らの援助・協力によって日常の社務が支えられていたとも言えるだろう。

（志村　洋）

西宮神社と西宮の村

西宮神社には十日戎などで多くの人が参拝するが、江戸時代にも、遠方からも大勢の参詣者があったことは、「社用日記」からうかがえる。ただ、現在の西宮市民がえべっさんを身近に感じるように、半日もあれば参拝できる周辺農村に住む人々にとっては、西宮神社は格別な存在だったのではないだろうか。そこで、尼崎藩大庄屋岡本家の日記から、西宮神社と周辺の村について考えてみたい。

旧上瓦林村（現西宮市瓦林町付近）の岡本家は、周辺では有数の豪農であった。藩では数か村から二十数か村を組に分け統括する役人として大庄屋を置いていた。その大庄屋を勤めた岡本家の当主宇兵衛（一七〇二〜一七七九）が、寛保三年（一七四三）から安永八年（一七七九）の約三十五年にわたって日記を残している（岡本家文書「覚日記」「数歳萬覚日記帳」、以下（　）の年月日は日記の日付）。

書き始めは大庄屋の仕事の備忘録が中心だったが、大庄屋を引退してからは日常生活の記録が中心となる。隠居後は、物見遊山もかねて熱心に社寺参詣を行っていた。その中でも、西宮神社は祭礼の時だけでなく、寺の行事や買い物で西宮町へ行ったときにも、必ず詣でる場所であった。

ほぼ毎年、日記で見かける西宮町の年中行事がいくつかある。初詣は村の氏神へ詣でるため、年が明けて最初に西宮神社へ参るのは一月十日である。八月十日は「浜祭り」。八月二十二日の「西宮神事」には一家そろって出かけている。また十月二十日の「誓文払い」には、明和二年（一七六五）に行われるようになって以降毎年詣でるようになる。

これら西宮町の年中行事の中から、旧暦八月二十二日に行われた「西宮神事」を見てみよう。この日は、岡本家の休日となった。普段は祝い事など家の大きな行事の後、せいぜい半日程度休むだけの奉公人（下男・下女）たちも、まる一日休みとなり、「西宮神事」を目的に西宮町へ出かけるのが慣例であった。もっとも、本当

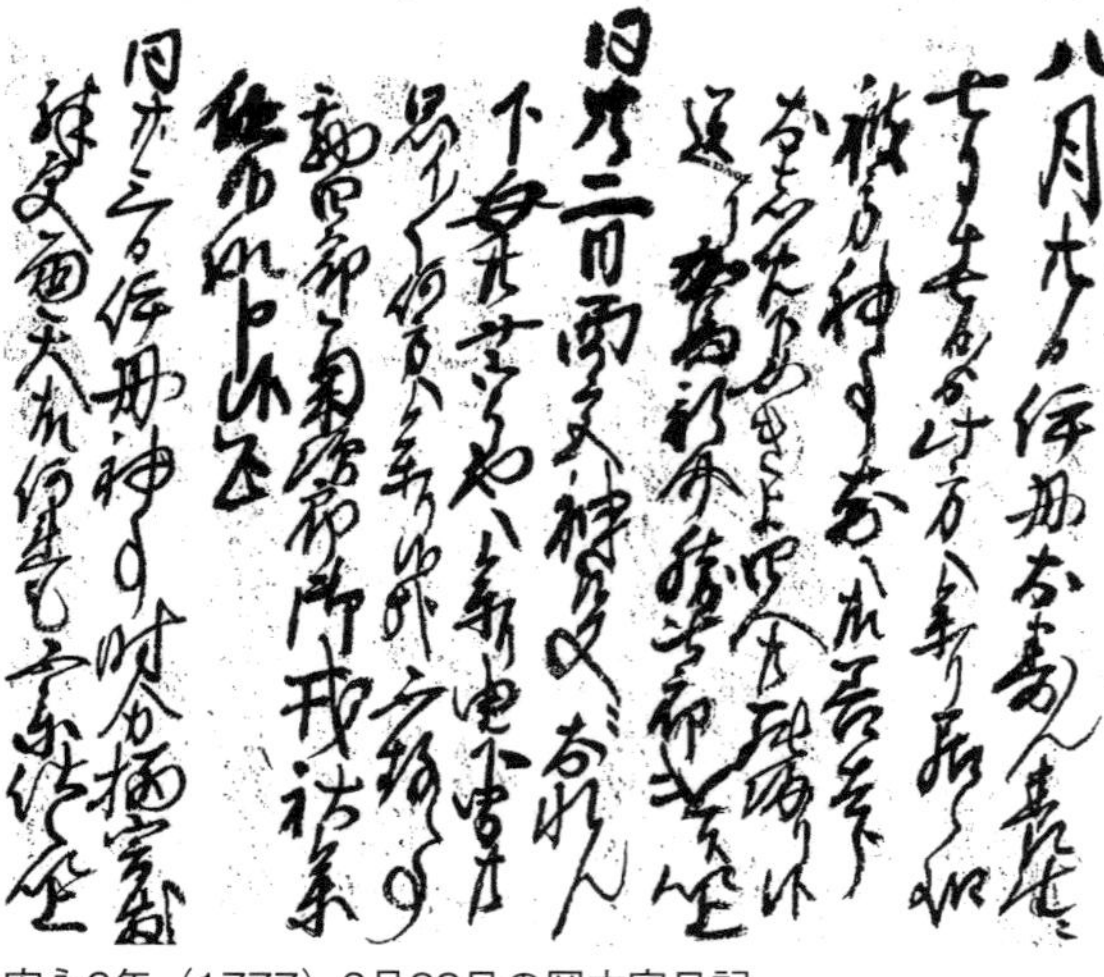

安永6年（1777）8月22日の岡本家日記

に「西宮神事」のためだったのかはあやしい。たとえば、安永六年（一七七七）の日記には、このような記述がある。

西宮の神事では、おれんと下女たちは苧屋へ参ったそうだ。下男どもは思い思いに、いずれへ参ったのか分からないとのこと。勘四郎と菊次郎は御戎社へ参ったそうだ。

（安永六年八月二十二日）

高齢の宇兵衛は、この年は西宮町へ出向いていないが、孫の勘四郎と菊次郎は西宮神社へ参っている。しかし、下男たちは思い思いに行動し、どこへ散って行ったのか分からなかったようである。孫娘れんの世話もしていた下女たちは、懇意にしている苧屋《からむしや》（麻屋）長兵衛方へ行っていたとある。

苧屋長兵衛家は東浜にあり、西宮町へ行くときには必ず寄って、休憩・食事などをする場所であった。長兵衛が死去してからは後家と娘二人になるが、七月の盆礼や、九月十五日に行われる上瓦林村の神事に合わせて岡本家を訪れ、岡本家の親戚たちと共に宿泊して神事を見物している。ときには、娘たちだけ岡本家に長期滞在したり、後家が縫い物の手伝いに来たりしている。また、宇兵衛の孫たちに対して、絵本を贈ったり、西宮町の芝居に連れて行ったり、かなり親しくしている様子がうかがえる。

岡本家では上瓦林村の神事に近親者を招待していた。一方、岡本家も小松村（現西宮市）、山田村（現伊丹市）、伊丹町、尼崎町などの神事を見物に行っており、近親者同士が互いの村の神事へ呼び合い、出向いていた。

このように、年に何度も西宮町へ出向いている宇兵衛だが、西宮神社でどのように参拝し、神事や祭りを見て何を感じたのかなどは、残念ながら分からない。日記には行事の進行の様子など細かなことは記録されず、まして、そのできごとに対する自分の心情が記されることはない。では、何が書かれているのか。どこへどのルートで行き、誰と会い、何をしたのか、そして掛かった費用などを淡々と記しているのである。

しかし、それが最も大事なことだった。特に「誰」と会ったのかは、こと細かに書かれており、実に多くの人たちの名前が出てくる。社寺のように人が大勢集まる場では、偶然も含め出会いも多い。先の苧屋は、岡本家の湯風呂が壊れたときに、西宮町で中古の風呂釜を購入する口利きをしている（明和元年〈一七六五〉十二月）が、このように必要な情報のほとんどを人づてで得る時代だからこそ、人との交流は大切であった。近親者を自分の村の神事に呼び合うのも、このような一面があるからだろう。

では、西宮神社への参詣は、人と会うための口実かというと、もちろん、そうではない。上瓦林村の氏神日野神社は神主がいないため、修復する際の遷宮を、西宮神主吉井和泉、東向いつき斎宮や、広田村右内が勤めている（宝暦十二年〈一七六二〉四月）。また、各村に伊勢講（伊勢神宮への参宮を目的とした宗教的集まり）があり、宇兵衛は生涯に二十四回も伊勢参宮しているが、帰宅後には必ず西宮神社へ参拝している。同じような近隣の村は多かったはずである。

西宮周辺の村人には、西宮町人のように西宮神社の氏子という意識はなかっただろう。実際、宇兵衛は神事より仏事に熱心であり、先祖供養を怠らなかった。しかし、ゆるやかな西宮神社文化圏の中に包まれており、宗派や地縁を越えた連帯感と交流を生み出していたのではないか。江戸時代に生きた一人の日記からは、普段は強く意識しないが、いつもそばに在る拠り所としての西宮神社の姿が見えてくる。

（衛藤彩子）

六甲山神社に寄せられた雨乞いの信仰

西宮神社の境内北西に菊理姫命《きくりひめのみこと》を祀る六甲山神社がある。菊理姫命は白山比咩《しらやまひめ》と同体とされ、六甲最高峰の東の高台にある六甲山神社を寛政元年（一七八九）に境内へ勧請したという。

山上の六甲山神社は、石宝殿《いしのほうでん》とも呼ばれ、慶長十八年（一六一三）の紀年銘を持つ石祠があるとされるが、摩耗が進み判読は困難である。

石宝殿は、古くから雨を祈る場所として著名であった。それは、享保十四年（一七二九）に河内郡日下村の庄屋が有馬湯治の折に聞いた話に「ロクカウ山（＝六甲山）はカフト山（＝甲山）の西にある高い山で、石の社がある。夏の旱魃のときには、ここの火を取って帰り、雨を

西宮神社境内にある六甲山神社

乞うという」とあって、石宝殿の雨乞いが有馬温泉で噂になっていたことが想像できる。

西宮市山口町のほか、阪神間の各所には「石宝殿の祠に沢蟹をぶつけると雨が降る」などの雨乞い伝承が残っており、このようなとき石宝殿は「どしょのぼう（道聖坊とも表記する）」とも呼ばれた。戦前には、六甲東麓の村の人々が石宝殿に供物を持って上がり雨乞いをした話も聞かれる。

「西宮神社御社用日記」にも雨乞いにまつわる記述が幾つもみられる。そこでは「祈雨」「請雨」「雨乞」などの表現がされている。

「社用日記」のうち翻刻・刊行がされている元禄七年（一六九四）から享保十三年（一七二八）までの記録から雨乞いに関する箇所を抜粋すると次のようになる。

(1)　元禄十二年（一六九九）八月九日

広田村の氏子の雨悦びのために神主と社家が広田八幡宮へ参り祈祷した。

(2)　元禄十三年（一七〇〇）六月二十五日

三ケ村の者たちが広田御社へ祈雨を頼みたいとやってきた。宮内と社家が供え物をして雨を乞うた。

同年　六月二十七日

三ケ村が広田御社へ供え物をして祈雨を頼みにきたので、二十七日朝に宮内と社家が参り、祈雨をおこなった。

(3)

元禄十三年（一七〇〇）七月朔日

南宮・蛭子御社にて広田と同様に祈雨をおこなったところ、二十九日の夜にひと雨あった。

(4)

元禄十四年（一七〇一）六月十三日

神主・社家・祝子が祈雨をおこなった。

同年六月十四日

神主宮内と社家のほか五人が広田御社へ行き、神酒などを供えて祝詞・奉幣を神主良信が勤めた。祈雨をし、南宮・夷ノ御社にも同様におこなった。

(5)

享保八年（一七二三）七月十一日

河内國讃良郡深野村北新田の百姓らが六甲山へ旱魃のために招雨の登山をした。御神前で祈雨の願いを申し上げた。

同年七月二十日

河内北新田の天王寺や宇兵衛と百姓らが早速に大雨が降り、有り難いことなので御礼に六甲山へ登り、当社へも参詣した。

享保九年（一七二四）六月十日

河内さゝら郡北條村より請雨願に六甲山に登った。四日のうちの雨を願った。

同年六月十七日
河内さゞら郡北條村の百姓たちが雨乞願いに六甲山に登った。十七日より十九日晩まで宮内が宮籠りするという。一日二、三度の祈雨をおこなった。すると、十八日・十九日の両日に雨が降りあちこちの川に大水が出た。

以上のように、「社用日記」にある雨乞い関連記事をみると、かなりの確率で雨をもたらすことに成功している。

また、ここにみた限りではあるが、享保八年（一七二三）以降には遠方の村が願主になり、祈願の場所も広田八幡宮・南宮・蛭子御社・広田御社だったのが、享保八年以降は六甲山になっている。

六甲山での祈雨、ことに遠方からの祈雨祈願者については、「六甲山石宝殿修理幷石垣寄進帳一冊（年月日不明）」（西宮神社文化研究所二〇一七）に次のようにある。

「（書込み）陸奥守良足ノ手跡カ」
六甲山石宝殿修理幷石垣
寄進帳
六甲《むこ》山太権現　菊理姫命《くゝりひめのみこと》
此の武庫山ハ摂津第一ノ高山也、此高嶺ニ石宝殿をたて、国之鎮守太神といはひ祭り奉る、(中略)年のめくりにして旱魃《ひでり》する時は和泉・河内又播磨・美作・阿波・讃岐之国々よりも此御社ニ参詣し、雨を祈りゐまして、(中略)むかし慶長年中に石宝殿再興成し奉り、其後社家郷与芦屋庄与山論有し砌、扉等紛失せり(中略)いと煩ハし山路なれは、大雨ニそこなハれて道すち知れかたき所く少からす、依て聊道筋難所を修補し、道分の杭もたて、参詣人の便りとせんと欲す(後略)

この史料の年月日は不明であるものの、文中に「其後社家郷与芦屋庄与山論有し砌」とあるので、社家郷芦屋庄本庄の山論のあった寛延三年(一七五〇)より後に書かれたことがわかる。

さらに、「和泉・河内又播磨・美作・阿波・讃岐之国々よりも此御社ニ参詣し」とあることから、遠方の人々が六甲山神社・石宝殿へ参詣しやすいように、という神社側の配慮がみえる。

各地でされる雨乞い習俗は、旱魃が起こった当初は近隣の寺社などに籠って祈り、それでも効力がなければ遠方の著名なところへ行く、というのが通常である(籔二〇〇二)。そうすると、遠方から石宝殿に雨乞いにくる地域は、その時点でかなり困窮しているのであり、藁にもすがる思いで祈雨の依頼をしたのだろう。

ともかく、六甲山神社・石宝殿は広い信仰圏を持っていたことは明らかである。そして、その痕跡は、現在も豊中市でおこなわれている行事にみることができる。

豊中市山ノ上町に「白山比咩《しらやまひめ》神社土砂之坊《どしゃのぼう》」という祠がある。この祠の由来は、「(ここには)

もともと六甲山にあった社の分社が存在したようです」という（豊中市二〇〇八）。土砂之坊のお世話をしている方によると、「山ノ上は高台なので、水を確保するのが大変だった。それで、雨乞いをしたのが土砂之坊。ここでは毎年九月九日に「雨乞いの祭り」をしている。（石川県の）白山の分社が六甲にあるので、毎年祭りの前に六甲にお参りに行っている。六甲というのは石宝殿のこと」とのことである。六甲山の石宝殿・どしょのぼうから分社した社のことを豊中市山ノ上町では土砂之坊と呼んでいるのである。

豊中市の刊行物には「山ノ上町は昔、水田地帯でしたが、丘の多い地形だったため干ばつ被害に遭うことも。明治の初め頃、このほこらの前で雨乞いを行ったところ、九月九日に雨が降り水田を潤したそうです」（豊中市二〇一五）とあるので、九月九日は雨乞いの霊験があった日だったということがわかる。

豊中市山ノ上町で現在も続く雨乞いの祭りは、めぐみの雨をもたらした六甲山神社・石宝殿へのお礼参りの意味があったのである。

（早栗佐知子）

念仏行者徳本と西宮

徳本《とくほん》（宝暦八年〈一七五八〉～文政元年〈一八一八〉）は、紀伊国日高郡久志村《きいのくにひだかぐんくしむら》（現和歌山県日高町）出身の浄土宗僧で、俗姓は田伏氏、号は名蓮社号誉《みょうれんしゃごうよ》といい、徳本上人、徳本行者とも呼ばれた。浄土宗祖法然の説く専修念仏の実践者として、貴賤・老若男女を問わず多くの人びとから帰依された人物である。

徳本は寛政年間、紀州から灘の酒造家吉田喜平次に招聘され、赤塚山（現神戸市東灘区住吉山手）に庵を結んだ。徳本はここで人びとに日課念仏を勧めた。日課念仏とは、毎日の勤めとして自身に遍数を課して称える念仏のことで、人びとはその回数を徳本の前で誓願した。誓願した念仏の回数に応じ、徳本は褒美としてさまざまな名号札を授与した。阿弥陀如来の縁日である月の一五日、赤塚山は名号札を求める人びとであふれたという。とくに病人・産婦は、服用すると利益・霊験を蒙るとされた「拝服名号」と呼ばれる名号札を求めたようだ。

この徳本と西宮神社が関わるエピソードが、「徳本行者伝」中之巻に掲載されている。これによると、徳本の弟子本勇・本名という尼僧が、紀州から赤塚山へ移った徳本のことを思い、その寂しさから師を追って須谷《すがい》（現和歌山県有田市）を旅立った。西宮で日没を迎え、たくさんある路地に行く先を迷っていると、小男がひとり小路から現れて道案内を買って出た。男は、「ここは日本第一の恵比寿の神がいらっしゃるお宮であるから、道のついでもあるので参拝しないか」と尼僧に西宮神社への参拝を勧めた。男のことを怪しみながらも後をついていくと、社の門（表大門ヵ）に到り、男が軽く指で押すと閉ざされていた門の両扉が開いた。境内では男から社殿などの詳しい解説を受けた。その後の道中でも男からさまざまな解説を受け、師徳本の住む赤塚山まで無事に到着することができた。尼僧たちが、これまでの出来事を師に話して聞かせると、徳本は「その人物は西宮の大神である。私も拝謝し奉るべしと」と言って暫く念仏を行ったという。

尼僧たちは、徳本にとって最初の女性の弟子とされる人物

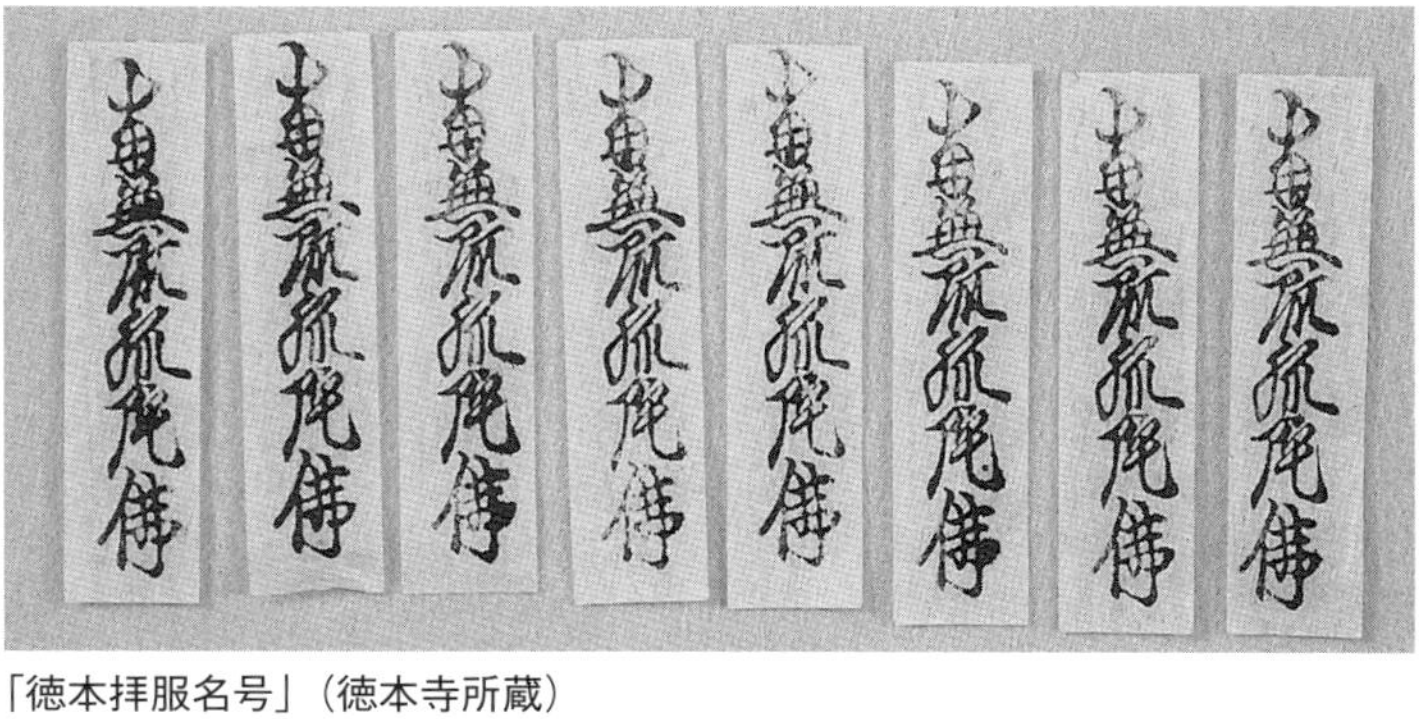

「徳本拝服名号」（徳本寺所蔵）

で、本名とその母本性は「南紀往生伝」に往生者として掲載されている。須谷では、徳本不在のあと、師の教えを守り見事往生したと伝承されており、赤塚山の徳本を追って西宮へ到ったことは伝わっていない。「徳本行者伝」のなかで、西宮神社参拝の伝承が残されているのには何か意味があると思われるが、詳細は不明である。なお尼僧たちの墓は、須谷のみかん畑のなかにひっそりと並んで建っている。

さてその後、徳本は赤塚山での布教活動の最中に、紀州藩主徳川治宝《とくがわはるとみ》公に母親の供養を命じられ和歌山に戻ることになる。次に、勝尾寺《かつおうじ》（大阪府箕面市）に布教の拠点を移した。ここでも、勝尾寺が西国三十三観音札所であったことも相俟って、多くの巡拝者や信仰者が訪れたという。さらに、芝増上寺典海らの請待で江戸に下向ののち、小石川一行院を拠点に安房・相模・信濃などに行脚して亡くなった。一行院には、吉田喜平次の支援による御廟（花崗岩製の五輪塔）が築かれた。

徳本の篤信者である吉田喜平次の信仰は、西宮町や周辺の商家に大きな影響を与えた。「徳本行者伝」には、吉田氏が普段から親しかった西宮葛馬《かずらうま》氏に、徳本への帰依を度々勧めたことが記されており、徳本が赤塚山から紀州へ帰るときには、葛馬家に立寄り休息したこと。ここへ参詣者が押しかけたこと。葛馬家から出立し西宮神社に参拝ののち、尼崎から船に乗ったこと。これを明石の儒者に語ったことなどが記されている。喜平次は、息子のいなかった吉田家（吉田道可・辰馬氏の女夫妻）に大坂高木家から養子として迎えられており、生前から徳本への信仰を持っていた実母のために徳本直筆の六字名号が刻まれた巨大な名号塔を赤塚山に建立している。

また、喜平次が西宮神社の大々講の一員として名を連ねていることが、「社用日記」に記されている。寛政六年（一七九四）のことである。江戸大々講願主にて、大々神楽齋が行われ、江戸酒差配中の行事村上源右衛門、赤穂屋次左衛門より四月五日の西宮本社における大々御神楽にあたり、五十四名の講衆の名前が届けられている。そのなかに「講元　呉田《ごでん》　吉田喜平次」と記されている。

西宮町の商家のみならず、農村においても徳本の影響があった。西宮市指定重要有形文化財「岡本家文書」の「大庄屋日記」第一巻の文政六年（一八二三）には、「武庫川堤の西芝檀（現西宮市日野町）へ徳本名号石を建立することになった。六月廿九日今津浦より新堀川を舩にて運送。晦日の到着後、すぐさま建拵し、七月朔日には完成。二日には開眼供養を執り行った」とあり、富農層にもその信仰が広まりを見せていたことがうかがえる。

（俵谷和子）

第四章

信仰をひろめる

江戸時代以前の西宮神社

西宮神社はかつて広田神社と一体として捉えられていた。背後に六甲山を擁し、沿岸が入り組んだ海上交通の要所であった西宮の地に鎮座する広田神社は、延喜式内社にして二十二社の一社として、しばしば奉幣の勅使があるなど朝廷からの崇敬も篤い神社であった。

鎌倉時代初期には広田神社の摂社として「夷」の社が見え、現在西宮神社境内の他の摂末社も広田神社に属しているとされていた（『伊呂波字類抄』（十巻本））。鎌倉時代には「西宮」として「戎社」が記載されていることも確認できる（写真）。

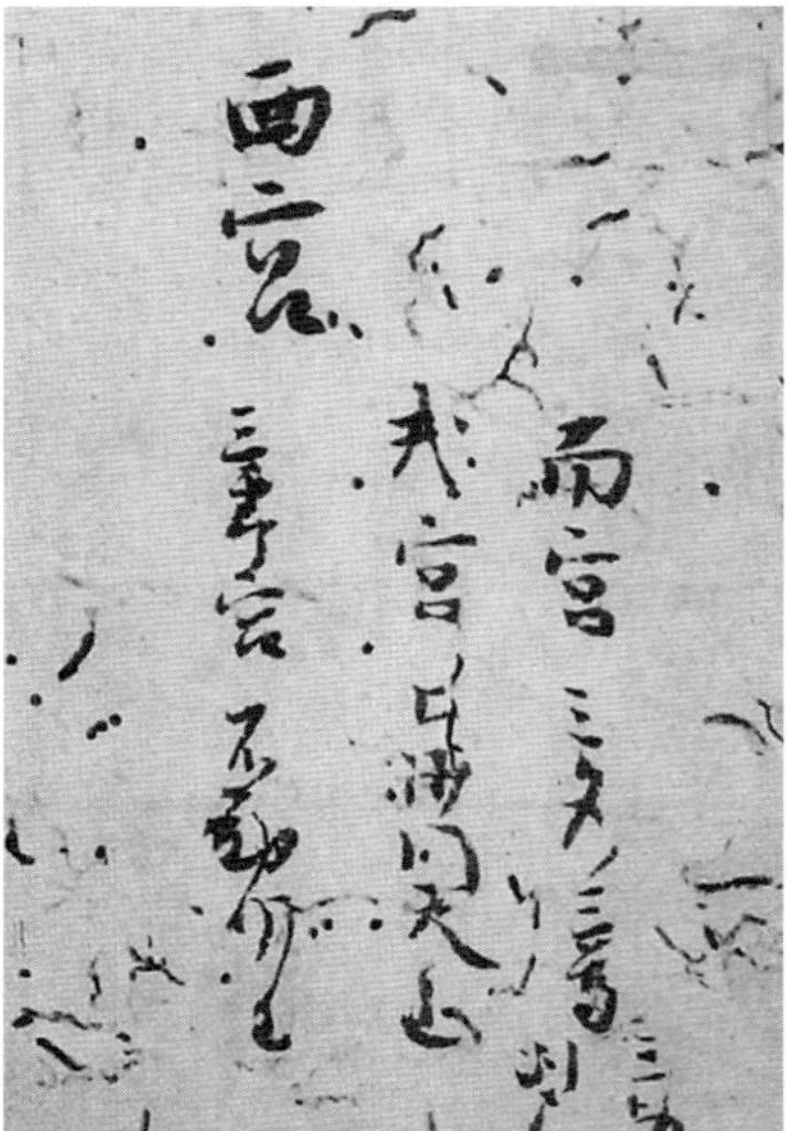
「西宮」の記載がある鎌倉時代の史料
（神奈川県立金沢文庫編『顕われた神々－中世の霊場と唱導－』より）

西宮神社が祀るえびす神につい

ては、承安二年（一一七二）に広田神社で行われた「広田社歌合」における「おもへただ神にもあらぬえびすだにしるなるものをもののあはれは」（源頼政）といった歌によって、平安末期には西宮えびすの存在が知られていたことが推察される。また、建保二、三年（一二一四か一二一五）頃に詠まれた「にしのうみに風心せよにしの宮あづまにのみやゑびすさぶらふ」（慈円）という歌は、西海道においては気をつけていなければならない、東国だけではないえびす神がいるのだからということを意味しているが、えびす神を祀る神社として西宮神社が認識されていると共に、海と結びつけられているといえよう。南北朝期の『神皇正統録』には「蛭児トハ西宮ノ大明神夷三郎殿是也、此御神ハ海ヲ領シ給フ」とあり、西宮えびすは蛭子神でありやはり海と深い関係があると捉えられていた。

それを示す祭礼が、現在西宮神社で九月に行われている例祭における船渡御である。早くは治承四年（一一八〇）『山槐記』に記されている。また、時宗開祖の一遍は弘安十年（一二八七）と正応二年（一二八九）の二度にわたって西宮を訪れているが、二度目の訪問でその最期を近くの釈迦堂で迎えようとしていた時、西宮の船渡御の祭礼があるため死期を延ばし、その後予告していた通りやってきた「西宮の神主」に得度を授けたという（『一遍上人絵伝』）。

広田神社は神祇伯白川家が管領した。代々の伯就任時や怪異発生時には社参し、以後江戸時代の正徳期まで神社との関係が続いた。西宮地域一帯は神領とされ、建長二年（一二五〇）神祇官下文案には、神領の山の木を必要以上に勝手に切ってはならないことや、神領田を「他領并に京都の甲乙人等」に売り払ってはならないことなどが記載されている。また、近年「社官供僧已下」、「百姓、廻船人等」が各々双六や重半など色々な博器で博奕をしているといったことからは、当時広田神社周辺が畿内への様々な物品の中継港として栄えていた様がうかがえる。延慶二年（一三〇九）に市場が南宮神社の敷地内にあったという史料からも（『温故雑帳』）、現在西宮神社の鎮座する地域が人や物資の集まる賑やかな場所であったことが推察されよう。

また、京都に近く多数の勢力が混在する地域であったため、他の寺社等との争論も絶えなかったようである。建久五年（一一九四）には住吉大社造営費用が広田神社に賦課されたことに抗議して神輿が上洛しようとした（『仲資王記』）。鎌倉中期には甲山に存する神呪寺の寺僧が、広田神社の御狩神事を妨害したとして複数回相論が起きている（壬生家文書）。また、貞和二年（一三四六）には春日大社・興福寺領浜崎荘の黄衣神人である商人との傷害事件や（『広田社旧記』など）、貞治元年（一三六二）には東大寺が西宮付近に新関を構えて脱税船から升米を取ることについて相論が起きている（『師守記』）。これらからは、広田神社が西宮地域を特権的に支配していたことも伺える。

さて、それでは中世にはどのような人々が神社の運営に携わっていたのだろうか。中世前期までは受領クラスの貴族が「社司」を務めていたことが確認できる。社司は神社の代表として諸税免除や造営費用を賄うための課税を申請したり、現地で起きた相論や事件に対処し、時には問題の責任を取って籠居したりすることもあった。

江戸時代初頭までは現宮司家にあたる吉井氏の他に平田氏という家も神主を勤め、「祝」（または「祝部」）や「神人」、「巫女」、「供僧」等が奉仕していた。神主は現地において神官や供僧をまとめるトップの存在であったと推察され、神官らは代々の神祇伯の参詣を迎えたり、建久五年（一一九四）には供僧らと共に神輿を動かして住吉大社造営費用の課税を訴えたりしたこともあった。この事件に関与した禰宜の「能基」といった人物が知られる他、貞応三年（一二二四）には「兼氏」（『伯家部類』）、延徳二年（一四九〇）の『忠富王西宮社参記』には神主「平田資兼」や、「吉井大夫」が確認される（なお『伯家部類』応永二十三年（一四一六）には「平田大夫」が見える）。

また、社家の上官・中官という区分も中世後期には確認できる。江戸時代を通じて社家として活動する東向家は十六世紀初頭には存在が確認され、後年提出された由緒書によれば、彦五郎という人物を社職勤仕の初代とする。彦五郎は社家である田中家からの養子であるといい、同じく社家の田中家もこの頃から社職を勤めていたと推察される（吉井文書五・一八〇）。

室町末期には上中下合わせて社家が一二〇人、社僧が二〇人（広田神社とは別に西宮神社にも神宮寺が存在した）、神子が五〇人いたとされている（『西宮社領の覚』）。また、社家には上官八人、中官八人がおり、社僧二〇坊が存したともあるが、何れも退転または廃絶し（吉井文書三・七〇）、正徳期の争論によって東向家のみが社家として残ることとなった。

また、江戸時代には西宮神社に奉職する神子は所謂男巫のみであったが、それ以前は女性の巫女が確認される。永治二年（一一四二）には源盛行らが美福門院（藤原得子）を広田神社の朱雀という巫女を使って呪詛したという（『台記』、『本朝世紀』）。貞応三年（一二二四）の資宗王社参に際しては、宿所となるほどの邸宅を有していたと考えられる四條や一戎臺などの巫女が知られる（『伯家部類』）。また、弘安四年（一二八一）には広田神社の巫女が丹生都比売神社に参詣して託宣を行ったという（「正応六年太政官牒」）。

このように発展していた広田・西宮神社だが、天正六年（一五七八）荒木村重の乱によって社域が焼亡し、織田信長に所領を奪われたとされる。しかし西宮神社は豊臣秀頼によって再建された後、承応二年（一六五三）に再び焼失してから徳川家綱によって再興され、以後社殿は昭和期まで存続し、神主は西宮神社近辺に住居しつつ両社の祭祀を行う形態となった。

江戸時代以前の西宮神社については史料が少ないが、江戸時代における実態に繋がる部分や重複する要素もあり、解明し比較・対照することでより双方の理解を深めることができよう。

（日向寺朋子）

西宮神社の江戸支配役所

今では面影をさがすことすら難しいが、かつては東京の隅田川の河口に佃島《つくだじま》という小島があった。江戸時代初期に摂津国の漁民が移住してから江戸内湾漁業の一大拠点となり、佃煮の語源にもなった島である。その地区（現在の東京都中央区佃）に当時から存在する神社がある。その神社は住吉神社といい、十七世紀半ばに摂津国西成郡の田蓑《たみの》神社の神主平岡権太夫によって開かれたものだが、同じ摂津国の西宮神社とも浅からぬ縁を持っていた。

この住吉神社に十九世紀前期に社家頭取〆《しゃけがしらとりしまり》として仕えていた正木伊勢という人物がいた。正木伊勢は文政十年（一八二七）四月に江戸牛込改代町《うしごめかいたい》の名主に次のような書付を提出している（『文政町方書上』）。

一内神前西宮太神宮神体木像にて高さ弐尺三寸、巾一尺七寸、厚さ一尺三寸これあり

但し神体の覆丈け弐尺五寸五分、前一尺九寸五分、深さ一尺四寸五分これあり

右は丸やま平助地面のうち稲荷祠の内え相殿に祀り置き申し候

一元住居の義は神田永富町弐丁目に住宅つかまつり候、その後文政八酉年四月中当所

え転宅つかまつり候
右の通、御尋につき、この段申し上げ候、以上

当時は幕府の『御府内風土記』編纂事業が進行中であり、改代町へもそのための文書提出が命じられていた。右の書付はその時のものである。当時改代町の店借《たながり》（借家民）であった正木伊勢は、自分の居所を「摂州西宮太神宮神主吉井上総介支配江戸支配所」と称して、高さ約七〇センチの「西宮太神宮神体木像」を丸山平助所有地内の稲荷祠の内に祀るなどしていた。彼は神田永富町二丁目から二年ほど前にこの改代町に移り、支配所役人職を勤めていた。つまり彼は、住吉神社の社家職を勤めつつ、西宮神社の社務も果たしていたのである。

この正木伊勢のような西宮神社の江戸支配所役人は、享保八年（一七二三）二月に採用された永井外記《げき》という人物が初代にあたる。外記は石町《こく》三丁目の地主清兵衛が経営する貸家を役所にしていた。「社用日記」によれば、外記の職務は、①関東諸国に散在する西宮神社配下の夷願人《えびすがんにん》（夷神像札などを配札する勧進宗教者）から役銭を徴収すること、②毎年十二月に江戸浅草寺境内で行う夷神像札の配札を統括すること、③幕府御用の際に神社側の代表者となることなどであった。また日記には、西宮本社から夷像・田の神像・神馬像それぞれの版木が彼に預けられたとあることから、永井外記には江戸周辺における配札の全権が委ねられていたと考えられる。

さかのぼって、永井外記が採用される以前は、西宮神社の東国支配権は下野国（今の栃木県）那須地方の神職である山木勘解由《かげゆ》という人物に委ねられていた。勘解由は黒羽《くろばね》で寛文期（一六六一―一六七三）以前から蛭子《えびす》の叢祠《そうし》を祀ってきた地方の神職で、黒羽藩主の大関増栄《ますなが》から黒羽城下町の田町に小社を与えられたという由緒をもつ者である（『創垂可継』）。山木勘解由は、後年、社内クーデタに失敗して西宮神社を追放されることになる願人頭の中西平次右衛門の下で長く手代として東国支配の実権を握ってきたが、享保六年（一七二一）に、役銭の着服を理由にして手代役を解任されてしまった。享保八年に新設された江戸支配役所は、右の中西・山木両氏失脚後に、西宮本社の神主が東国を直接把握するために設けた役所ということになる。そしてこの役所が設置された後は、東国の配下願人の支配は、西宮本社―江戸支配所役人―触頭―組頭―平願人という系統でなされるようになる。

江戸支配役所の場所は、享保八年の石町三丁目清兵衛店《たな》をかわきりに、その後幕末に至るまで転々と移動している。順を追って挙げていけば、鉄炮洲《てっぽうず》船松町二丁目・本八丁堀二丁目・深川平井新田塩浜・霊岸嶋《れいがんじま》新地・本所小泉町・南八丁堀五丁目・新乗物町・神田大和町・新橋南《みなみ》佐柄木《さえき》町・日本橋通二丁目式部小路・神田永富町二丁目・牛込改代町・八丁堀五丁目代地・中橋南塗師《みなみぬし》町・佃島住吉神社内・白山神社内などと変遷している。支配役所の置かれた場所は、日本橋通二丁目などの、日本橋近くの繁華な商業地区だけでなく、江戸城外堀よりもさらに外側の郊外も選ばれている。前述の牛込改代町や深川平井新田などは江戸城の官庁街からかなり離れた場所であり、官庁との距離は西宮神社にとってさほど重要な問題ではなかったことがわかる。また、江戸には古来武家地・町人地・寺社地の区別があり、それぞれの身分に応じた居住区が定められていたが、西宮神社の江戸支配役所は長いあいだ町人地の貸長屋のなかに置かれてきた。それが天保十三年（一八四二）の出家社人等市中住居禁令以降は、江戸支配役所は、町人地内の貸長屋から住吉神社や白山神社といった他の神社内へ移されるようになっている。

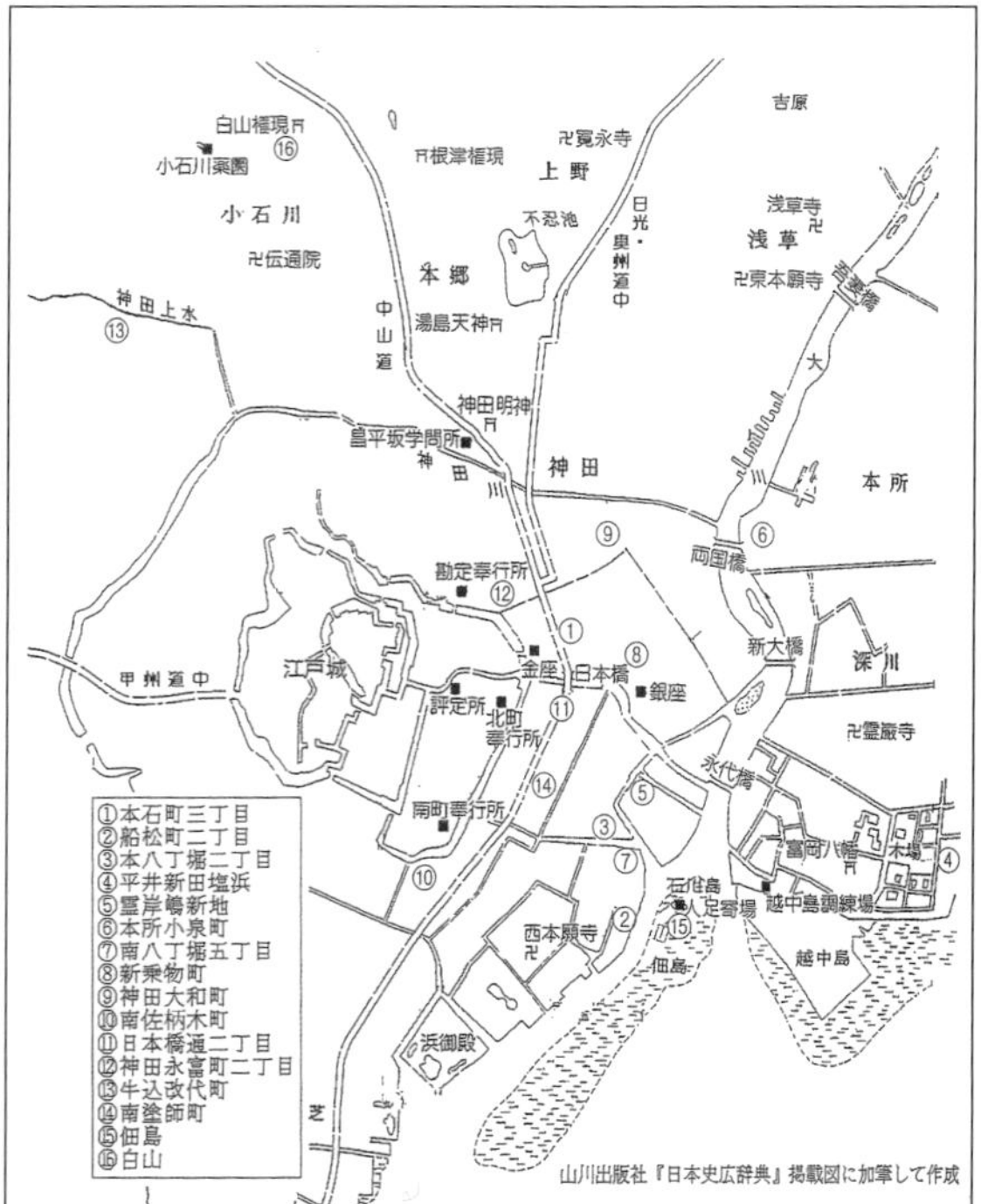

西宮神社の江戸支配役所の位置
（志村洋「西宮神社の江戸支配所について」より）

永井外記以降に支配所役人に就任した者たちの顔ぶれは、十八世紀後半の間は宗田姓の者、十八世紀末から十九世紀半ばころまでは正木氏一族の者が勤めていた。彼らはいずれも江戸や関東出身の者で、基本的には神職を生業とする者であったが、なかには十八世紀半ばの宗田内記のように、医師業や御札指南業といった別の仕事をもつ者もいた。天保七年（一八三六）二月に支配所役人が正木隼太に交代した時には、前任者から御神檀・神拝具・公用書物・社法記録が引き継がれており、像札の版木のほかに、これらの品々が江戸支配所役人の職務に必要であったことが分かる。

幕末になると、支配所役人には吉角《よしずみ》左京や中沢舎人《とねり》という者が就任する。吉角左京は房総半島南端の安房国出身で、兄が西宮神社の夷願人であった。西宮神社の「社用日記」には、左京は天保三、四年（一八三二、三三）頃に当時の支配所役人のつてで西宮神社の社務に関わるようになり、同十三年頃には支配所役人に就任したことが記されている。また吉角左京は、前述の正木伊勢と同様に、佃島住吉神社の配下社家としての顔と西宮神社の配下役人としての顔をもっていた。天保期頃の住吉神社側の日記には、左京が住吉神社の神事に加わったり、幕府に対して住吉神社神主の代理役を勤めたりする記事がたびたび見られる。十八世紀末からの約六〇年間に関していえば、西宮神社の江戸支配役所は、佃島住吉神社の下級神職たちによって運営されていたという見方も可能なのである。

（志村　洋）

江戸・東京のえびす信仰

江戸の大店の多くは、徳川幕府が開かれ、江戸が大都市として発展するなかで上方商人が出した支店から始まっている。そのような商家が江戸にえびす信仰やえびす講の文化を広めることになった。商売繁盛を願う商人がえびす神を祀るのは同じだが、上方とは一つ、大きな違いが生まれた。それは、主たる祭日が十月二十日となったことである。当初は上方同様に正月に行われていたが、次第に廃れて、十月二十日に移った。明治時代の浮世絵画家、楊州周延《ようしゅうちかのぶ》が描いた「江戸風俗十二ヶ月の内　十月豪商恵比寿講祝の図」には、大きなえびすの人形を飾り、鯛や餅、大福帳をその前に供えた部屋で、商家の奉公人とおぼしき多数の人物が歌い踊っている姿がみられる。黒羽織を着た番頭のような人物も、丁稚奉公人であろう前髪を立てている少年も混じっており、まさに無礼講スタイルでの宴が繰り広げられたことが窺い知れる。奉公人ばかりでなく、親類や知人は男女を問わず商家に招かれ、酒宴や音曲などの余興を楽しむのが江戸・東京のえびす講であった。

江戸のえびす神社というと、寺社境内に勧請された小社に限られるが、小社ながらもえびす神を信仰する人々が参詣する場となっていた。そのなかでも人々を引き付けていたのが浅草寺境内のえびす社と商業地である日本橋地区のえびす社である。

浅草寺は寺院だが、境内には三社権現（現・浅草神社）をはじめ、様々な神を祀る社が散在している。なかには神仏分離が指導された明治時代に整理されてしまった社もあり、その一つが西宮えびす神社であった。場所は、雷神門から始まる仲見世を抜けると現れる二王門の南西の区画で、江戸後期の代表的地誌『江戸名所図会』にある浅草寺境内図や、「東都金龍山浅草

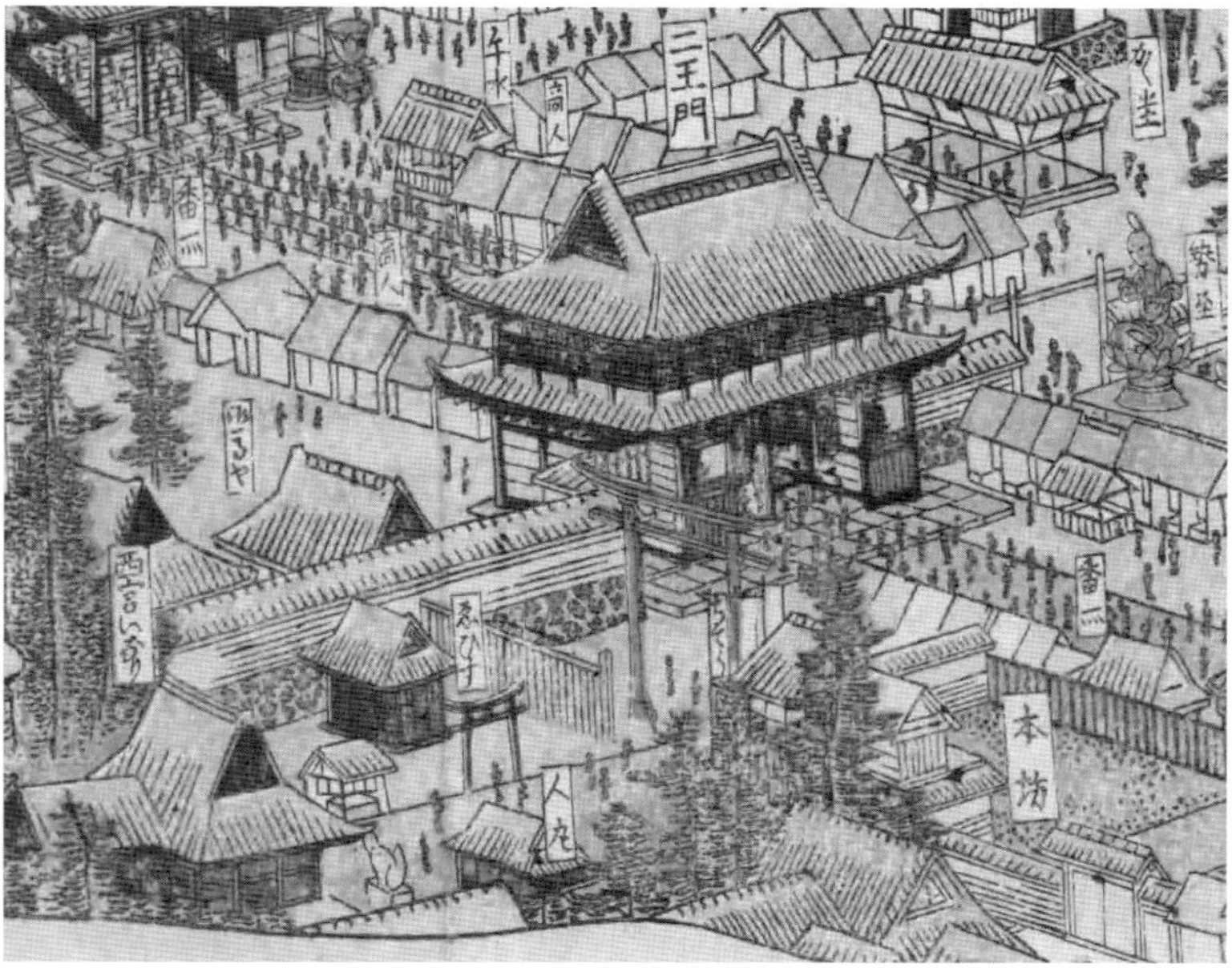

「東都金龍山浅草寺図」に見える「ゑひす」と「西宮いなり」
（国立国会図書館デジタルコレクションより）

寺図」〈図版参照〉にそれをみると、「ゑひす」と注記がされている。えびす社のある区画は、浅草寺参道とは唐銅鳥居で区切られ、鳥居正面には西宮稲荷社の社殿が建っていた。その末社の一つが西宮太神宮―すなわちえびす社で、鳥居と社殿があった。その社殿の規模は、文政十二年（一八二九）成立の『御府内寺社備考』によると正面五尺・奥八尺五寸である。西宮稲荷社の御神体は荼枳尼天《だきにてん》で、浅草寺のある土地の神を祀る地主社と伝わるが、末社にえびす社があることから西宮稲荷社と呼ばれたという。この言い伝えは、末社の西宮太神宮（えびす社）の知名度の高さを象徴している。十月二十日のえびす講の日と正月にはこのえびす社の開帳が行われた。

西宮太神宮（えびす社）があることから、江戸時代初期から浅草寺境内ではえびす神札の配布が行われていた。浅草寺支配の神職田村氏の配下で、里神楽を舞うことなどを職分とした舞太夫という芸能者が当初はえびす神札を配布していた。幕府の命により寛文七年（一六六七）以降配布を禁止され、舞太夫は大黒天の札を頒布するようになった。代わって西宮願人が、元禄期頃から浅草寺年の市（毎年十二月十七・十八日）においてえびす神札を配布した。浅草寺年の市は、正月を迎えるにあたって必要な品々―注連飾りの道具や台所用品・破魔弓・手鞠・羽子板などが商われた市である。時代が下るとえびす神札の授与方法が変化し、浅草寺での配布は少なくなっていったとみられるが、江戸のえびす信仰の磁極としての浅草寺の位置づけは逆に高まっていった。えびす信仰は江戸で独自の発展を遂げ、俗的な民間信仰の性格を強めていき、大黒天とセットにした「恵比須・大黒信仰」や、さらには他の神々も抱き合わせにした「七福神信仰」が盛んになっていく。十九世紀初頭から江戸では七福神巡りが流行し、江戸末期に成立したとみられる浅草名所七福神では浅草寺境内に恵比寿と大黒天が置かれた。その頃、浅草寺本堂の外陣には東西の対になって安置された恵比寿像と大黒像があった。本堂西側の淡島社境内には石彫りの恵比寿・大黒像もある。この石彫恵比寿像は、延宝三（一六七五）年に日本橋小舟町の横山種次という人物から奉納されたもので（浅草寺教化部企画編集『浅草寺の金石』、二〇〇三年）、現在も見ることができる。境内西宮えびす社に対する商人の信仰から広がって、「恵比寿・大黒」や「七福神」は江戸・東京市民に大きく根差していった。

江戸・東京におけるもう一つのえびす信仰の磁極は日本橋地区にある。現在、東京都中央区日本橋大伝馬町に鎮座する宝田《たからだ》恵比寿神社は、江戸時代に大伝馬町の名主役を勤めた馬込勘解《まごめかげ》由《ゆ》という人物が、徳川家康から拝領したとされる恵比寿像を御神体として祀る神社である。馬込勘解由は家康に従って江戸に移住してきた草創名主で、町人の筆頭的立場から伝馬役などをも担った特別な家である。当初、恵比寿像は馬込勘解由の屋敷内の宝田稲荷社にあり公開されていなかったが、文政年間に現社地へ社殿ともに移されたとみられる。えびす講の前日である十月十九日にはこの大伝馬町界隈で市が開かれるようになり、お祝に必要な諸道具――土製や木製のえびす像・懸鯛・神棚・三方など、さらには鮮鯛もが販売された。それがいつしか、大根を米麹で漬けたべったら漬けが主に売られるように変化し（大根の漬物はえびす講にお供えされた縁起ものでもある）、現在はべったら市と呼ばれて続いている。べったら市では、日本橋大伝馬町エリアから日本橋堀留町エリアにかけて両地区を結ぶように店が出ており、その堀留町にあるのが椙森神社《すぎのもり》である。椙森神社も江戸商人のえびす信仰において重要な地であり、末社にえびす神が祀られていた。寛文年間（一六六〇年代）に神道家の吉川惟足《よしかわこれたり》が椙森神社にえびす神を勧請したと伝えられている。場所柄、日本橋の商人が折々にふれ参詣できるえびす社なので、信仰の者の姿は絶え間なかったであろう。

（戸森麻衣子）

蝦夷地のえびす信仰

江戸時代の西宮神社が徳川幕府から全国におけるえびす御神影札の独占的頒布権を認められていたことは他の項目でも指摘されているが、頒布の北限はどこかということになると、これまでは秋田・岩手あたりまでしか確認されていなかった。ところが、近年それを覆す史料が確認された。つぎの史料がそれである。

摂州西宮恵美酒社神主吉川(井)陸奥儀、恵美酒・田・神馬儀諸国へ配札仕《つかまつ》り来《き》たり、先年松前表へも配札いたし候処、その後中絶いたし候につき、今般松前ならびに蝦夷地へも罷り越し配札いたしたき旨願い出候処、右は諸国一躰に配札仕り来たり候儀にもこれ有り苦しからざる哉《や》につき、願いの通り承り届け、尤も相対次第にいたし、押して配らざる様致すべき旨申し渡すべく候あいだ、右配札い(とカ)たして社人共等罷り越し候て紛敷《まぎらわしき》ものにはこれ無く候あいだ、右の趣御支配所は勿論、かの地領分又は御預所等これ有る諸家の向きへ御達し方の儀も各方《おのおのがた》にて御取り計らいこれ有り候様致したく、尤も弥《いよいよ》承り届け候上猶又《なおまた》御達しに及ぶべく候らえども、兼てこの段御掛合に及び候

寅五月

これは、慶応二年（一八六六）の「御書付并御奉書留」（北海道立文書館所蔵箱館奉行所文書、図参照）に記されていたもので、御神影札配札について、幕府寺社奉行から箱館奉行衆（＊）への内々の交渉である。史料からは、「摂州西宮恵美酒社神主吉川陸奥」（五十一代神主吉井陸奥守良郷）から幕府寺社奉行へ、これ以前にも松前にて配札を行っていたが、その後絶えてしまっており、今回は松前はもとより蝦夷地をも対象に配札を行いたき旨を出願する。寺社奉行側としては問題ないと思っており許可する予定であるが、配札社人の蝦夷地巡廻などを含め、この一件については箱館奉行所管下はもちろん、蝦夷地に領地・預所《あずかりどころ》（幕

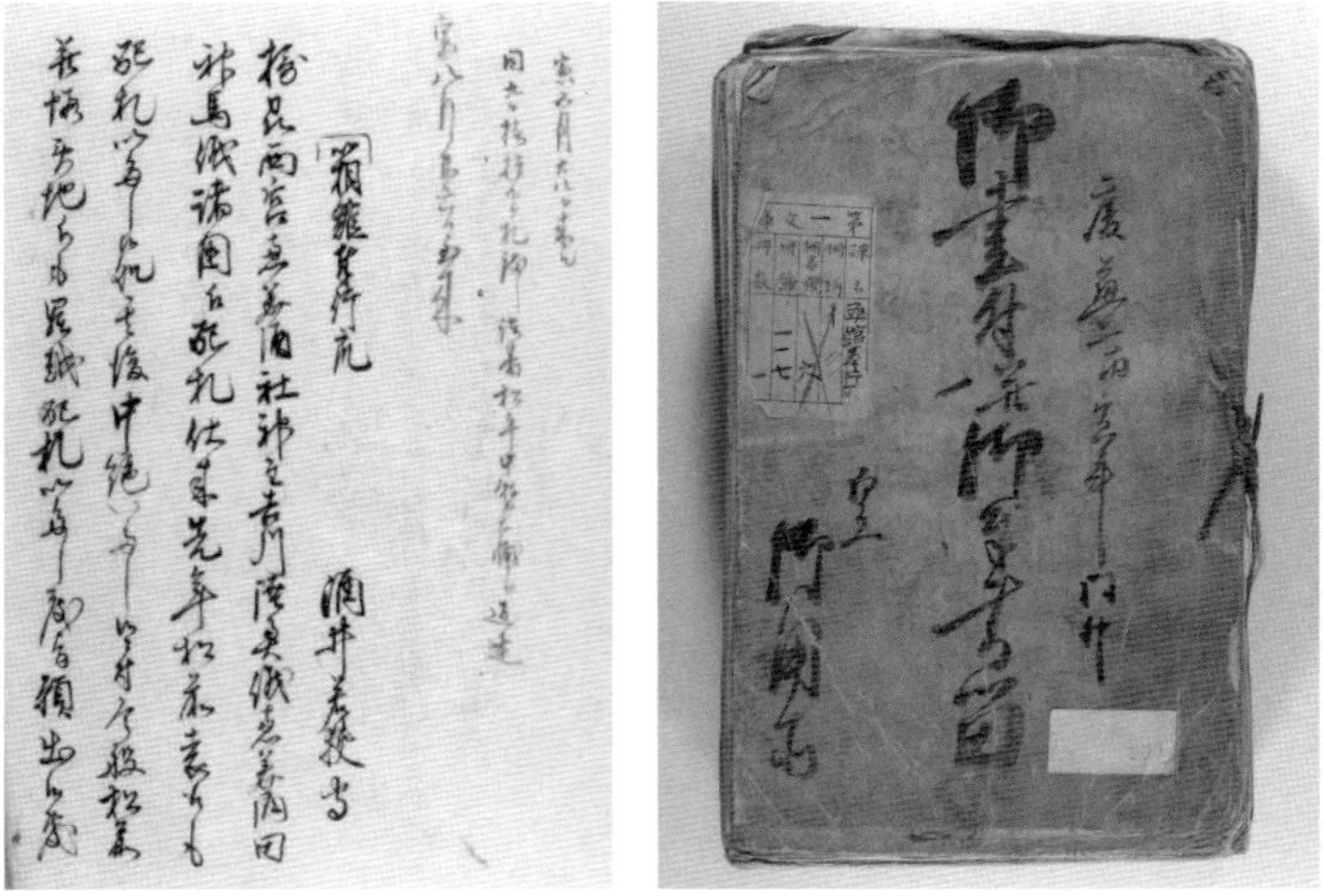

図「御書付并御奉書留」表紙（右）と「えびす御神影札」についての記載（北海道立文書館所蔵）

府領であるが大名が預かり管理する地）のある諸家に対しても、通達は箱館奉行所のほうで取り計らってもらいたい、という内容であったことがわかる。ここから、少なくとも慶応二年以前の段階において松前にて配札が行われていたこと、また、同年以降には松前のみならず蝦夷地を対象に配札が許可された可能性が指摘できる。

松前までは配札の実績があることは間違いなく、北前船が大きく関係していたと考えられる。これを以てすれば北海道が北限となるところであるが、図の史料表紙左下には「白主御用所」とあることに注目いただきたい。これは白主御用所にて書き留められ、保管されていたものということである。「白主」はシラヌシと読み、樺太《からふと》（サハリン島）南端の地名である。同所には箱館奉行所御用所が設置されており、これが白主御用所である。さらに、前掲史料と同じ文言が「東富内御用所」の御用留からも確認できる。「東富内」は東トンナイと読み、同じく樺太南東の地名であり、ここにも御用所が設置されていた。これらの事実から、樺太にまで配札を行う可能性があったのではないか、ということが考えられる。

もちろん、白主・東富内のいずれの役所も箱館奉行所からの通達をそのまま書き留めただけという可能性はあるが、当時蝦夷地といえば樺太も含まれており、箱館奉行所の管轄であり、現に通達が届いて書き留められている事実を考えると、樺太での配札の可能性も捨てきれない。ただ、この直後に明治維新を迎えたため沙汰やみとなったことも想定される。

このように、様々な可能性が考えられるものの、ロシア領の今となっては現地調査を行いその足跡を辿ることも困難である。宗谷海峡を渡り極寒の地での配札を試みたえびす願人《がんにん》たちもあるいは存在していたのかもしれない。

（松本和明）

（＊）遠国奉行の一つで、基本的に定員二名。享和二年（一八〇二）設置ののち一時廃止。嘉永七年（一八五四）、日米和親条約による箱館開港後再置。慶応四年（明治元年・一八六八）まで。欧米諸国との応接や蝦夷地の行政を管掌する。慶応二年五月当時の場所は五稜郭、奉行は小出秀実・杉浦勝静、奉行並として新藤鉊蔵。

南信州の蛭子社人

寛保二年（一七四二）二月二十五日付で、西宮神社江戸役所から信州飯田藩堀家の江戸留守居に書状が届いた。その書状は、飯田藩領内嶋田村に居住し、「西宮職分」を勤める勘之丞が、「非人頭筋目」か否かを問合わせる内容であった（「御社用江戸日記」寛保二年正月二十三日）。

書状には次のように記されていた。

尾州の西宮神社配下の者が、勘之丞の廻旦場を没収し、勘之丞は「非人頭筋目之者」であると本社に訴えてきた。他方、勘之丞も西宮に愁訴に来たが、「下賤にこれ無き証跡」がない限り、訴えを取り上げることはできないとし帰国させた。その後勘之丞は、「下賤」ではないとする嶋田村庄屋の添状と、「西宮職分」を勤める根拠として、本社支配役人中西平次右衛門家来中西弥右衛門の書付と、嶋田村庄屋甚三郎の請負証文を持って、嶋田村庄屋代とともに再び西宮に来た。そこで、神社側は、下伊奈を配下とする尾州の本社役人蓑和田要人に吟味を申し付けた。ところが、要人は本社に断りなく「非義不法之書付」を発給し、勘之丞は「下賤」ではないとの判断を示した。しかし、西宮神社が尋ねる相手からは、勘之丞は「非人頭之筋」に間違いない、との回答が必ず返って来る。西宮神社としては、「非人頭之筋目」を配下にしたならば、「近国惣体配下之難儀」になるとして、嶋田村の支配領主である飯田藩に調査を依頼したのであった。

加えて、嶋田村で勘之丞が所持している蛭子社が年貢を免除された除地であるか、または勘之丞の宅地に自身で勧請したものか、をあわせて回答するよう求めた。つまり、神主の守る蛭子社が、公的なものか私的なものであるかが、「西宮職分」を数十年勤めてきた社人の身分を裏付ける証拠の一つと認識されていたのである。

この書状に述べられている事柄は、嶋田村に遺されている古文書から、さらに詳細を知ることができる。勘之丞が西宮神社に愁訴したというのは、寛保元年（一七四一）十月のことであると、訴状の控えからわかる。その内容は次の四点である。（1）勘之丞の父が、元禄十五年（一七〇二）に西宮神社に出向き、社役人への任免状をもらい、村の蛭子宮を再興し、それ以降勘之丞の家が神事を勤めてきたこと。（2）西宮神社の名古屋会所の渡辺多門に、高須藩領域をすべて旦那場とすると宣言されたが、もし勘之丞の旦那場である高須藩領域の竹佐・山本・中・条・柏原・虎岩六カ村を失うと、勘之丞の職分が立たないこと。（3）高須藩領域の六カ村を失うのであれば、飯田藩領域でこれまで旦那場ではなかった村々を旦那場にしたいとのこと。（4）下伊那郡には筋目のある蛭子社人がいないため、勘之丞に下伊那郡の支配を認めてほしいこと、であった。西宮神社側の書状にある尾州会所からの旦那場召し上げの通告に対し、逆に勘之丞は新たな旦那場の要求を出すなど、強気の構えであったことが窺われるのである（『長野県史　近世史料編』第四巻（二）一二七〇号）。

また、飯田藩も西宮神社の要請を受け、早速嶋田村の調査に入った。勘之丞と嶋田村の村方三役が飯田藩に提出した回答書は「嶋田村蛭子之社勧請之訳年数并勘之丞筋目之儀御吟味被成候ニ付申上候口上之覚」と題される文書で、回答の内容は四点確認される（国文学研究資料館所蔵・森本家文書二二Ｃ一六）。

第一に、嶋田村の蛭子社は、勧請された経緯や年数は不明ながら、社地は東側一五間・西側一三間・南側七間・北側一一間の一二六坪の土地で、前々から除地であること。第二に、勘之丞が「非人頭」ではない。勘之丞五代前の甚十が寛永十四年（一六三七）の嶋田村惣検地帳に、名請人として登録されており、系譜も七代前の左源から勘之丞まで代々明白である。また、三代前の久太夫は、下伊那郡駒場村長岳寺住持乗円法印から、牧下久太夫祐政という宛名で、九十年護身法授与の書付を受けており、「人外之者」（非人）ではないことは明らかであること。第三に、西宮神社の免状について。親の勘之丞に免状を発給した中西弥右衛門は、二十六年前、正徳五年（一七一五）に追放された人物であるものの、その後西宮神社から寛保二年正月に、書替証文が勘之丞に手渡されており、免状の効力は神社側からも認められていること。第四に、勘之丞は貧窮して「非人頭体」であっても、「非人頭」ではないこと。そもそも、蛭子社を持ち所々に御影を配布する禰宜職分を世間では「下賤成職」と思っていたが、今回西宮神社からの調査を受け、「賤敷職分」でないことがわかった。勘之丞が「非人頭体」にみえるのは「不身上」(貧困)によるもので、禰宜職分として村に数代続く「筋目之者」である勘之丞が「下賤」と言われるのは、「嶋田村之者共、残念至極」と歎いている。

結局、勘之丞はこうした嶋田村の村方三役に支えられながら、蛭子神社の神職の「筋目之者」であることを西宮本社から認められたのである。

しかし、他方で勘之丞は、寛保二年十二月、嶋田村の縁者を、「兄弟・一家之縁を切」り「義絶」する、という願書を飯田藩寺社奉行に提出した。勘之丞の願書には、勘之丞が嶋田村の「笠」という所に数代居住していること、縁者の「笠之者」が「戎歌・春田打・二季廻り、下賤之所作」をして町や村を「勧進」して廻っていること、この下賤の所作を止め勘之丞の下役を勤めるよう「笠之者」に求めたが、「笠之者」は少々の勤めでは渡世が成り立たないとしてこれを拒絶したため、「下賤之業」を家業とする者とは義絶したい、と述べられている。また「笠之者」からも嶋田村庄屋に、同年十二月晦日付で、「笠之者」が勘之丞に「義絶之一札」を提出したと述べている(『長野県史 近世史料編』第四巻(二)一二七二号)。

それでは、西宮神社の社人の下役となることを拒絶し、「勧進」を家業とすることを選択した「笠之者」とはどのような人々なのか。

「笠之者」は、嶋田村の「笠村」に、一三世帯六六人で居住する集団で、日常的には田畑を所持し農業を営みながら、正月になるとその年の豊作を予祝する芸能「春田打」で、下伊那の町や村を勧進して廻ることを生業としていた。その収益は、勘之丞の下役を勤めるのと比べてかなり大きかったと推定される。系図に掲げたように、勘之丞の父方兄弟は「笠之者」で、勘之丞自身の女房も「笠之者」の娘であった。とはいえ、「笠之者」は、下賤である「非人」と

【蛭子社人勘之丞家の系譜】

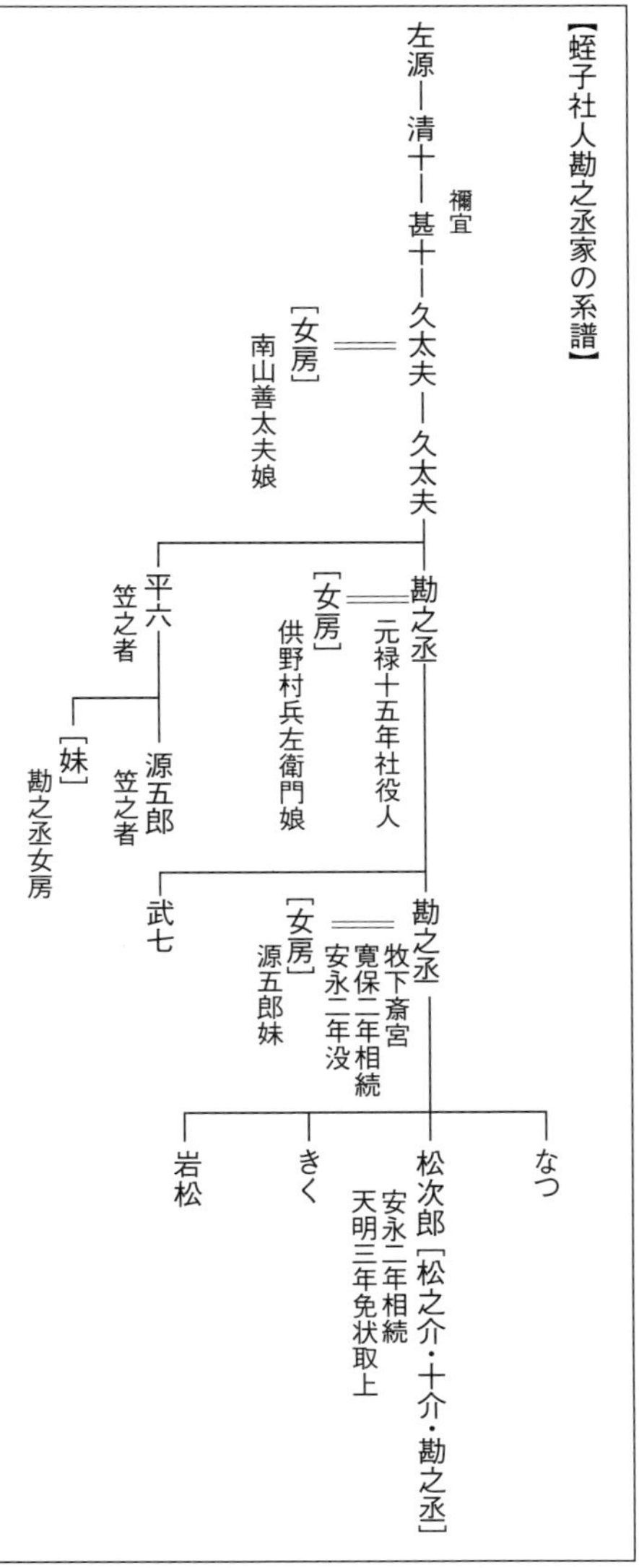

は縁組をしない、「非人」とは異なる身分だと自認していた。しかし、勘之丞は、西宮神社への申し訳が立たないとして、「笠之者」を義絶したのである。これは、芸能をすること、二季廻りをして「勧進」することが、「下賤之所作」であると世間で認識されていたからである（吉田ゆり子二〇〇三・「信濃奇勝録」）。

こうして「笠之者」と義絶した勘之丞は、西宮神社から「蛭子社人」という職分を認められ、嶋田村が藩に提出する宗門人別改帳にも「蛭子社人」という肩書が付されることになった。

しかし、安永二年（一七七三）に勘之丞の跡を次いだ松次郎は、西宮神社への修復料を滞納し、像札の配布も怠り、その配札を義絶したはずの「笠之者」が行っているという実態が本社側に知られ、天明三年（一七八三）、嶋田村の擁護も虚しく、免許状を剥奪されることになるのである。

（吉田ゆり子）

「夷願人」から「西宮神職」へ

「西宮神社御社用日記」の元禄十六年(一七〇三)十一月十七日条には関東(別史料で安房国とされている)の夷願人小高五郎左衛門から西宮神社に願書が提出されたという記事がある。

それによれば、五郎左衛門は小さな神社を所有しており、先年から夷願人頭中西太郎兵衛の支配下に入って夷願人の許状を得て夷・田神の札を配りながら神職も務めていたという。ところが幸松勘太夫という「舞太夫」と土御門家末流の者から夷願人は家業の他に神職は務めてはならないと言ってきたとのことである。問題とされた神職の家業とは、所有する神社の神事を務めることだったと思われ、その禁止は五郎左衛門には生活の手段を大きく制約されることを意味していた。そこで彼は夷願人頭中西家と幕府に訴えたが取り合ってもらえず、ついに西宮の神主吉井家まで願書を持参したとのことであった。

神主吉井宮内は、中西家から許状を一年ごとに受けて夷の札を配る夷願人について、去る貞享元年(一六八四)の西宮社中の争論で幕府から夷願人は神職ではないとの裁許が下されたとした上で、中西家の許状について問いただしたところ、五郎左衛門は神職との兼帯ができるとの文面には見えないと答えた。そして中西家手代の岩崎源太夫が回国して来たときには兼帯しても支障は無いと言ったので皆そのように承知していたという。それを聞いた宮内は源太夫がそのように言った証拠はないか、と問いただしたところ、口頭で聞いてはいたが証明になるものは何も無いとのことであった。

結局、夷願人として活動するのであれば、夷の像と田神像の神札の配布を家業とし、神職を兼ねることは許可できないとの旨を宮内は伝え、願書を差し戻して、商人になるなど勝手にするようにと五郎左衛門に言い聞かせて帰らせたという。

「舞太夫」は江戸時代中期には「神事舞太夫」を自称するようになる宗教者で、一般には「舞太夫」と呼ばれる場合が多かった(以下「神事舞太夫」とする)。神事舞太夫は関東八か国・甲州・信州・会津という限定された地域に存在し、幸松勘太夫は神事舞太夫頭としてその支配を貞享元年に幕府から認められていた。寛文年間(一六六一〜一六七三)の争論により神事舞太夫は大黒の札を、夷社人(後の夷願人)は夷の札を配布するように幕府から定められた。また、神事舞太夫の妻子は多くが口寄せを生業とする梓神子であり、妻子が梓神子職に従事することが多い夷願人と家業が類似していた。土御門家は天和三年(一六八三)に幕府から全国の陰陽師支配を認められた公家で、江戸時代前期から占い・暦作成等に関わる者への支配を進めていた。土御門家支配下の陰陽師は神札(十二天の札と思われる)を配布し、神子職(神市職)に携わるなど、これもまた神事舞太夫・夷願人と類似した家業を務めていた。元禄十六年段階の関東では、これらの紛らわしい三つの宗教者が競合し、特に神職の職業をめぐって神事舞太夫・陰陽師が夷願人を糾弾するという状況が発生していた。

小高五郎左衛門が願書を提出した背景には、前年の元禄十五年に夷願人の「夷幣」配布と夷願人妻子の神子職従事について、神事舞太夫頭幸松勘太夫がその停止を求めて、夷願人頭中西平次右衛門・手代を幕府に訴えて争論に及んだことにある（埼玉県所沢市石山家文書ほか）。そもそも貞享元年の西宮社中争論で夷社人は自宅に夷神を勧請することと社人装束着用と神事行為を幕府から禁止されていた（佐藤一九九八・林二〇〇五）。そのときに神職たる「夷社人」ではなく「夷願人」と称するようにとされたのである。夷幣も元禄二年（一六八九）以来夷願人が扱うことは禁止されていたが、問題は決着していなかった。この時期には神事舞太夫も必ずしも神職とは見なされておらず、装束着用の許状も幕府から認められていなかった。神事舞太夫は支配下の梓神子配布の絵馬札に紛らわしい神札を夷願人が配布したことを口実に争論を有利に展開し、神事的な行為禁止の再確認に加えて、神子職への関与を実質的に禁止することに成功した。神事舞太夫は裁許の意味を拡大解釈して、夷願人の梓神子職まで禁止に追い込もうとした。後に神事舞太夫頭は梓神子職の独占的支配を幕府から認められるが、その根拠として元禄十五年の幕府裁許の存在を強調して幕府の権威を最大限に利用した。神事舞太夫としては梓神子職は神職に通じる職業であり、神職ではない夷願人が務めることはできないものと規定した。そして梓神子職を支配する神事舞太夫も神職に通じる存在であるとの主張を対外的に（特に幕府に対して）企図したと思われる。夷願人が神職然として存在することを神事舞太夫は看過できなかったのではなかったかと思われる。

陰陽師は、紛らわしい業態をとる神事舞太夫・夷願人を敵対視していた。本所の土御門家が独自の神道として天社神道を創唱し、支配下の陰陽師は天社神道の神職たることを組織的に主張していたので、神事的な業態を行う夷願人を規制する目的で、結果的に神事舞太夫に加担したことが考えられる。

このような神事舞太夫・陰陽師の思惑が小高五郎左衛門の神事への関与に支障を生じさせたと思

大宮氷川神社境内の弁天社（現在は宗像神社になっている）

われるのである。

神事舞太夫と夷願人の争論はその後も続き、享保六年（一七二一）に武州与野町の夷願人権之丞と武州大宮氷川神社社人の三人の神事舞太夫との間では神職装束をめぐる争論が発生した（埼玉県さいたま市西角井家文書）。大宮の神事舞太夫からの神事舞太夫頭田村八太夫（幸松勘太夫の後の支配頭）への報告によれば、毎年十二月十日の祭礼（大湯祭）のとき神事舞太夫は家職の大黒札、権之丞は夷願人の家職の夷札をそれぞれ境内の弁天社付近で配布してきたが、権之丞は神職の装束を着用して配札を行うようになったという。神事舞太夫側は、元禄十五年（一七〇二）の幕府裁許では夷願人は神職ではなく、それに類する装束着用・神事行為が禁止されたとして権之丞を詰問した。権之丞は一旦は承知したものの、祭礼で再び神職装束を着用したので、神事舞太夫側は氷川神社に断りを入れた上で権之丞の神職装束・夷札を押収した。権之丞は他の氷川神社社人と大宮町名主を頼んで訴訟を起こした（橋本二〇〇六・二〇〇七）。その後、権之丞は夷願人頭とともに出訴したことが判明しているが争論の結果は不詳である。

なお、神事舞太夫は大宮氷川神社祭礼では先祓の神役を務めるなど神社における神職としての役割を実質的に担っており、祭礼の際には神社から神職装束着用は認められていたと思われる。それに対して権之丞の神役参加は確認できず、神職装束着用は完全に新規のものであったらしい。

この争論から五年後の享保十一年(一七二六)に、田村八太夫は烏帽子装束着用許状を寺社奉行から許可されており、神事舞太夫は神職としての地位を幕府から認められつつあった時期であったため、競合する夷願人の神職装束着用にはことさらに敏感になっていたと思われる(東京大学史料編纂所所蔵「神事舞太夫由緒」)。

天保十一年(一八四〇)、夷願人の権之丞の子孫と思われる藤野肥前が、自らを「西宮神職」と称して、病身につき神役は務められないので後継に譲りたい旨を氷川神社神主に願書を提出した。その際には、享保の争論の相手方の子孫の神事舞太夫は保証人として連署捺印した。享保の争論から約一二〇年が経過したこの時期、神事舞太夫はかつての夷願人を対等の「神職」と認めている。両者の間には、元禄十五年の幕府裁許、享保六年の争論の影響は認められない。

正徳年間(一七一一〜一七一六)以降、夷願人は頭役の中西家追放を契機とする西宮神社内の組織改編の流れの中で、神職としての社会的地位を神主家により保証されていったという(中野二〇一三)。大宮氷川神社での夷願人と神事舞太夫の関係の変化は、そのような「夷願人」から「神職」への変化の様相を反映していると思われる。

(橋本鶴人)

相模国の夷願人

享保六年（一七二一）の正月、相模国（神奈川県）三浦郡の小原左門という夷願人《えびすがんにん》（夷社人ともいう）が、年頭礼のために江戸滞在中の西宮本社神主のもとを訪ねてきた。当時左門は同じ相模国内の夷願人との間で神像札の配札権をめぐって争っており、その解決を本社の神主に期待して江戸にやってきたのである。この彼の訴えは、同国大住郡にある平塚八幡宮支配下の組頭もまきこんで左門の装束違犯問題にまで発展したが、結局本社神主の判断で、旦那村（村ごとに決められた配札営業圏）を分け持つという両者痛み分けの結果となっている。

実はその二年前の十月、左門は摂津国の西宮本社まで参上してきており、願人職の免証文（許可状）の更新を願い出ている。左門の説明では、彼は元禄年中（一六八八～一七〇四）から免証文を頂戴してえびす願人職を勤めてきたという。二年前に左門が相模国からはるばる西宮まで上ってきたのも、すでに他の民間宗教者との間で争いが起きていたからに相違ない。

通常このような遠国に居住する夷願人の実像は、争論でもないかぎり、西宮側の日記にはなかなか記載されることがない。本社としては、彼らから年に銭五〇〇文の役銭さえ受け取ることができれば、現地のもろもろの雑事には介入しないからである。当時の左門の暮らしぶりなど、個々の願人の生活状況については、「社用日記」からはほとんど明らかにならないのである。ところが、相模国側に残る史料から、十九世紀の小原家の暮らしぶりの一端が分かっている。

享保から時を下ること百十余年、天保十年（一八三九）のころには、小原左門の家は旦那村を二五か村持ち、旦家を計一四九一軒持つ夷社人として記録に残っている。小原家の居村は三浦半島の先端にある菊名村という海沿いの村であったが、その村に小原家は田地五歩と畑地六畝一五歩、所持石高でいえば高四斗五升あまりを所持していた（文化八年〈一八一一〉時点）。高四斗余というのは一般的には農業だけでは家の維持が不可能な零細経営である。左門の家は、一五〇〇軒近くもの村々を配札のテリトリーに収めていたものの、高持ち百姓としては紛れもない下層百姓の家であった。また家内の親族も、幕末の元治二年（一八六五）の時点では、三十七歳の当主左門のほかは十二歳年下の弟がいるのみであった。小原家はわずかな土地からの百姓稼ぎだけでは生活できない零細経営であり、願人職や神職の稼ぎでぎりぎり家計を補っていたというのが当時の実情だったろう。

その菊名村では、左門を村の他の百姓と隔てなく五人組に組み入れていた。村民が負担しなければならない村の労働夫役《ぶやく》も、本役・半役・無役の三区分のうち、本役を左門に負担させていた。寺院の僧侶など、百姓身分以外の者は役負担免除になるのが当時の常識であるから、本役を負担していた左門は身分としては百姓と考えられていたことになる。左門は神像札の配札のほかにも居村に勧請《かんじょう》された西宮社の祭祀も勤めていたが、当時の村人は彼を百姓身分として遇していたのである。

小原左門のように百姓と神職のふたつの顔をもつ夷社人（夷願人）は日本各地にいた。むしろ、零細な小百姓や水呑み百姓が家計補充のために夷社人職を兼業していたというのが実態に近かったのかも知れない。しかし、東国各地にあまたいた夷社人のなかには、相模国高座郡羽《は》鳥《とり》村の竹内氏のように、経営に成功して家勢を向上させていくものもいた。

羽鳥村の竹内氏は代々三太夫や伯耆《ほうき》などを家名にしていた。竹内家のある羽鳥村は、東海道六番目の宿駅である藤沢宿に隣接した街道沿いの村であった。竹内氏は、記録が残る古いところでは、明和六年（一七六九）に西宮神社から「相模国羽鳥引地《ひきぢ》村竹内三太夫」あての配札許可状を与えられ、村々にえびす神像札を売り歩いていた。天保十五年（一八四四）には、当時の当主三太夫が相模国南部一帯の夷社人をとりまとめる触頭《ふれがしら》という役に就任しており、自家で配札する旦家の数も六六か村で計一八九七軒にのぼっていた。安政期（一八五四〜一八六〇）には、伯耆が引地天王社神主を名乗ったりもしている。

現在に残る羽鳥村の名主家文書によれば、幕末、元治二年（一八六五）時点の竹内家の家族構成は、四十二歳の家長竹内伯耆を筆頭として、六十八歳の父三太夫、四十歳の妻きよ、十八歳と十三歳の娘まつとふじ、十歳の息子掃部《かもん》の計六人家族であった。この六人家族は、村境にあたる東海道往来の引地橋という橋から数えて三軒目の、間口五間（約九メートル）・奥行き二間半（約四・五メートル）の借家に暮らしていた。またその西隣の借家には、竹内伯耆の家から独立した弟三郎兵衛の夫婦も住んでいた。竹内家のあった引地橋の周辺は、東海道を行き来する旅人相手の茶店や雑貨店が建ち並ぶ比較的賑やかな地区であった。

竹内家は記録の残る十八世紀半ばから長いあいだ、所持石高でいえば無高、つまり水呑百姓の家だった。しかし、菊名村の小原左門家などとは違って、幕末維新期には近隣の村の土地を買い集めるなど、一介の夷社人職にはとどまらない、積極的な経営展開をみせている。

その一例として、安政六年（一八五九）から文久二年（一八六二）にかけて行われた高座郡海老名郷の有鹿《あるか》神社買収一件がある。有鹿神社は武蔵国多摩郡高田村の加藤文哉という者が支配してきた由緒ある郷鎮守社であった。竹内家は庶民にとっては大金の四〇両を支払って、その神社と付属田地、諸々の収益権を買い取り、伯耆の実弟を神主家の養子に送

「幕末の東海道藤沢宿近くの茶店」
（『フェリックス・ベアト写真集』より）

り込んだ。形の上では竹内家からの養子入りであったが、実際には、養父側からは今後一切付き合いも干渉もしないという条件付きの、事実上の神主家乗っ取り買収であった。

竹内家の買収対象は神社に限らない。同じ文久二年には、竹内三太夫の名義で隣村鵠沼《くげぬま》村の百姓磯七から金一一両二分で屋敷地と畑を買い取っている。この時の竹内家のねらいは、有鹿神社の時とは反対に、悴の掃部に新たに百姓株（一人前の本百姓としての地位・名跡《みょうせき》）を与えることにあった。百姓株は数が定まっており安易に増やせないものだったため、竹内家は他村からそれを買い取ってきたのである。

また、竹内家は幕末期に新たに陰陽師の地位も取得している。そのとき陰陽師の頭組織《かしらそしき》から渡された職免許状には「引地村竹内蔵守殿」と書かれていたが、竹内家には蔵守という者は実在しなかった。蔵守は、長年夷社人を家職にしてきた竹内家が陰陽師になるにあたって用いた名義上の名前であった。

このように、竹内家は豊かな財力をバックに弟や悴を他村の神主家や百姓家に送り込み、陰陽師職をも獲得するという、多角的な経営展開を志向する家であった。

ひとくちに夷社人といってもその実態は多様であった。一般に市井で勧進《かんじん》活動をする民間の芸能宗教者は乞食《こつじき》層にあたると言われがちだが、村の最下層の者から村役人層の者に至るまで、その内実はじつに様々であったのである。

（志村　洋）

水戸大神楽と西宮えびす信仰

大神楽《だいかぐら》（太神楽とも）は獅子舞と放下芸《ほうかげい》（曲芸）とで構成される神事芸能である。国指定重要無形民俗文化財の伊勢大神楽がその代表例で、伊勢国桑名郡太夫《たゆう》村（現在の三重県桑名市太夫）と同国三重郡東阿倉川《ひがしあくらがわ》村（現在の三重県四日市市東阿倉川）の二カ所で伝承され、江戸時代後期の文化年間（一八〇四～一八一八）には両村あわせて二〇組が活動した。

伊勢大神楽の太夫たちは、江戸時代には伊勢神宮の内宮に属して、竈祓《かまどばら》い・悪魔祓いの獅子を舞い、伊勢神宮の神札を各地に配り歩いた。明治維新以降、伊勢大神楽は衰退の一途をたどり、令和元年現在、活動を続けるのはわずか五組となってしまった。それでも各組は一年かけて御祓いの旅を続け、その範囲は三重・滋賀・福井・京都・大阪・和歌山・兵庫・岡山・鳥取・島根・広島・山口・香川の二府一一県に及んでいる。

ところで、伊勢大神楽は寛文元年（一六六一）に江戸への進出を果たし、幕末には、伊勢本国の二〇組とは別に、関東一円で一七組の伊勢大神楽が活動した。

江戸では、伊勢大神楽以外に、尾張・熱田神宮の神札を配る大神楽も活動し、伊勢大神楽が

「伊勢派」と呼ばれたのに対し、熱田系の大神楽は「尾張派」「熱田派」と呼ばれ、双方あわせて「江戸太神楽」と総称された（『東都歳時記』）。したがって、「江戸太神楽」という神事芸能が存在したわけではなく、現在、東京都が「江戸太神楽」を無形民俗文化財に指定しているが、その実質は熱田系の大神楽である。

　これら伊勢大神楽・江戸大神楽とともに、「三大神楽」とされるのが、茨城県指定無形民俗文化財の水戸大神楽である。水戸大神楽については、これまで一般に「現在継承されている水戸太神楽は、熱田派といわれている。尾州から来ていた者が、やがて住みつき一家をなしたのであろう」と説明されてきた（河野一九七六）。

「えびす大黒舞」を演じる柳貴家正楽師（左）と柳貴家寿翁（先代正楽、故人）師（平成十二年二月五日　於茨城県北茨城市平潟町　筆者撮影）

　私は何度か水戸大神楽宗家家元柳貴家正楽《やなぎやしょうらく》社中の回檀に同行させていただいたが、正楽師は回檀先のお宅を訪れると、「今年も足黒《あしぐろ》神楽が参りました」と挨拶をして、獅子を舞い、放下芸を披露する。

「足黒神楽」の「足黒」は常陸国茨城郡の足黒村（現在の茨城県東茨城郡茨城町秋葉）を指す。正楽師の自宅には、「御免　御祭禮御用神楽　足黒村　宮内求馬」「水戸　御免御祭禮御用神楽　宮内求馬藤原利幸」「免許　水戸大神楽　足黒村宮内」などと記された木札（会符《えふ》）が数枚伝存する。これは足黒村の宮内求馬なる人物が水戸東照宮の祭礼に際して神楽を奉仕したことを示す確かな証拠である。

天明六年（一七八六）成立の『水府地理温故録《すいふちりおんころく》』は、この足黒村の宮内氏が東照宮祭礼の神楽を務めることになった経緯について、「此町（臺町《だいまち》。現在の水戸市元台町《もとだいまち》）に夷金之衛門《えびすきんのえもん》といふもの、先年より　権現様御祭禮の砌《みぎり》、本取《もとどり》して大神楽の獅子を出し来たりしが、困窮に及び、天明五巳四月より足黒村の夷《えびす》宮内といふ者に株を譲る」と記している。また、天明五年の「太田村御用留」には、

御祭禮神楽ならびに在々相廻り候神楽ともに臺町栗林主計《くりばやしかずえ》壱人の持前にこれあり候ところ、右主計相果て候に付、此度足黒村宮内求馬と申す者へ神楽司申し付け候間、在々へも右求馬名目にて相廻り候旨、相心得申すべく候、此廻文見届け早々相廻し、留りより追って役所へ返さるべく候、以上

四月十二日　石川源左衛門

梶　清次衛門

という藩からの廻文の写が収められている。

これらの史料から、元来東照宮祭礼で神楽を務めたのは水戸城下台町に住む「夷金之衛門」こと「栗林主計」だったことがわかる。原因は二つの史料で異なるが、彼が経済的困窮に陥ったためか、あるいは亡くなったため、その職は足黒村の「夷宮内」こと「宮内求馬」が継承することになった。『新編常陸国誌』の「東照宮祭禮」の項に「神楽獅子〔主計〕」とあるのも、かつて台町の栗林主計が水戸東照宮の祭礼に神楽獅子を出していたことを示している。

「東照宮祭禮」の項には「獅子二頭二行〔申大夫《さるだゆう》神主共〕」ともあって、栗林主計とは別に「申大夫神主」の獅子二頭も東照宮祭礼に供奉《ぐぶ》したことが知られる。「申大夫」とは、水戸城下の裏一丁目（現在の水戸市本町一丁目）に鎮座する「市神《いちがみ》」（現在の市杵姫《いちきひめ》神社）の神職を世襲した塩谷氏の称で、『新編常陸国誌』は「世ニイフ舞々太夫《まいまいだゆう》ノ類族ナリ」と記す。「毎年参州ヨリ来ル萬歳、初メニ此申太夫ヲ訪ヒ、其後諸方へ分散スルト云」とあるので、申太夫は、江戸・浅草田原町に住し三社権現社（現在の浅草神社）の神主職を務めた神事舞太夫頭《しんじまいだゆうがしら》・田村八太夫の配下で、常陸一国の触頭《ふれがしら》的な地位にあったと考えられる。申太夫は「竈神《かまどがみ》」の札を出したが、『新編常陸国誌』は、その「画影」について、「西ノ宮ノ社人〔所謂《いわゆる》夷〕ノ出ス處ト異ナリ、夷ノ出ス所ハ中ニ鳥居ヲ画キ、両方ニ神馬ヲ率ヒタルサマナリ」と記している。

さて、水戸大神楽を考えるにあたっては、その担い手が「夷金之衛門」「夷宮内」というように「夷」を冠して呼ばれたことに注目しなければならない。

この「夷」について、『新編常陸国誌』は「蝦夷《えびす》」の項を掲げ、「水戸ノ吉田臺町ニモエビスト云部類アリ」と記し、「コレ等ハスベテ蝦夷俘囚《えみしふしゅう》ノ裔《すえ》」、すなわち古代の「蝦夷」や「俘囚」(律令国家に帰服した蝦夷のこと)の末裔であると、もっともらしく述べるのであるが、これは全く事実に反する。実際には「西ノ宮ノ社人［所謂夷］」とあったように、「夷」を冠して呼ばれた人々はえびす神の総本社たる摂津国西宮神社の信仰普及の担い手で、「西宮夷願人《えびすがんにん》」と呼ばれた人々であった。

実は彼ら西宮夷願人と神事舞太夫との間には長い対立の歴史があった。

承応三年(一六五四)に火災で本殿が焼失した西宮神社は、寛文三年(一六六三)に至り、社殿造営の資金確保のため、諸国への夷札配布を幕府から許可された。

一方で、神事舞太夫たちも大黒天の札とともに夷札を配っていたので、両者の間に争論が勃発したのである。

寛文七年(一六六七)閏二月二十七日、幕府寺社奉行の裁決により、神事舞太夫は大黒の像だけを配ること、夷願人は夷の像だけを配ること、ということで一応の決着をみた。しかし、元禄十五年(一七〇二)に至り、夷願人たちが相変わらず紛らわしい札を配っているなどとして、神事舞太夫側が再び提訴した。同年閏八月二十七日、幕府の裁許が下り、神事舞太夫は大黒札・青襖札・絵馬札以外は配ってはならぬとされ、夷願人の配る札も夷札・田の神札・神馬札の三種に限定され、例えば神馬札が「鳥居を付し、馬弐疋・弐人ニ而牽《ひき》候」というように、それぞれの札について図様が定められた（佐藤一九九八）。『新編常陸国誌』が「夷ノ出ス所ハ中ニ鳥居ヲ画キ、両方ニ神馬ヲ率ヒタルサマナリ」と記したのは、まさにこのことを指していたのである。水戸大神楽の担い手であった「夷金之衛門」こと栗林主計、「夷宮内」こと宮内求馬は「西宮夷願人」だったのである。

足黒神楽を伝承した宮内家は、慶応四年（明治元年、一八六八）生まれの宮内数太夫（本名繁次郎）が昭和三年に没したのを最後に廃業し、その道統は数太夫の一番弟子であった鴨川嘉之助に受け継がれ、彼が昭和四十六年に亡くなると先代柳貴家正楽（本名大高四郎、平成十五年没）がこれを継承し、昭和六十三年に十八代家元となった現在の柳貴家正楽師（本名大高弘靖）が今に伝承している。

柳貴家正楽家には、「西宮太神宮」と刻まれた夷札の版木、「鳥居を付し、馬弐疋・弐人ニ而牽候」という図柄そのものの神馬札の版木が伝存し、水戸大神楽の担い手が間違いなく西宮夷願人であったことを証している。水戸大神楽の重要な演目に「えびす大黒舞」があるのもそのことと関係するのであろう。

（北川　央）

えびす・萬歳・太神楽

享和元年（一八〇一）の十月一日、信濃国（現在の長野県）の諏訪から数馬というひとりの男が西宮神社にやってきた。男は諏訪藩の役人である松田元之助・諏訪八之進両名の添状と、西宮神社の江戸支配役所役人の添状を携えていた。彼は、諏訪大社下社のある下諏訪宿の湯之町に住む西宮神社配下の勧進宗教者（夷社人《えびす》〈夷願人ともいう〉）であった。数馬は京都の公家吉田家から神道裁許状をもらうために、西宮本社にも添状の発給を申請しにきたのである。

江戸時代、村々に居住した民間の神職は、神主としての地位を社会的に保障してもらうために、吉田家の裁許状を必要とした。数馬が持参した二つの書類はそのためのものであった。数馬の家は西宮神社配下の夷社人として神像札の配札を生業にしてきたが、社祠を持ち烏帽子《えぼし》と狩衣《かりぎぬ》を着用するような正式な神主身分に認められるためには、吉田家の裁許状が必要であったのである。

この数馬について「社用日記」はこれ以上のことを記していない。ところが、多数の諏訪藩領村々の宗門改人別帳《しゅうもんあらためにんべつちょう》が現在東京の国立国文学研究資料館と長野県の県立歴史館に所蔵されている。それらをもとに下諏訪宿の数馬の家を調べると、次のようなことが明らかになる。まず、最も古いところでは、貞享三年（一六八六）に数馬の家は庄太夫という戸主の名前で宗門改人別帳に登録されており、その後数代庄太夫を名乗ってきていること。享保十年（一七二五）から寛延三年（一七五〇）の間に代替わりして、以降、当主の名前が数馬に変わっていくこと。十八世紀はじめの頃までは家内に下男や下女を抱える中上層民であったこと等々。

なかでも興味深いことは、貞享三年の宗門改人別帳で「庄太夫妻子ともに十二人、これはゑびすいのり（戎祈り）」と記され、その後の元禄十六年（一七〇三）の史料では、庄太夫が「博士《はかせ》」とされ、彼の妻女が「縣神子《あがたみこ》」とされていることである。「博士」とは陰陽道関係の民間の占い師のことであり、「縣神子」とは、村々を廻り歩いて神託を告げたり死者の口寄せ《くちよ》（霊を自分に憑依させて、霊の代わりにその心を語る行為）をする巫女《みこ》のことである。数馬の家は十七世紀の末ごろまでは下男・下女を抱える大家族の家であったが、一家で呪術的な占い稼業や祈祷・口寄せなどをおこなう民間宗教者の家として周囲から見られていたのである。

庄太夫の家は、当主の名前が数馬に変わる十八世紀半ばころから「蛭児社人」「夷社人」などと記載されるようになっている。その頃から西宮神社の配下宗教者としての性格を強めていったのであろう。冒頭に述べた数馬の西宮神社訪問という出来事は、えびす社人の地位を足がかりにした神主身分の獲得運動として理解できる。

ところで、この数馬には同じ諏訪郡内に住む同姓の親戚一族がいた。諏訪高島城にほど近い、高三〇〇石余の小村に住む長太夫一族である。初代の長太夫は寛文期（一六六一～一六七三）にその村に居着いたことが分かっているが、弟が下諏訪宿の湯之町に暮らしていたこと、十七世紀末に湯之町庄太夫家から嫁を取っていたことなどから、もとは下諏訪宿の者だった可能性が高い。

長太夫がその村に越してきたころ、村には三〇軒にも満たない家しかなかった。それが十九世紀のはじめころには、村の総戸数が六〇軒ほどにまで増加し、そのうち八、九軒が長太夫の分家ないし同族という状況になっている。

おもしろいのは、その江戸時代後期における長太夫一族各家の職業である。長太夫一族は転居した当初は他の百姓家と変わらない様子だったが、庄太夫家と姻戚関係をもった十七世紀の末ころから、芸能も行う民間宗教者としての色合いを濃くしていく。安永五年（一七七六）を例にとれば、長太夫直系の子孫にあたる讃岐（当時五十歳）の家が「萬歳《まんざい》」を家職にし、同じ系統の織江（四十二歳）と左近（四十五歳）は「諏訪大祝《おおほおり》被官」を家職にしている。また、分家の式部太夫の子孫である佐太夫（四十七歳）家は「太神楽《だいかぐら》」を家職にし、同じ式部太夫系の龍山（三十歳）家は「山伏」となっている。さらには、分家安右衛門を祖とする左内（四十五歳）と左仲（三十五歳）両家は「諏訪大祝被官」、分家浅右衛門を祖とする近江（三十八歳）と舎人（四十歳）は、それぞれ「萬歳」と「西宮神職」を家職にしている。

　右の萬歳とは、正月に家々を訪れ、新年の言祝《ことほ》ぎを述べて米や銭を請う門付《かどつ》け芸能のことである。太夫と才蔵と呼ばれる二人一組の三河萬歳が有名である。江戸時代、萬歳を稼業にする者は陰陽師と同じ扱いを受け、京都の公家土御門《つちみかど》家から職免許を受けることでその職分が保障された。太神楽とは、獅子舞や種々の曲芸を行う大道芸人たちのことである。萬歳と同じように、京都土御門家や江戸浅草の田村八太夫といった同職集団の頭《かしら》から職分免許を受けていた。長太夫一族のうちいくつかの家は、それぞれの免許を得たうえでそうした門付け芸能を生業にしていたのである。

『江戸名所図会』に描かれた三河萬歳
（国立国会図書館デジタルコレクションより）

　諏訪大祝とは諏訪大社の頂点に位置した江戸時代以前からの世襲神職のことで、長太夫一族の数家はその被官（家来）として諏訪大社の社務に従事していた。西宮神職とは西宮神社配下の夷社人のことである。本来この両者は全く別の職分であったが、なかには、十九世紀前半に活躍した采女《うねめ》という人物のように、二つの名前を同時に使い分けて両方の職を生業にする者もいた。采女は萬歳を家職にする近江という分家筋の者だったが、自身は西宮神社の配下職を勤めつつ、小山田伊予という別名も用いて諏訪大社の配下としても働いた。

江戸時代後期、長太夫の末裔の家々では、諏訪大社の下級神職や遍歴する民間宗教者、勧進芸能者となる者が多かった。また、ひとつの家族のなかで、親が萬歳職で子が西宮神職だったりと、それぞれの職分が異なる状況もみられた。ふつう江戸時代という時代は、ひとつの家に特定の家名と家職と家産が一体化して存在した時代として理解されている。しかし実際には、個人レベルで別々の免許をとることも可能であり、ひとつの家族が同時に複数の職を稼業にすることができたのである。

地域の一部の人のなかでは、夷社人の職も萬歳や太神楽などといった他の職と並び立つ職として認識されていた。夷社人の職は他の職と兼業されうる職だったのである。享和元年に西宮神社に参上してきた下諏訪の数馬も、ことによっては西宮本社役人があずかり知らぬ別の顔を持っていたのかも知れない。

（志村　洋）

陸奥国会津藩領の夷像配札者と西宮神社

二三万石を有する陸奥国会津藩領でのえびす信仰の始まりは不明であるが、年中行事として定着した様子は、貞享二年（一六八五）に書上げられた風俗帳からうかがうことができる。まず、若松城下の記録から紹介しよう。

一、十月廿日夷講《えびすこう》商人の祝儀に御座候、家々にて此《この》夷を祭り、或は売子《うりこ》、家内奴僕《かないぬぼく》の類迄《たぐいまで》祝申候、大坂・堺所生《しょせい》の者は正月廿日若夷と申し候て、此日《このひ》をも祝い申し候

（「町風俗習　大町」）

村々では次のようであった。

一、（十月）廿日夷講とて分限《ぶんげん》に応《おう》じ、魚・鳥を調《ととの》え、夕に無糧《むかて》にて食す、身体不如意の者は祝わず、此日一両日前秋夷とて穢多《いたか》下夷を持廻《もちまわ》る、米籾少宛貰《こめもみすこしずつもら》う

一、（極月）朔日《さくじつ》川ひたり餅とて、かい餅を拵《こしら》え祝ふ、同八日は恵事納と云《い》ふ、（中略）其《その》節《せつ》穢多下歳夷とて持廻る、米籾を相応に取らす

一、九日を大黒《だいこく》の年越《としこし》と云う、夕に小豆飯《あずきめし》を食す、十五日を夷の年越、廿七日煤《すす》の年越と

て夕糧を入れず食す（下略）

（「中荒井与三十ニ箇村風俗帳」）

一、（略）（十月）廿日を夷講とて分限に応じて魚類をととのえ祝す

一、（略）（十二月）十五日夷の年越とて夕糧を入れず飯《めし》を喰《く》う、（中略）当月穢多下共ゑびすをひく

（「地下万定書上帳　大沼郡高田組」）

一、同（十月）廿日夷祝申し候

一、同（十二月）十五日夷の年越祝申し候

一、毎秋定廻《じょうまわ》り候、座当並《ざとうならび》に神子《みこ》・山伏《やまぶし》、麻苧《あさお》、稲抔《など》貰すすめと申し通り申し候、又夷の札をひき廻り、米少宛取り申し候

（「猪苗代川東組万風俗改帳」）

これらの記録は会津藩領内でも一部地域のものではあるが、一六八〇年代には年中行事として十月二十日に夷講、十二月十五日に夷の年越しが定着し、えびす信仰が生活の中に深く浸透していたことがわかる。

ところで、前掲記事の中に「秋夷とて穢多下夷を持廻る」、「穢多下歳夷とて持廻る」、「穢多下共ゑびすをひく」とあった。「穢多下」とはイタカと呼ばれた人々を指し、会津藩では被差

別身分として編成され、「穢多」頭の支配を受けていた存在であった。

元禄十五年（一七〇二）、摂津国西宮神社（以下、西宮本社と略す）願人頭中西太郎兵衛の手代である横田勘兵衛と山木勘解由が幕府寺社奉行へ「穢多下」を出訴した。この一件を記録した『会津藩家世実紀』をみていくと、出訴理由は明確ではないが、おそらく「穢多下」の素性と、江戸へ呼び出された「穢多下」（「戎中ケ間之者」三〇人と「大黒職」一四人）のうち大黒職の者たちが夷家職である田ノ神・絵馬（神馬像）を配っていたことが問題であったと思われる。

寺社奉行の裁許は、大黒職の者は「穢多」頭支配であれば「穢多同前」であり、絵像の類の配札は一切禁止するというものであった。また夷職であった「穢多下」も、おそらく同様の理由で、これまで受けていた西宮支配から外され、守札・絵像配りも禁止となった。

この裁許に対し、大黒職の者たちは大黒像だけでも配りたいと寺社奉行に願い出たところ、寺社奉行は大黒頭である幸松勘太夫の許可がなければ差図できないとした。大黒職は一度帰国し、会津藩町奉行に再出府をし、大黒頭の許可を得ることを願い出たが、そこでの主張は、大黒職は元々「穢多下一同之中ケ間」ではあるが、「穢多」共方への役銭や「穢多」頭への夫役を出したことはなく、また「穢多下」の役である掃除草苅人足を勤めたことも、耕作商売をすることもなく、大黒職のみを渡世としていた。今回山木勘解由から夷職の家職である田ノ神・

絵馬（神馬像）を大黒職が配ってきたことが問題視され、寺社奉行からは田の神・絵馬の札配りを禁止され、また従来配っていた他の札は大黒頭の許可が無ければ認められないといわれた。このまま渡世無き状態では飢えてしまうので、大黒頭へ配札を願い出たい、というものであった。これに対し、会津藩町奉行は公儀での裁許で済んだことではあるが、飢えてしまうというのであれば、と再出府を認めた。大黒職の願いに対する大黒頭の回答は、「御国法」で何と呼ばれようと元来「穢多下」筋でなければ問題ない、というもので、大黒職は大黒頭配下となり、家職としての活動が許可された。

「家世実紀巻之八十七」元禄15年10月朔日条（福島県立博物館所蔵）

一方、夷像の配札は、材木町年貢地の太郎兵衛が、山木勘解由が藩領内で夷像の配札を希望する者がいないのであれば中間を連れて配札する覚悟である、というのを聞きつけ、新規のことでもなく、また山木が配ることになると金銭が他国へ流出し不益になるので、二、三人申合わせて夷像を配りたいと会津藩町奉行に訴え出た。新規のことではないという言葉から太郎兵衛は夷職であったと思われる。結果として、太郎兵衛は町奉行から許可を得て、西宮社人に夷像・田の神・神馬像の配札を願い出たところ、認められた。

これらの経過を振り返ってみると、会津藩領ではイタカと呼ばれる人々が中心となって、夷像や大黒像、田の神などの守札・絵像を配っていた。こうした状況の中、西宮本社による夷職支配が及んでいった。西宮側は家職にそぐわない在地の状況を問題視し、元禄十五年に訴訟を起こした。結果、配札者たちは「穢多同前」であるとみなされ、配札行為そのものが禁止となった。配札の再開はイタカではない夷職、大黒職らが動いた。夷職はあらためて西宮配下となり、免状を受けた。大黒職も、裁許後、配札を再開するには大黒頭の許可が必要ということを知り、配下に入る。以上から、元禄十五年の訴訟・裁許は夷像配りの主たる担い手の変化と本所（西宮・大黒頭）による家職統制の実現に及んだという意味で転機であったといえよう。

（横山陽子）

奥州登米町の鮭献上と西宮宮司

天保十五年（一八四四）、宮司吉井但馬守は奥州登米町《とよままち》（現宮城県登米市《とめし》）の福島屋七良治に書状を送っている。その書状では、福島屋から献上された塩引き鮭を十月二十五日に受け取り、翌二十六日に神前へ供え祈祷を行ったこと、また祈祷札を送付したので受納されたいとの旨を伝えている（以下の宮司の書状は『西宮神社文書』第二巻に収録）。

吉井但馬守は福島屋にもう一通手紙を添えている。その手紙には、神前からのお下がりの鮭を拝味したところ、非常に風味が良く大変喜んでいることが書かれている。その上で宮司から輸送ルートについて提案を行っている。今回、登米町から江戸小網町の丹波屋を経由し、相模国浦賀の藤波助右衛門から西宮の辰馬何右衛門へ住吉丸平五郎船にて届き、何右衛門から宮司は塩引き鮭を受け取った。それに対し、宮司は来年も塩引き鮭の献上があるのならば、江戸新川の酒問屋米屋房太郎と小西又三郎から廻船にて送ってもらえれば江戸から二、三十日で西宮に届くと提案している。米屋と小西が仙台藩領のものであることに加え、宮司の昵懇のものであることが理由である。

また、宮司が二、三十日という日数にこだわったのは、天保十五年の塩引き鮭が延着したからだろう。半日ほど水に漬け、よく洗ってから賞味している。到着遅れによって鮭が傷まない、迅速なルートによる送付を望んだからであろう。

天保十五年の宮司の手紙は、鮭の傷みを避けようとする宮司の思いを強く感じるが、その後の献上はどのように行われたのだろうか。翌弘化二年（一八四五）は、三月に登米町から発送し、北上川を下った港町である石巻（現宮城県石巻市）を経由して、宮司が指定した江戸の米屋・小西を経由し、十月に西宮の辰馬何右衛門に届いている。また、弘化二年以降、三月頃に登米町から発送し、六月頃に西宮に到着するというサイクルがおおむね確立している。天保十五年に十月に延着したことを考えると、宮司が提案したルートの見直しが実現したことによって、鮭の傷みを回避するという宮司の思いは遂げられたかに思える。

しかし、輸送日数が短縮されたにもかかわらず、鮭の傷みは完全には回避できなかったようである。弘化三年に献上された塩引き鮭は、登米町からの手紙に「昨年の鮭よりは少し風味がない」とあった。宮司も同感だったようで、塩引き鮭の製法について、別の方法を採れないかとの提案をしている。宮司は、江戸の人に聞いた話しとして、「夏を越すには鮭を洗わずに泥鮭になる様にして囲い置けば、一年間風味が持つ」という製法を知らせ、登米にはその製法がないかどうか尋ねている。同様の提案は、弘化四年にも宮司から出されており、鮭の傷みは宮司にとって大きな問題だった。

　なぜここまで宮司はこだわったのだろうか。宮司が福島屋に宛てた手紙の中で、西宮あたりでは珍しいものだと礼を述べたり、「見事なる塩引き鮭」との表現を用いている。宮司みずから鮭を所望している様子が伺える。また天保十五年の塩引き鮭を「殊《こと》の外風味よろしく」と感想を宮司は述べている。塩引き鮭の味を忘れることができなかったのであろう。

　さて、登米町の福島屋七良治については、天保十五年に宮司は大坂で情報収集をしている。登米町が仙台の二、三十里離れていること、登米町の長が「福七」（福島屋七良治）であること、福島屋七良治が古手商売を行っており、ずいぶん身元相応の者であることとの情報を得ている。また登米町には早くから宿駅が置かれ、佐沼宿や湧谷などを

登米の町並み

結ぶ街道が交わる場所であるとともに、北上川水運が利用できる物流の集散地であった（『宮城県の地名』）。また仙台藩における家格の筆頭である「一門」十一家の一つである登米伊達氏（延宝期で一万四千石余り）の知行地であった。登米には修理の際に幕府に届け出が必要な「要害」が置かれていた（『仙台市史』通史編3近世1）。仙台藩にとっては、物流の観点から見ても、軍事的な面から見ても重要な場所だったと言えよう。

福島屋と宮司の手紙のやりとりでは、天保十五年段階ですでに塩引き鮭の献上が「例年の通り」だと記されている。献上が始まるきっかけなど気になるところであるが、仙台城下において触頭が西宮神社の札を配布していることもその要因の一つであろう。しかし、石巻の港と北上川が持つ意味も大きいと考えている。仙台藩の米は、北上川を下って石巻から江戸へ廻米する海運が整備されていた（『仙台市史』通史編3近世1）。登米町は海を通じて江戸と、さらには上方とつながる世界であった。

（東谷　智）

近世西宮神社の名古屋支配所について

近世西宮神社は、諸国に散在するえびす願人《がんにん》の本所《ほんじょ》として、東国支配や神主年頭礼に伴う江戸滞在などの必要から、享保八年（一七二三）二月に江戸支配所を開設する。その実態は本書「西宮神社の江戸支配役所」（一五五頁）の項に詳しいが、もうひとつの出張役所が設けられていた。それが名古屋支配所である。ただ、江戸支配所が紆余曲折を経ながらも近世を通して存続したのに対して、名古屋支配所は元文四年（一七三九）末から寛延二年（一七四九）冬までのわずか十年間しか存在しなかった。そこで、設置理由と職掌、短期間での廃止理由などを紹介したい。

ここでは、名古屋支配所の変遷と性格を確認したい。まず、設置理由であるが、元文四年（一七三九）十二月二十日、尾張藩からの通達に確認できる。すなわち、えびす像札頒布についての触を藩領全域に布達のうえで、神社側に対して、名古屋のうちに小規模な支配所を構えることが要請される（「社用日記」元文四年十二月二十五日）。加えて藩は、蓑和田要人なる人物に対して至急支配所を設置せよとの指示を下す。蓑和田は十二月二十九日に本町七丁目に小家を借り、つぎのような掛札を掲げた。

摂州西宮本社吉井左京亮役人

蓑和田要人

御免西宮支配所

この日を以て名古屋支配所が設置されたのである。支配所役人の任免権は西宮神社が掌握することになるが、神社にとって、尾張藩の意図のもと、なかば強制的に設置を強要されたともいえるのが実態であった。そのため、かかる尾張藩の意向を蓑和田を通じて受取った西宮神社は、蓑和田への返書を送るに際してつぎのように記している。

尾府に役所支配人住居、この願いの通りに致しても物入のみ多く罷成り、却って後々社頭の為に成り申すべき筋これ無く候えば、触頭に何角《なにかと》申し付け、此方より役人住居の義、何卒無用に存じ候、それ共致しかかり候事、急に違変も成りがたく候間、当分に存じ候は各《かく》別《べつ》、先々《まずまず》一応も二応も相考え候様にと申し遣し候事

（「社用日記」元文五年正月二十六日）

本社側は名古屋市中に支配所を置き、役人を常駐させるという尾張藩の指示するやり方では費用がかかるのみで、結局は神社のためにならない、というように、無用との認識を示している。しかし、藩の意向もあり借宅も済んだ現状で急に撤回することもできないため、しばらくはこのままでよいが、今後何度も考えるべきとの判断を伝えている。神社としては支配所の設

置には消極的であったことは間違いない。なお、ここで指摘されている費用の点について確認すると、「御神用入払之扣《ひかえ》」（本吉井家文書一八二）なる史料の元文五年の項目には「蓑和田要人名護屋逗留入用七月より十月迄追々下し遣す所也」として金六両が計上されている。四ヵ月間で六両であるから、城下の一等地に借宅したり、初期投資が必要であることを考慮したところで、本社が物入りと認識するには十分な額であったといえよう。ここに、同じ支配所といえど、本社の必要上設置された側面が強く、近世を通して存続した江戸支配所とはその性格が全く異なり、短期間で廃止される遠因があったのである。

かようないきさつを経て設置された名古屋支配所は、尾張藩の意図通り同藩領内の民間宗教者統制の役割を果たすが、面的には藩領を超えた活動を行っていた。例えば、三河・遠江のえびす願人よりの要請を江戸支配所に取り次いだり、信州木曽福島のえびす願人からの、自らの檀那場において別の願人が活動していることについての確認要請をうける、さらに信州飯田藩領・美濃国恵那郡や美濃加納藩領・苗木《なえぎ》藩領、伊勢菰野《この》藩領・亀山藩領などのえびす願人の活動についても関与している。この点では尾張藩の意図を超え、東海一円を管掌していたとも考えられる。

ところが、特にこの尾張藩以外の地域で生起した問題が支配所役人蓑和田要人失脚の契機となってしまう。当該地域におけるえびす願人支配のあり方をめぐり、寛保二年（一七四二）

八月二十三日から九月十八日にかけて、神主吉井良行の弟采女（吉井良知）が現地に下り調査を行ったところ、檀那場をえびす願人に割り付ける権限を蓑和田は有していたが、彼は二重割り付けや地域の慣習を無視した割り付けを行っていたなど、様々な問題が露見していく。

寛保二年九月には、蓑和田より神社と吉井采女宛に詫び状が提出されており（本吉井家文書M三六〇）、この時には罷免となっていたようである。ヒラの願人としての雇用も歎願するが、彼の姿は以後の史料にみえないため、この歎願は受理されなかったようである。

現在の本町通り。名古屋中心部のオフィス街となっている（筆者撮影）

後任の名古屋支配所役人には、寛保二年十二月時点で大沢兵部《ひょうぶ》が任命されるが、寛延三年（一七五〇）二月十五日の記事には以下のように記されている。

尾州支配下の事、社役人大沢兵部旧冬病死の後、役人もこれ無く、御用・社用等指支えの程も心もとなく、兵部跡式《あとしき》も慥かなる筋もこれ無く、其上此方の者に致し、神主より請証文にて尾州に指置くと云々致し候事何時も要人同前に私欲成る者に候時、借金等かかり合候ては本社へ引請けに成り候処後害も計り難く、以来は支配所社役人を相立てず、諸国並みに触頭《ふれがしら》にて仕廻候様に致したきものに存じ候

これは神主より尾張藩寺社役所宛書状の一節である。寛延二年冬に大沢兵部は死去したが、①兵部の跡目として任命すべき適当な者がいないこと、②藩へ請《うけ》証文を提出する以上、蓑和田のような私欲者を任命してしまうと本社の責任となる、という点を問題視し、以後は支配所を設置せず触頭に管轄させたいと提案をしている。これが受理されたようで、名古屋支配所は廃止され、以後再設置されることはなかった。

当初から名古屋支配所設置に消極的な考えをもっていた西宮神社は、蓑和田の不正を根拠のひとつとして、その後任の大沢兵部死去を好機ととらえて一挙に廃止へと持ち込んだ。わずか十年という設置期間は、やはり尾張藩の意向に従ったのみで神社側が必要としたものではなかった点が大きく影響したといえよう。なお、廃止へ持ち込んだこの時の神社側の主張は、「まず当分」の触頭制への移行であった。あくまで臨時的措置であるという論理で尾張藩を納得させたのである。しかし、神社側の支配所への姿勢をみればこれが本心ではないことは明らかだろう。表面的には穏やかにみえるが、継続したい尾張藩と早く撤退したい神社という構図のなかで、両者は丁々発止《ちょうちょうはっし》のやりとりを繰り広げていたのである。

（松本和明）

京都祇園の夷社と恵美須信仰

京都の恵美須様といえば、東山の建仁寺近くにある恵美須社がよく知られている。現在でも、一月十日は十日戎で福笹を求める人で賑わっている。この恵美須さまは、栄西が宋からの帰国時に暴風に見舞われた際に現れて加護した神とされ、建仁寺を建立する際に鎮守として祀られたものといわれている。ただし、ここで行われている「十日夷」自体は意外にも比較的新しく、安永二年（一七七三）に門前の氏子たちによって始められた行事であることが明らかにされている（小出祐子二〇〇二）。

そしてもう一つ、京都には忘れてはならない恵美須様のお社が八坂神社（江戸時代までは祇園社）の境内にある。八坂神社の末社で、「祇園えべっさん」と呼ばれて商売繁盛の神様として親しまれている。社殿は正保三年（一六四六）のもので、国の重要文化財にも指定されている。現在は社務所に隣接した場所にあるが、江戸時代までは繁華な祇園に面した西門のすぐ近くにあった。

所在について、中世の史料には「西大門脇南類一番小社夷之社」などと記されている（『早稲田大学所蔵荻野研究室収集文書』）。京の町から四条通りを経て西門をくぐって祇園社の境内に入ると、まっさきに眼に入る祠だったようだ。

「夷社」は、鎌倉時代末の元徳三年（一三三一）に描かれた「祇園社絵図」には見えないが、正平七年（一三五二）には、「夷」は尼が「先年」造立したものとある（『祇園執行日記』）。応安二年（一三六九）の史料には、「西のもんのうち南のわき」の夷社は「乗心こんりゅうの小しゃ」とあり、その所在と建立した尼の名も判明する（『早稲田大学所

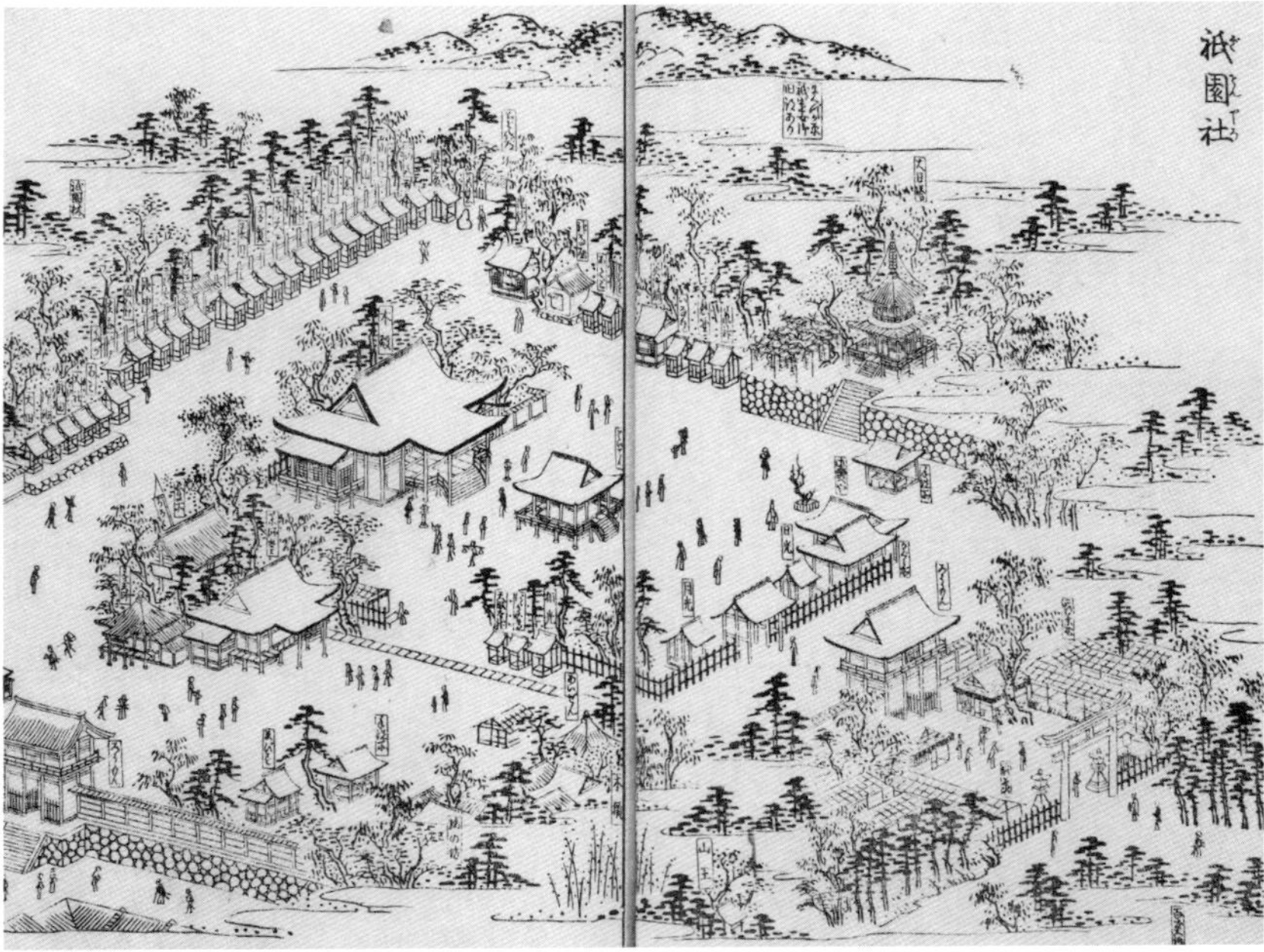

『都名所図会』祇園社（筆者蔵）
左下楼門の右手に「ゑびす」と見えるのが夷社

蔵荻野研究室収集文書』)。こうしたことから、一四世紀半ばまでには江戸時代と同じ西門の近くに存在していたことがわかる。

祇園会の時には、今宮戎神社のある摂津国(現・大阪府)の今宮村住人が神輿を担ぐための駕輿丁として京都に来ていた(河内将芳二〇一二)。これは、遅くとも一四世紀には行われていたようで、彼らは今宮神人と呼ばれて京都で蛤や魚を売買する商人でもあった。現在、祇園社では、今宮戎を祇園社の夷社を勧請したことに始まると伝えている。史料で裏付けることは難しいが、祇園社の恵美須信仰を支えていたのも、初めはこうした人びとだったかもしれない。

室町時代には京都の経済発展とともに福神信仰が盛んになり、いくつもの恵美須さまを祀る神社が中世の京都では確認できるようになっているから、祇園社境内の恵美須様も広く信仰を集めたことであろう。そのせいか、中世の祇園社境内には、このお社を含めて、少なくとも三つもの恵美須様をお祀りする祠があったようなのである(『祇園社記』第一九)。

祇園社境内には、数多くの摂末社があったが、これらはすべて棚守職という権利を持っている人が管理しており、賽銭などを手にすることができたらしい。夷社も同様で、宝徳三年(一四五一)には、光千代丸(幸千代丸)という人に棚守職を任じる史料が残されている(『早稲田大学所蔵荻野研究室収集文書』)。この時の史料によると、幸千代たちはこの権利を代々にわたって引き継いでいたようだ。同じ年の同じ日に幸千代丸は近江国成安保大炊職・謀屋敷などの権利が付与されているので（『新修八坂神社文書　中世篇』八七号）、この時に代替わりがあって、先祖代々の権利を引き継いだのだろう。この夷社は、数ある祇園社境内の摂末社のなかでも、西門を入ってすぐの場所にある立地の良さに加えて、著名な福の神である恵美須様をお祀りしていたこともあって、集まってくる賽銭も少なくなかったのではないだろうか。

応仁の乱から戦国時代にかけて京都は戦災による被害をうけ、祇園祭さえも中断したくらいだから、祇園社境内にあった夷社も衰退を余儀なくされていただろう。天正十九年（一五九一）、祇園社内にあった夷社を「建立」し、慶長十年（一六〇五）に宮守職が任じられたとする史料があるので（『祇園社記』第十九）、これらの夷社が西門南脇のものだったとすれば、十六世紀末くらいには再興されたのかもしれない。

江戸時代には祇園社の社頭も賑わいを取り戻していく。京都の町が復興してくると祇園社の氏子であった下京一帯は経済力を誇った豪商をはじめ、商売人が多くなってくる。そんななか、商売繁盛を祈って祇園社の恵美須様にお参りする人も増えてきたようである。

十七世紀には、「北向ノエビスハ是計《ばかり》」だと社殿が北向きになっているのが珍しがられていたようで、非常にはやっていたらしい（『嘉良喜随筆』巻之三）。正徳元年（一七一一）刊の地誌によれば、ここには恵美須の木像を安置してあり、「北向夷」という額もかかっていたという（『山州名跡志』巻之二）。

このお社は、十月二十日が御縁日とされている。実は、この十月二十日は京都の町では広く恵比須講が行われていた日で、多くの商人たちは自宅で恵美須様をお祀りしていたらしい。そして、同じ日には祇園社御旅所に接する冠者殿社という社へ多くの商売人が訪れていた。ここは「誓文払の神」といわれていて、この日にお参りすると商売上ついた嘘の罪を払ってくれるとされていた。

恐らく、商人の信仰を集めていた恵比須講と冠者殿社への参詣を組み合わせて、江戸時代の半ばくらいまでには、祇園社の恵美須社もまた参詣対象になっていたのだろう。祇園社の社代という役についていた人の日記には元禄五年（一六九二）十月二十日に「夷社参り多し」と見えているから、この頃には多くの祇園の夷社に多数の参詣者が訪れていたのであろう（京都市歴史資料館架蔵写真帳「上河原雄吉家文書」D－3）。

その後、建仁寺恵美須社の「十日夷」が栄えているのに影響されてか、いつしか祇園社境内の恵美須社も十月の縁日に加えて、「十日夷」を行うようになっていったようだ。

こうした京都の恵美須信仰の隆盛と「西宮神社御社用日記」で明らかにされてきた、京都を活動の場とするえびす願人がどのように関わってきたかについては、今後の課題である。

（村上紀夫）

祭礼の市と若狭えびす

福井県若狭町末野の須部《すべ》神社は、現在「若狭えびす」として知られ、四月と十月の下旬に「ゑびすまつり」が行われる。授与品の「ゑびす飴」も人気である。

伝承を記した「縁起」によれば、養老二年（七一八）九月二十八日に、宝鏡・戸張・千早の三つの神器が忽然と現れてこの地に飛来したという。すると群集中のある女性が俄かに狂乱して樹下に走り、「我は是れ西の宮の恵比須三郎なり。この地に社殿を建立すべし」と託宣を下した。そして翌年三月二十三日に本殿が建立されたという（福井県文書館須部神社文書）。

このような降神の次第を記した縁起の内容は、養老という年代も含め、さすがに事実とは捉えにくい。ただ、「縁

現在の須部神社

起」本文には、恵比須神飛来の伝承だけでなく、神楽銭・湯立銭という祭礼に伴う収入を禰宜・神子が折半するといった生々しい契約内容や「政所所・公文方・六番頭・百姓中」の連印など、室町後期〜戦国期の地域社会の状況を反映した文言が織り込まれる。むしろ、荘園制が衰退するなかで、地域の人々が神社をめぐって結集をはかろうとした姿が垣間見え、興味をそそられる。

とりわけ注目すべきは、「当国遠敷郡・三方郡諸商人」がこの神社を寿いで春秋二季の祭礼に「あきない」をし、「魚類商人」「売酒方」からの寄進もあったという箇所であろう。弘治三年(一五五七)の年号を記す社殿修復の勧進帳も残っている。春秋二度の祭礼に集う多くの人々に、「舞殿・回廊」修理を訴えるこの史料から、中世後期、多くの人々が「市」を行き交った様子も浮かぶ。

神社が位置した末野村は、近世には遠敷郡に属したが、隣接する倉見庄は三方郡に属し、郡境に

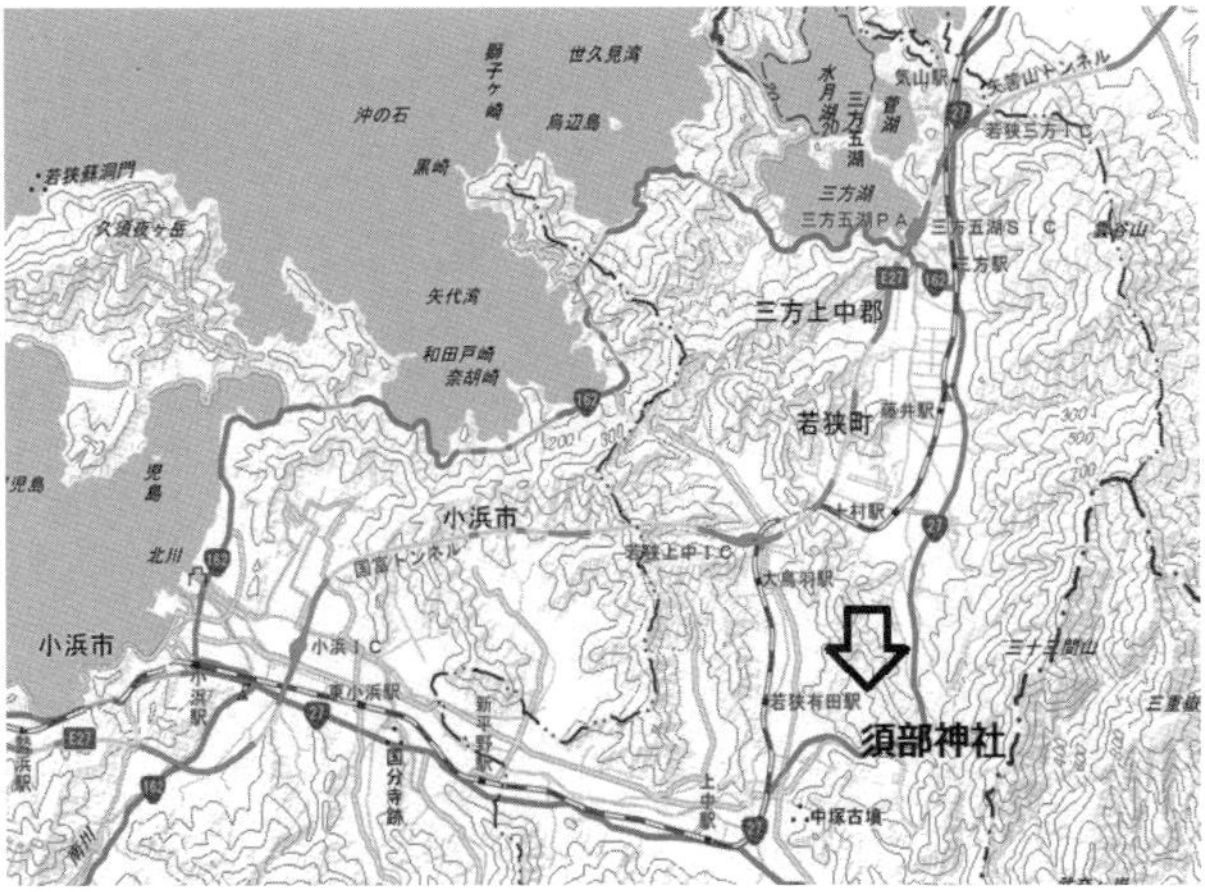

須部神社の所在地

近い。「延喜式」神名帳では三方郡に載る「須部神社」に比定され、両郡に通じる境界的な地であった。それゆえ、この境内では、中世に遡る「市」が開かれたと考えられる。さらに南に向かうと熊川宿を抜け、近江に至る鯖街道にも繋がる。

直接の関係を指摘することはできないが、三方郡の浦方では、長享三年（一四八九）、「ゑびす魚・ゑびす銭」として十分の一を上納するという請文を、世久見枕網中の漁師たちが交わしていた。漁業に携わる「網中」のメンバーが、えびす信仰を掲げて結びつき、商業・金融に関わる同業者集団を運営していたことになる。これが若狭でのえびす信仰の初見史料であり、少なくとも十五世紀末には三方・遠敷郡の漁民・商人にえびす信仰が広がっていたとすれば、須部神社がその拠点となったと考えても不自然ではない。

そして、「市」である。室町・戦国期には、市庭の祭りを支配する「商人司」が「えびす講」を主催し商人集団を組織した事例が各地でみられる。須部神社も、商売の神である恵比須が降臨したという地に諸商人が集まって市を立てた例だが、特定の有力商人ではなく、両郡の「商人中」が結集したことが注目される。

江戸時代に入ってからも、春秋の祭礼の賑わいは続いた。寛文七年（一六六七）の『若州社寺由緒記』にも「春秋の祭礼三月廿三日・九月廿八日之を祭る。其れ以後春秋共に近郷・越前などより夥しく参詣有之候」とあり、広い地域から信仰を集めていたという。「西神」「西之神」

とも表記される同社は、近世には小浜藩領となり、藩主の保護も受けたが、しかし城下町小浜に商業の中心が移り、流通構造にも変化が訪れたのだろう。境界の「市」が担っていた役割は縮小したと思われる。

その変化は、神社の運営にも影響を与えた。須部神社では、祭礼で「富」という授与品を配っていた。「富」とは、「杉ノ葉」を小さく結んだ「福力自在之神物」をさすといい、厄除けとして多くの参詣者が購入していた。江戸時代に入ると、この「富」による散銭収入を末野村百姓中が徴収し、近隣の寺院の修理費に流用していたという。また、春秋の祭礼で商人から神社に納めていた初穂料も村人が場銭として徴収するようになり、場銭を支払わない商人を追い出そうとした。小浜藩による検地を経て村が強い権限をもち、商人と神社のつながりを脅かすようになっていた。

享保十九年（一七三四）、ついに神社側は藩に窮状を訴えて、「富」散銭と「神田九石」の年貢徴収権を確保した。神社としての経営基盤の確保であった。

江戸時代、この地域には西宮神社の夷願人の史料は残らず、須部神社の神職と、摂津西宮神社とが関わりを持った痕跡はない。この地域で影響を持って神職を支配していたのは、京都粟田口の天台宗門跡寺院青蓮院である。青蓮院は、中世以来敦賀気比神宮の神職を補任していた。そのため、若狭地域は、神社神職の多くが江戸時代にも青蓮院から神職補任を受けていた、全国的にも珍しい地域である。そうしたなか、須部神社は、宝暦十三年（一七六三）に一度白川家への入門を出願した。摂津西宮神社の影響も考えられるが、直接的な証拠はない。しかし、これは地域の有力神社の反対にあった。三方郡の中心的神社の一つであった宇波西《うわせ》社が、白川家への入門を「近来西神繁昌ニ付、当社之下知をきらひ」行ったと解釈し、妨害したのである（福井県文書館宇波西神社文書）。その後、須部社も代々青蓮院に補任を願い、幕末に至っている。

こうした組織上の問題に関わらず、えびすへの信仰は拡大した。

文政五年（一八二二）、近江国伊香郡上丹生村の源九郎がこの神社に宛てた願文が残っている。その文面に言う。「西神大神宮という神様は、往古に蛭子尊とおっしゃる御神躰の不自由な神様がお身を捨てられ、その苦労を理解されて、末世の凡夫である我々に迄その歎願・志を助給わるということです。私は賤しい家内ですが、恐れながら、子息当歳五才鉄次郎が十死に一生の重病となり、また目病を煩いました。その本復を願う所です。本復がかないましたら御礼申し上げます。さらに家内安全・息災延命と七月廿四日に誕生した次男の名付けをお願いします。」（須部神社文書）

市の神・福神、そして身体の障害や病に悩む人々が救済を求める神へ。えびす「願人」の空白地ともいえる若狭地方ではあるが、「えびす信仰」は、確かに根付いていた。

（梅田千尋）

地域社会と勧化・廻在者

江戸時代には、勧化《かんげ》・廻在者と呼ばれる人々が各地を巡回することがしばしばあった。勧化者とは、寺社から派遣されて寄付を集める者のことであり、廻在者は、無心を要求する座頭・浪人や、売薬などの多様な存在を指す。

摂津国八部郡の幕領、なかでも現在の灘地方に相当する村々の場合を見てみよう。江戸時代後期の幕領では、組合村という数カ村～十数カ村程度から構成される行政の単位が存在した。八部郡内の中灘組という組合村では、組合村内に巡回してきた勧化・廻在者に関する記録が恒常的に作成されている。それらによれば、例えば文政八年（一八二五）十二月から翌文政九年（一八二六）十二月の一年間には、勧化・廻在者への対応件数が九七件にも上ったことが知られる。紙幅の関係上、このうち文政八年二月分のみを表に示す。特別二月の件数が多いわけではなく、毎月複数の勧化・廻在者が巡回してきたのである。

なお、中灘組の構成村は時期によって異同があるが、当時は花隈村を核とする十カ村からなっていた。史料的な制約により、十カ村の名称が全て判明しないが、参考までに、嘉永二年

（一八四九）時の構成村を示すと、北野・中宮・花隈・宇治野・坂本・荒田・奥平野・石井・夢野・島原・白川・車・口妙法寺・奥妙法寺（図参照）の村々であった。嘉永二年時には村数が増えているが、文政八年時と大きな変更はなかったと思われる。

さて、話を元に戻し、表を見ると、二月六日に座頭三人が訪れ、五〇文の合力金を受け取っている。その後、中灘組の外に出ようとしたようで、小部村へ彼らを送るための人足二人分の賃金二匁四分が必要となっている。十三日には和泉国の石津神社から社人が訪れ、一匁三分を受け取っている。その後、浪人・座頭の訪問があり、大和・志摩・三河・山城といった遠方の国々からも勧化・廻在者が巡回していたことが知られる。

このように、江戸時代の地域社会には勧化者を中心に多種多様な存在が巡回してきた。彼ら

表　中灘組からの諸勧化・浪人合力金

月日	勧化・廻在者	合力金
2月6日	座頭三人	50文
〃	座頭三人、小部村へ送り付人足弐人	2匁4分
2月13日	泉州石津社	1匁3分
2月19日	浪人弐人	16文
2月21日	座頭弐人	40文
〃	座頭泊り壱人	1匁5分
2月23日	吉野山桜木宮	200文
2月25日	志州答志郡山田郷御師山田平太夫	200文
2月26日	志州桟白王大神宮、十ケ年済切	200文
〃	三州日吉山王大権現	200文
〃	三州日吉山王大権現	150文
〃	京都山の井殿御薬弘メ	150文

〔注〕文政8年12月～「拾ケ村惣代取計諸勧化・浪人合力銀控帳」（神戸大学附属社会科学系図書館所蔵、村上家文書）より作成。

は、時に金銭を支出する側の百姓たちから煙たがられ、百姓たちとの間で衝突が生ずることもあったが、幕末に至るまで、自らの存続をかけて巡回し続けたのである。

　恵比寿信仰における配札もまた、勧化行為の一種と言える。その意味で、配札人は勧化者の範疇で捉えられるだろう。西宮神社は恵比寿信仰の総本山として、唯一幕府から

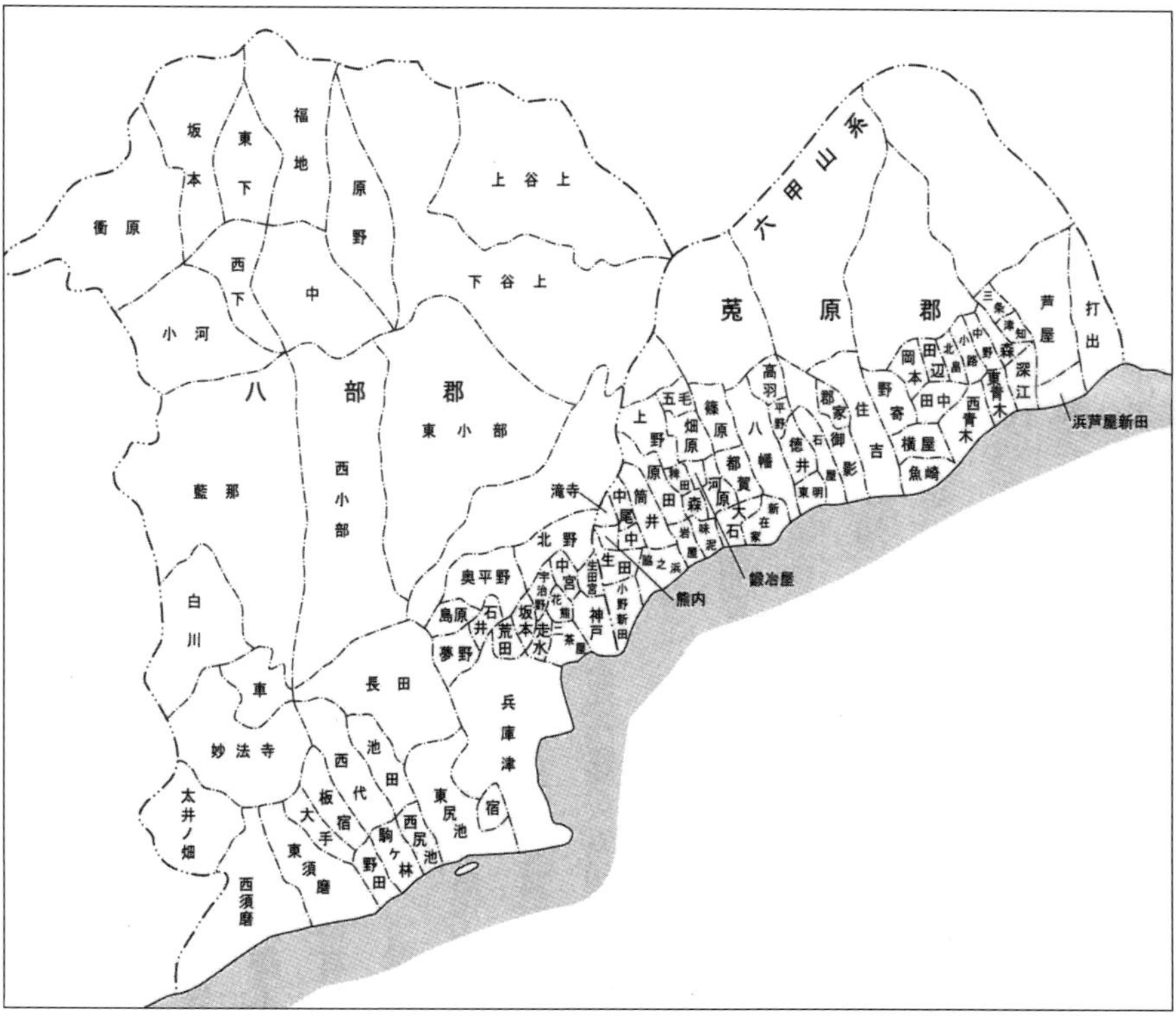

図　摂津莵原・八部郡村々位置図（藪田貫『近世大坂地域の史的研究』清文堂出版、2005年より）

恵比寿神の像札（御神影札）を配ることを許可されていたが、それは主に関東でなされたところに特徴がある。したがって、関西での配札については十分明らかにされてはいないが、関西でも配札はなされていたことが確認できる。その場合、問題となったのは、和泉国の石津神社による配札であった。表1により、石津神社から社人が中灘組に訪れていたことを確認したが、これは違法行為であった。

実は、両神社間では、かつて配札をめぐって衝突が生じていた。神社もまた地域社会の一員である。西宮神社は中灘組内に存在したのではないが、より広い範囲で信仰圏が形成されており、一行政単位を超える地域社会の中で、勧化者対百姓とは異なる次元での衝突が生まれていたのだった。

明和五年（一七六八）、石津神社と西宮神社との間に争論が起きた。その時の西宮神社の神主による幕府側への申し分は、次のとおりである。近年、石津神社が恵比寿神の絵像を札に印刷して頒布しているが、本来、それは西宮神社にのみ許可されていることであるから取り締まってほしい。そもそも像札は寛文三年（一六六三）に、西宮神社造営の際、諸国において札を売らせ、売った者から役銭を徴収して修復料に宛てたことに始まる。そして、西宮神社以外が像札を出すことは修復費に差し支えるので、貞享期（一六八四～一六八八）に幕府からそれは禁じられている。元禄期（一六八八～一七〇四）に摂津国の今宮夷神社の津江越後らが像札を発行した際にも、大坂町奉行所から差し止められた。ところが、元文三年（一七三八）、石津神社は開帳の際に初めて像札を発行した。そこで、その停止を要求したところ、開帳期間中だけ発行させてほしいとのことだったので、その場は許した。しかし、その後も石津神社は像札（写真）を発行し続けたため、何度か大坂町奉行所などの幕府機関へ出訴したが、聞き届けられず、この度、遂に寺社奉行所へ出訴に及んだ次第である。

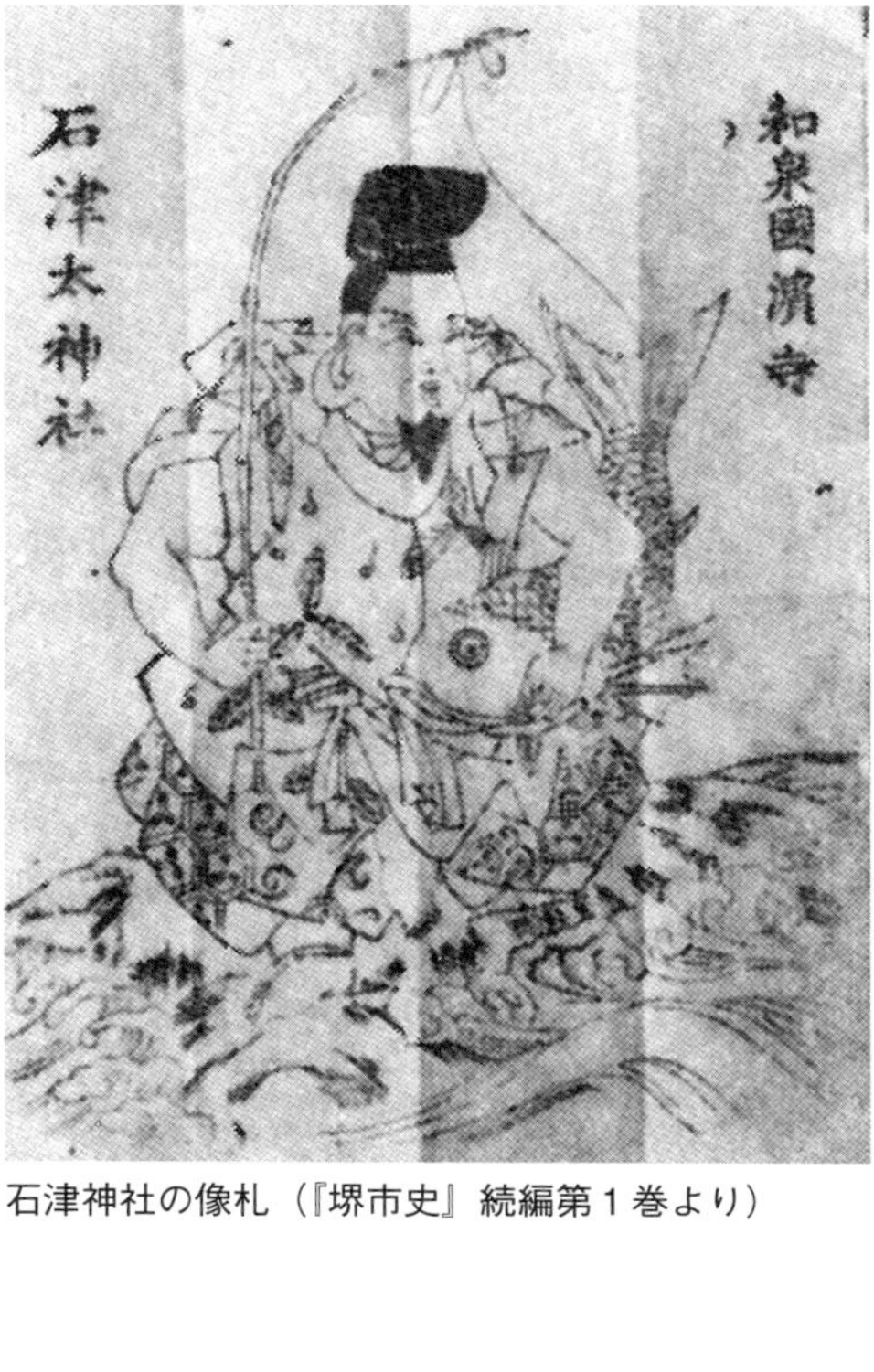

石津神社の像札（『堺市史』続編第１巻より）

一方、石津神社は次のように反論した。社頭と開帳場で像札を発行し、石津近郷や和泉国大鳥・泉郡、河内国錦部・丹南・石川郡の旦那場へ、社人が年始に像札を頒布するのは古くからの慣行である。これは代銭を取って像札を売り広めるというものではなく、信者に与えているのである。したがって、西宮神社によって出訴されるのには合点がいかない。

寺社奉行は両社の言い分を吟味した結果、石津神社に対しては、社内および開帳場において信者に像札を与えること、また、和泉・河内両国の五郡内の檀家に社人が年始に際して像札を頒布するのは問題ないとし、その他、新規に他所へ配札することや、近年大坂で講中を立てて像札を与えていることは停止するよう命じたのである（『堺市史』一九七一）。

しかし、石津神社は新規に摂津国内の村々で、像札を、金銭を取って配るようになっていた。従来の研究（藪田貫一九九二）では、百姓らが勧化者などを専ら排除する側面が強調されてきた。しかし、既述のように、勧化者なども自らの存続のため、幕末まで巡回を止めることはなかった。両者の間の衝突を経ながら、妥協案などが模索されることが多く、ある意味、地域社会と勧化者などは共生関係にあったと言えるだろう。そして、地域社会と一口に言っても、その内部には多様な構成要素がある。寺社もその一つである。すでに述べたところから分かるように、摂津国内への石津神社による配札行為は違法であった。しかし文政期（一八一八～一八三〇）以降、それは継続していた。いまのところ史料上で確認できないが、石津神社と西宮神社との間で衝突が生じた可能性は十分ある。だが、石津神社による配札が継続して行われていたことからすると、両者の間で妥協案が模索された可能性が高い。こうして、総本山西宮神社が存する灘地方において、石津神社もまた恵比寿神像を売り広めるという状況が見られたのである。これもまた、地域社会と勧化者の共生関係の一つの現れと言えるであろう。

（山﨑善弘）

西宮と今宮

近畿地方にお住まいの方なら、毎年松の内が明けた頃、テレビで十日戎のニュースを目にするはずだ。そこで放映される映像は、ほとんど西宮のゑべっさんか、そうでなければ大阪今宮のゑべっさんこと今宮戎神社である。十日当日と、前日の宵ゑびす・翌日の残り福を合わせた三日間の参詣者は、各社のホームページによれば、西宮が「百万人を越える参拝者」、今宮もまた「約百万人を超える参詣者」と互角。西宮のゑべっさんの最大のライバル、それが今宮のゑべっさんなのである。

今宮戎神社は大阪市浪速区に所在している。江戸時代でいえば、大坂市中の南郊、今宮村に当たる。延宝八年（一六八〇）に成立した『難波鑑《なにわかがみ》』には、十日戎当日「けふの参詣大かたならず」とあり、元禄十四年（一七〇一）刊『摂陽群談』でも「毎歳正月十日貴賤群を成し」と表現されるように、江戸時代の前期には既に大坂市中から多くの参詣者を集めていた。

西宮と今宮は、十日戎で賑わう以外にも似ている点がある。両社はその北側に広田社を擁している点である。だが、二つの広田社の性格はだいぶ違う。西宮の広田社が古代より朝廷の崇敬を受けた二十二社の一つであったのに対し、今宮の広田社は今宮村の生土神《うぶすな》で、「地《ぢ》」の神さんが転じて江戸時代には痔の治癒に効験のある神様として信仰を集めた。両社はいわば国家の神様と庶民の神様として、その性格を大いに異にした。とはいえ、今宮村の人々もまた京都の宮廷に鮮魚を献上する「供御人《くごにん》」として、朝廷と関わりを持っていた。

よく似た両社の関係について、『難波鑑』「今宮恵比須祭」の項に、次のような説がみえている。「西宮を勧請しけるゆへに、当日（正月十日）をまつりとす」、つまり今宮は西宮の分霊を祀った神社であるから正月十日を祭日としている、という説である。「今宮」とは一般的に新しい神社を意味する語であるから、この説には確かに説得力がある。

だが「社用日記」には、それとは異なる見解がみえる。元禄七年（一六九四）三月十八日条に、大坂町奉行所寺社方の役人が、今宮は「由緒明白」で「西宮より構いこれ無きの社」であるとの認識を西宮神主に伝えている記事がある。今宮は西宮とは別に確かな由緒を有しており、西宮の関与を受ける謂われのない神社、ということである。これに対し西宮側が特に反論していないことは、両者の間に本社・分社のような関係は認識されていなかったことを意味する。今宮戎神社は、聖徳太子が四天王寺を建立した際に、寺の西方鎮護の神として創建されたとの由緒を伝えている。

元禄七年の「社用日記」に今宮が現れたのは、大坂の今宮や北野において夷像札を配ることを差し止めてほしいと、西宮の願人頭中西太郎兵衛が大坂町奉行所に願い出たためである。これ以前今宮は、大坂キタの堀川戎社ともども、西宮とは無関係に大坂で夷像札を配賦していたのだ。だが、既に寛文七年（一六六七）、西宮の願人は、関東の神事舞太夫（「夷願人」から「西宮神職へ」一七五頁参照）との争論を通じて、幕府から夷像札の配賦を専らにすることを認められていた。西宮側の主張は、この幕府の承認を根拠としていた。これに対し今宮側が、西宮とは由緒も異なり、支配を受けているわけではないので、西宮の願人頭の干渉を受けることは納得できないと反論したことを受けて、町奉行所の役人は、先の認識を示したのであった。

争論の結果、西宮側の主張が容れられ、翌年今宮と堀川戎社は夷像札を配ることを禁じられた。夷信仰の有力神社今宮の夷像札配賦を阻んだことは、他の寺社の夷像札の配賦を止めて、西宮がそれを独占するための確かな先例となった。「社用日記」享保六年（一七二一）三月十九日の条に、江戸浅草寺境内の恵比酒の小社で夷像札の販売が行われたとき、浅草寺にある小社よりも「大きなる社」である今宮ですら絵像の配賦を止められたのであるから、小社での配賦は禁じられて当然だとの西宮の認識がみえている。

今宮の夷像札配賦を退けた西宮は、十日戎に合わせて大坂で夷像札を出張配賦する計画を立て、元禄十年にはその旨を大坂町奉行所に申請して許可を得た。願人頭が今宮などの夷像札配賦を差し止めたのは、日本の中央市場として発展する商都大坂での夷信仰の盛り上がりを、自分たちの収益として取り込みたいという思いからであった。少し時代が降るが、「社用日記」宝暦元年（一七五一）九月十五日条にみえる寛延四年（一七五一）の文書の「正月十日今宮参詣の人に西宮本社より日本橋等にて古来より見世を張り像札を指出し候」という西宮神主の言は、今宮への参詣者を当て込んだ西宮の目論見をよく表している。

このように西宮は、今宮参詣の人をターゲットとして、その参道に当たる日本橋《にっぽんばし》などに夷像札を販売するために出

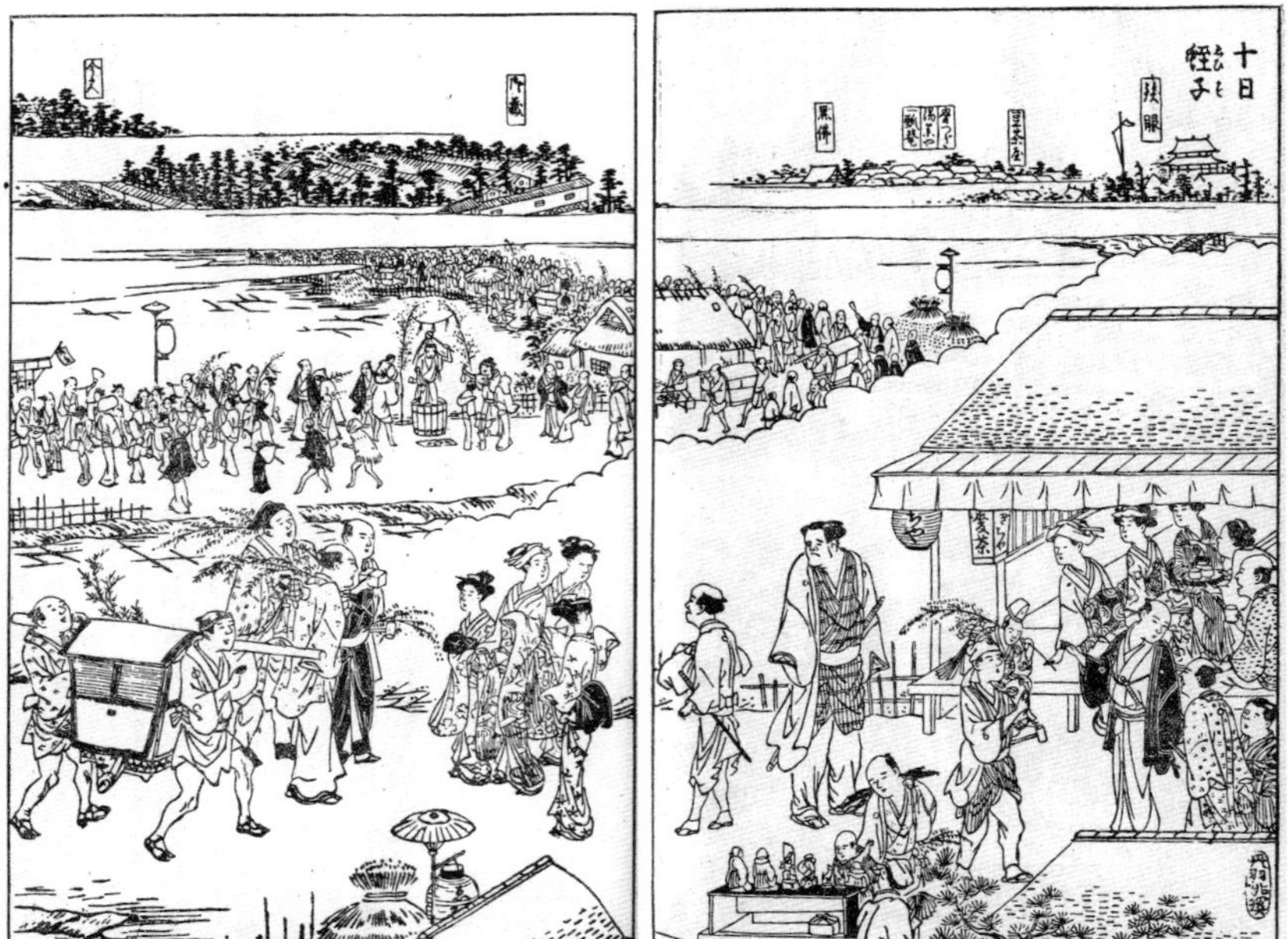

今宮十日戎群参の景　戎橋から南に続く道をゆく今宮戎の参詣者。まさに「群を成し」ている。縁起物を売る露店（右手前）や大道芸人の姿もみえる。（「摂津名所図会」巻三『大日本名所図会』1-5）

店を出した。現在でも十日戎に多く出る、今宮参道沿いで縁起物を鬻《ひさ》ぐ露天が彷彿させられる。「社用日記」正徳五年（一七一五）十二月二十四日条によれば、出店は日本橋のほか、心斎橋筋・難波橋・天王寺口・天満堀川の計五箇所に出されている。

このうち日本橋・心斎橋筋・天王寺口は明らかに今宮への参詣者を当て込んでいた。日本橋は、大坂から今宮村・堺を経由して和歌山に至る堺筋（紀州街道）が道頓堀を跨ぐ地点に架かる橋である。心斎橋筋は道頓堀との交点に、その名も「戎橋」が架かる今宮への参詣路の一つである。また天王寺口は、東南方面から今宮に向かう場合の通過点であった。天満堀川への出店は、いうまでもなく堀川戎への参詣者に狙いを定めたもの。難波橋は堺筋が大川を跨ぐ地点に架かる橋で、北へ行けば程なく堀川戎、南へ行けば日本橋を経て今宮に至る。大坂の夷信仰者の多くが必ず通過する交通の要衝に、隈無く網を掛けた形で出店は配置されたわけである。

だが、夷像札の配賦が西宮の独占であることが確認された後も、時に西宮の目を盗んで夷像札を売る輩がいた。例えば、享保十三年（一七二八）には今宮境内で様々な絵像を売り捌く者があった。このようなモグリの販売員による西宮への打撃は以外に大きく、この年は前年度の利益の約三分の一しか上がらず、そこから販売員の賃銭を差し引くと「少しばかり」しか神社に残らなかった。モグリの販売員について今宮に問い質しても、一切与り知らないという。だが、境内での販売を黙認しているところに、今宮側の意図を読み取ることはできるかもしれない。それは、西宮に対する今宮の反撃と理解し得る事態であった。
西宮と今宮。両社は確かに夷信仰のライバルである。だが、それはともに夷信仰を盛り立て、商業と人々を元気づける同志ということでもある。両社で十日戎が盛り上がれば盛り上がるほど、明るい未来が待っている。頼んまっせ、ゑべっさん！

（井上智勝）

西宮神社と兵庫

「西宮神社御社用日記」には日本各地の崇敬者との関わりが垣間見られ、特に東国との関連性が明らかにされているが、西宮神社に近い阪神間の信仰については不明な点が多い。そこで、本論では同じ摂津国の港湾都市であり、西国や北陸などからの大坂への物資の中継地点や寄港地として栄えた、兵庫付近（現在の神戸市兵庫区周辺）の人々に信仰された様相について紹介する。

元禄七年（一六九四）八月五日条では、社家・祝部《はふりべ》との相談で「段々微力不便に及ぶ」ため兵庫湊へ小舟で出て各地からやってくる舟を待ち受け、祈祷の初穂料をもらうということが決まった。翌日神主宮内等は庄屋六左衛門を訪問するも明確な回答を得られなかったため、郡右衛門庄兵衛の元で申告すると、六左衛門と協議の上改めて返答すると伝えられた。同月十九日には庄兵衛に召還され、西宮町奉行左右田甚左衛門から兵庫湊で小舟にて勧進を行うことについて次第書を提出するよう指示されたことを申し渡される。神主宮内等は帰社後、早速次第書を作成する。その覚書によれば、兵庫湊へ各地から舟が入港する際に社家一人と祝部一人が小舟に乗って信心のある者から祈祷の初穂料を受領すること、従事する社家・祝部二人は十日替わりに勤めること、兵庫では借家に逗留し小舟は当分借りること、船乗りを日雇いすることなどが記され、宮内と社家・祝部総代として浜庄大夫が署名している。九月十三日にはそれについて願書を提出しているが、その後この勧進についての記事は見られなくなる。間もなく神子との諍いから争論が勃発することになるため、それどころでは無くなった可能性がある。

　その後元禄九年（一六九六）冬に郡代天野八郎兵衛から、兵庫で内縁を以て祈祷札を披露するのが当然であるとされた。神社側は祈祷札を諸人に披露するのが神

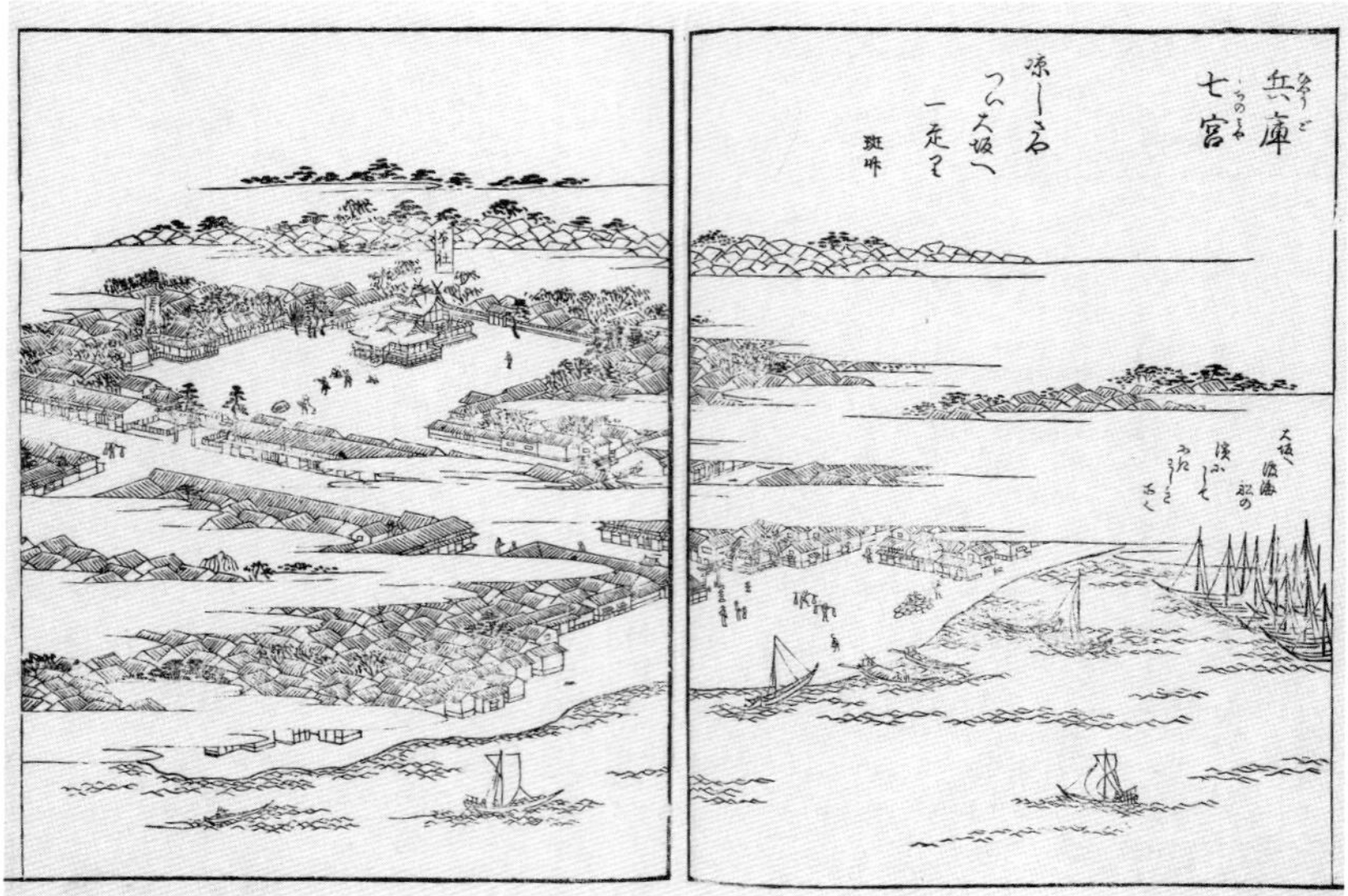

『摂津名所図会』に描かれた兵庫七宮

主・社家の仕事であり、遠近を構わず広めるのが古来のやり方であるので兵庫も例外ではないと答え、兵庫津奉行の坂田又右衛門へ祈祷札を届けてこの用件を伝えると、兵庫の繁栄のために良いとの回答を得、兵庫へ行くこととなった。元禄十年正月二十六・二十七日には兵庫で配る祈祷札を作製し、同月二十八日には社家東向刑部・鷹羽源大夫、祝部田村惣左衛門・同八十郎が兵庫へ向かった。二月六日に帰社し、同月九日には兵庫への祈祷札披露の取り決め等をまとめた。

この祈祷札については、元禄十二年（一六九九）に正月以来用事繁多であったため九月頃配札に向かうと記された後、暫く中止される（元禄十二年二月二十五日）。その後正徳六年（一七一六）に祝部によって兵庫津への祈祷札配札が復活しかけるが、結局祝部の意見不一致により実現しなかった。

さて、正徳年間に社中構造が一変する争論が決着した後、正徳四年（一七一四）九月二十一日に御神影札を配る願人の改めを行うため招集された近在の願人の内には、播州・丹州の他に兵庫も含まれていた。翌年七月六日には神主宅において証文替が行われた際、兵庫の者として橋倉三右衛門が登場する。ところが九月二日には神社の北に位置する産所村の六大夫（六右衛門）が、四年以来兵庫で配札していたと主張し認められている。兵庫で御神影札の需要があったことが推察されよう。

享保十年（一七二五）七月二十六日、社家の東向左膳と田村伊左衛門が寄進のため兵庫の戎講中を訪問した。享保十七年（一七三二）正月十八日条によれば、これ以後正月の年頭礼を兼ねて兵庫の六十軒ほどの家に御神影札を配札するようになったという。例年享保十年時に訪問した左膳が配札に行っていたようであるが、享保十七年には広瀬丈右衛門が行き、以降交替制となった。また、この正月の配札に際しては兵庫の米屋仲間から正月・五月・九月の初穂料として三貫文程度納められたという。広瀬丈右衛門は正月十八日に出発し、翌日晩に帰社した。年頭礼を伴う配札は概ね正月十六日頃に出発し、一両日中に帰社した。御神影札の他に米札を配っていたようである。御神影札は関屋において十一月の末から十二月初頭にかけての二日間で作製され、発行枚数は年によって異なるが、安永五年（一七七六）には四千枚程押し立てたという（安永五年十二月四日）。御神影札料は一枚八銭であったという（安永十年十一月二十九日）。

安永六年（一七七七）以降は正月三日頃に出発し、七日頃に帰社していた。安永十年十一月二十九日条定書控によると、配札した御神影札の余りは宝蔵に置き他へは売らないこと、札の作製費用や配札に関わる往復の交通費・逗留中の諸費用は札料によって賄うこと、米屋仲間・魚荷仲間・木中組の講中への配札は「御本帳」に、初穂料等は「仲間帳面」に記すこと、配札は社家・祝部中から一人ずつ交替で従事し銭五百文を役料とすること、御修理料として一ヶ年に五百文社納すること、札料から諸経費を引いた残りを各々配分し、不足の時は銘々の割合で補填すること、社役人は配札に行かないので配分の七分五厘を受け取り不足時も同じ割合を負担することが記されている。兵庫での配札がかなり重要であると認識されていたといえよう。なお、この時修理費用に充てるため御神影札料が一枚八銭から十銭と変更されている。

兵庫におけるえびす神―西宮神社への信仰は御神影札以外にも垣間見られる。宝暦十年（一七六〇）には開帳で幾度も兵庫から献上品が納められている。開帳については寛政三年（一七九一）には大坂日本橋・天神橋・淀屋橋の他に兵庫津にも建札を立て、開帳の最中に兵庫から金子など多数の献上品が納められた。また、開帳以外にも豪商から信仰された。例えば年末には和泉屋猪兵衛が百燈油料として金百疋を納めるようになり、晦日前後に安全祈祷が行われている（享和二年十二月二十八・二十九日など）。文化十一年（一八一四）四月十六日・五月三日条では高田屋嘉兵衛等によって択捉島及び幌泉《ほろいずみ》（現えりも町付近）での「諸漁繁栄」の祈祷が行われている。択捉島は文化七年（一八一〇）以降、高田屋嘉兵衛の請負場所となっており、箱館を拠点としてエトロフ・ネモロ（根室）・ホロイツミ（幌泉）の三カ所の海産物を江戸や大坂に搬送していた。また、幌泉には会所が設けられていた。既に御神影札配札の北限として樺太が示されているところであるが（松本二〇一七）、蝦夷地地方にも拡がる西宮えびす信仰の様相を見て取れよう。その後和泉屋と高田屋には、年頭に大札や鏡餅、扇子などを送るようになる（文政五年正月三日など）。文政七年（一八二四）以降は十日戎前に石屋半右衛門から大塩鯛が献上されるようになり、一枚は仲間が、もう一枚は神主が受納していた。文政八年（一八二五）四月には、兵庫津の相物御仲間・干鰯屋仲間・穀物中・辻戎御講中が二十日の大々神楽料百人分の掛切として百五十匁を献上した。

これらをふまえると、兵庫と西宮神社の関係が本格的に構築されたのは寄進のため訪問した享保十年以降であるといえる。この時の記事からは、既に兵庫において戎講中が存在していた―即ちある程度えびす信仰が盛んであったことが推察される。ただその後、西宮神社への信仰によってえびす神に対する崇敬が高まることとなったといえるのではないか。

（日向寺朋子）

えびす信仰と阿波

西宮神社には、「阿州淡州下向之日記」（以下、「日記」と記す）という古文書が所蔵されている。寛保元年（一七四一）に西宮神社の社家が、徳島藩領である阿波・淡路に下ったときの日記であり、表紙には「辛酉　寛保元年八月吉日　阿州淡州下向之日記　一」と記されている（図1）。体裁は冊子（竪帳）で、表紙と裏表紙が装丁されており、本文墨付二六丁からなる。

「日記」は、①西宮神社社家・東向左膳の阿波・淡路への入国準備から入国まで（八月十一日〜九月十六日）、②阿波での滞在（九月十七日〜十一月七日）、③徳島出立から帰国まで（十一月八日〜十四日）により構成されている。①と③からは、阿波・淡路への入国・出国手続きを把握することができる（松永

図1　「阿州淡州下向之日記」（表紙）（西宮神社所蔵）

二〇一七)。②には、阿波に入国した目的、すなわち「御神影札」改めについて記されている。つまり東向左膳は、西宮神社が頒布する「御神影札」の賦与が秩序通りではないため、それを改め糺す目的で阿波に入国したのである。

「日記」を用いた研究に、吉井良昭氏の論考(吉井二〇一三)がある。本稿では、吉井氏の論考をベースに、東向左膳の動向に注目しながら、えびす信仰と阿波との関わりについて紹介したい。

寛保元年九月二十日、阿波に到着した後しばしの休日をとった東向左膳は、「御神影札」改めを始める。同日から十月十一日までの約二十日間、東向は現在の徳島市から松茂町・鳴門市一帯を訪れている。

「日記」の九月二十日条によれば、東向は北沖須浦《きたおきのす》(現徳島市北沖洲)で加藤茂兵衛という人物と会い、「勧請社」を確認している。加藤なる人物については不詳だが、史料にみられる「勧請社」は、藩地誌「阿波志」に記される「蛭子祠」であると考えられる。二十五日からは、板野郡別宮《べっく》村を手始めに、翌二十六日に近隣の鈴江村・鶴島《つるじま》浦・大岡《おおか》浦・宮島浦、二十七日には平石村・沖島《おきのしま》村・榎瀬《えのきぜ》村・中島《なかしま》浦(以上、いずれも現徳島市川内町)を訪れている。

興味深い点は、訪れた村名を記すのみならず、簡単なコメントが付けられたことである。例えば、二十五日条の別宮村では、「家数六拾三軒、勧請社、地下持ニ而社人なし、尤守札出し申さず候由申され候事、旅宿兵二郎殿」とある。家数や勧請社の有無とその運営方法、さらに「守札」発行の有無が記される。二十七日条には、「此所水損多ク候而、其上百性ニ而困窮いたし候」とあり、頻発する水損による百姓の困窮状態がうかがえる。

二十八日には、大松村・加賀須野村《かがすの》(以上、現徳島市川内町)・笹木野村《ささぎの》・喜来村《きらい》(中喜来浦ヵ)(以上、現松茂町)・矢倉野村《やくらの》(現鳴門市)へと移動し、鳴門方面へと北上、二十九日に撫養《むや》街道沿いの郷町・四軒屋町《しけんちょう》に到着する。ここでも「大松参り、御札庄屋ニ預ヶ置き候」(大松村に参り御札を庄屋に預け置く)、「さゝき野ハ庄屋当分なし」(笹木野村では庄屋は当分置かれていない)、「皆々塩入場、困窮之所ニ而候へ者、人々信心」(巡回した地はすべて塩入り地で、困窮した地域であり、人々は信心深い)などといった文言が記される。

十月一日からは現在の鳴門市撫養町・瀬戸町・大津町一帯で「御神影札」改めが行われる。一日条によれば、東向は林崎《はやさき》浦の組頭庄屋・四宮三郎左衛門と黒崎村の組頭庄屋・馬居六左衛門に会い、札改めの趣旨を伝えている。徳島藩における組頭庄屋とは、庄屋の上部に位置し数ヵ村の庄屋を管轄する立場にあった。この記事からは、東向が村浦の上層部の百姓らに接触していたことがわかる。つまり、組頭庄屋らに直接掛け合うことで、札改めを効率的に行ったものと考えられる。「日記」には、組頭庄屋・馬居が組内の庄屋に送った廻状の写しも記されている。

その後も東向は、精力的に「御神影札」改めを行う。岡崎村では庄屋岡兵衛に会い、四軒屋町では「庵僧」と対談し、「像札」発行の停止を依頼し承諾を得たことなどがわかる。東向による活動は、阿波・淡路の国境近くの村浦にまで及んでいる。

「日記」の十月十一日条によれば、木津野《きづの》村（現鳴門市大津町木津野）で「八幡宮・金毘羅・四軒屋蛭子太神等受持之神職」の信濃という人物とその息子・蔵太夫に会い、信濃と「神像」の免許をめぐり熟談したことがわかる。おそらく信濃は、「御神影札」賦与を西宮神社から正式に許可されることを願ったものと考えられる。

「日記」からは、東向左膳が、徳島到着後に鳴門方面に向け出張し、村浦を訪問しながら「御神影札」改めを行ったことがわかる。その後は徳島を出立する十一月八日までの期間、引き続き「御神影札」発行をめぐり、徳島城下周辺の寺院や神社との交渉に日数を費やすこととなる。すなわち、吉井氏が指摘するように、徳島では「御神影札」賦与に寺院が関わっていたのである。

十月十九日、東向は、まず新町西大工町《しんまちにしだいくまち》（現徳島市西大工町）の「百軒長屋願人坊主」が「御神影札」を「我侭ニ賦与」していたため、差し止めを申し付けている。同日、佐古《さこ》の清水寺《せいすいじ》（現徳島市南佐古三番町）、助任《すけとう》の万福寺（現徳島市吉野本町五丁目）、福島町の正福寺（福島町にあった「薬師堂」、現存せず）と四所《ししょ》神社（現徳島市福島二丁目）、八万村の円福寺（現徳島市八万町夷山）を訪れ、札改めを行う。

清水寺では住職が病気のため寺院の者に申し達すのみであったが、万福寺では住職と対談している。「日記」によれば、東向の申し入れに対し万福寺の住職は、「成程承知いたし、国中一統之義ニ候へ者拙僧において異儀これ無く候、御免シ候而も苦しからず候ハ、、□クハ御免受けたく候」と述べたとある。つまり、東向の申入れについては承知したが、「御神影札」の発行を継続したいため、西宮神社の免許を受けたい旨の申出を行ったのである。それに対し東向は、「僧徒ニ指し免し候茂例これ無く候」と述べ、一度国元に帰り西宮神社で確認した上で返答すると応える。なお、正福寺では住職が留主のため町年寄の紀国屋市右衛門に申し送りをし、円福寺では住職の弟子に申し伝えている。四所神社では神職の榊本頼母に会い、四所神社においては四社の戎社を管理しているが、いずれも「戎神像」札を発行していない、と聞かされる。「御神影札」発行をめぐる寺院とのやり取りは、その後も続く。結局、寺院からは、「御神影札」の発行に関する西宮神社の免許申請を受けることとなる。円福寺では、東向が作成した雛形をもとに申請書類が作成されている。

十月二十三日以降、東向は、徳島城下の周辺地域、例えば安宅《あたけ》や沖須（沖洲）、津田なども訪れ、「御神影札」改めを行っている。

このように、およそ二ヵ月近く阿波において札改めを行った東向であるが、十一月上旬には長期滞在の疲れが出始めたのか、「日記」に「拙者茂初而罷り越し、段々御苦労」（三日条）や「所々相済み候へ者、片時も帰国仕りたく候」（五日条）と記すようになる。

十一月八日、徳島城下周辺の寺院との交渉に区切りがついたのであろう、町奉行・郡奉行に挨拶を済ませ出国手続きを終えた東向は、徳島を出立する。帰途の木津野村では、再び神職の信濃に会い、円福寺などと同様、「御神影札」発行免許の申入れを受けることとなる。淡路への渡海の際に、撫養の岡崎港で西風が強く、船が出ないなどのトラブルに遭うが、その後は無事に西宮神社に帰着したものと思われる。

以上、西宮神社の社家が記した「日記」をもとに、「御神影札」改めの実態を確認した。阿波では、徳島城下周辺の寺院が「御神影札」の発行に関係していたという点に加え、札改めの後も、継続して発行免許を西宮神社に求める動きがあった。その背景には、「御神影札」が多くの人々に受容されるとともに、えびす信仰が阿波の社会に浸透していたことを示唆している。

現在、徳島市通町《とおりまち》にある事代主神社は、通称「おいべっさん」として、多くの人々に親しまれている。特に、毎年一月九日から十一日までの「通町のえびす祭り」は、徳島市が市民の公募をもとに制定した「とくしま市民遺産」の一つにも選ばれている。

この事代主神社は、八万村の円福寺の南隣にあった「蛭子」社（図2）が、明治三年（一八七〇）

に通町に移されたものである。えびす祭りが多くの人々に知られる一方で、その歴史的背景についてはあまり知られていない。

（松永友和）

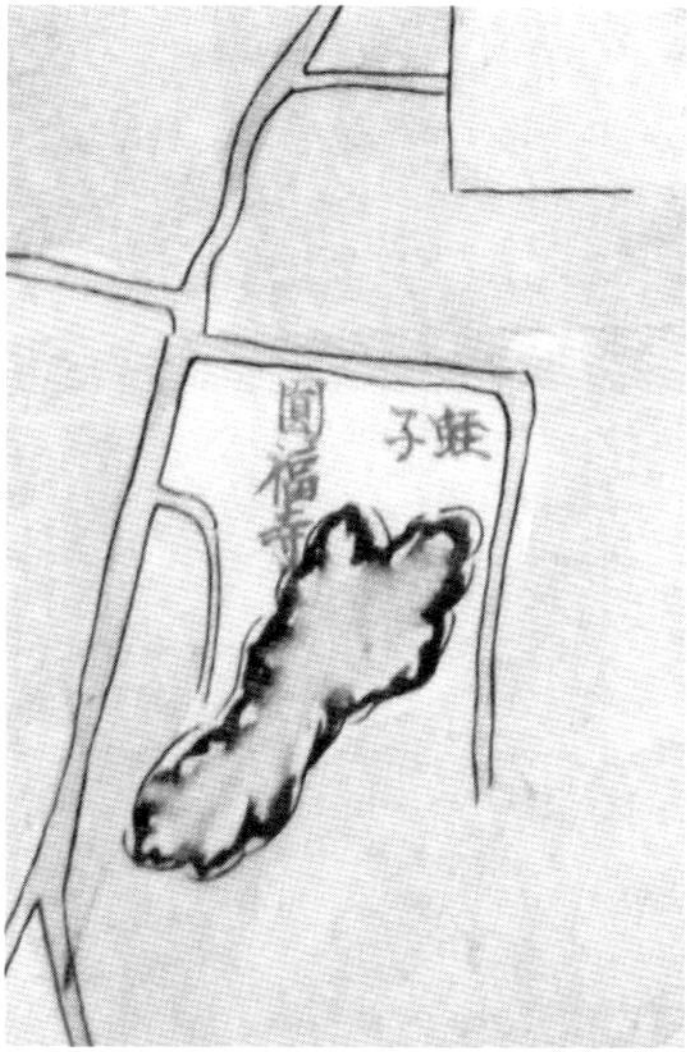

図2　円福寺の南側にあった「蛭子」社（「徳島藩御城下絵図」（部分）、徳島県立博物館所蔵）

豊後国佐伯藩の浦方支配とえびす信仰

蒲江浦（豊後国佐伯藩領、現大分県佐伯市）の王子神社には、境内にえびす社があり、毎年一月十日にえびす祭りが行われている。『蒲江町史』によると、天明四年（一七八四）に「赤はい《ベエ》恵美須」で漁祭りが行われ、御祓と神楽が奉納されており、浦方である蒲江浦とえびす信仰が強く結びついていることがうかがえる（地図参照）。

王子神社は天長二年（八二五）、紀州熊野から蒲江に来住した海の民が、熊野三山の分霊を勧請したのが始まりと言われている。正徳三年（一七一三）には拝殿が改築され、正徳五年には現存する神殿が改築されている。また宝暦八年（一七五八）には、

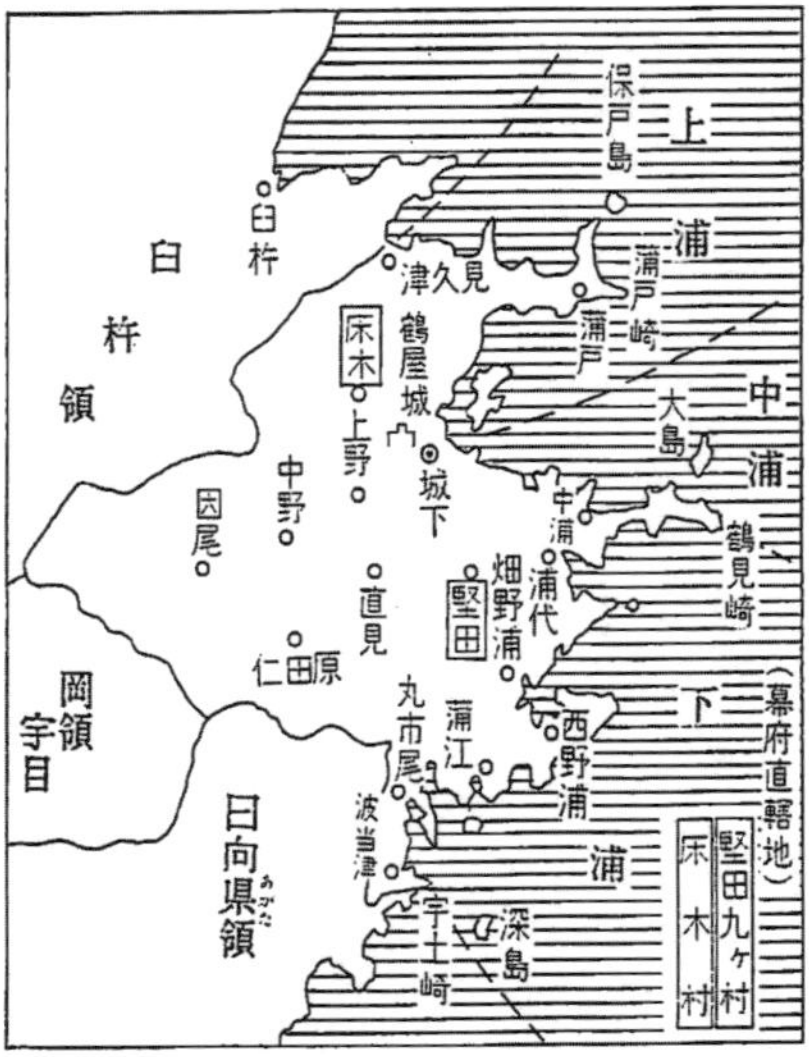

佐伯藩領域と浦辺（『蒲江町史』1977年）

境内に神楽殿が完成した。

二〇一七年一月、筆者は、佐伯市歴史資料館長清家隆仁氏と同館学芸員甲斐玄洋氏の案内によって蒲江浦で調査を行った。一つは「当浦日記」の調査である。「当浦日記」は、王子神社神主であった疋田家に伝来する記録であり、王子神社の由緒について慶長七年（一六〇二）から江戸時代後期まで年代順に記されている。江戸時代の王子神社や蒲江浦の様相が分かることから、『蒲江町史』でも随所で用いられている貴重な記録である。また清家氏は、蒲江浦におけるえびす信仰に関してすでに詳細な調査を行っており、両氏の案内によって王子神社や各地のえびす神像の調査を行い、浦方におけるえびす信仰に関わる貴重な成果を得ることが出来た。改めて「当浦日記」所蔵者の疋田正文氏および清家・甲斐両氏に御礼申し上げる。

さて、筆者が着目したのは、佐伯藩主の王子神社に対する信仰が厚い点である。安永四年（一七七五）には八代藩主毛利高標《たかすえ》が王子神社に参拝し、その後も高標は天明三年（一七八三）、寛政三年（一七九一）、寛政九年と四回参詣し、文化元年（一八〇四）には九代藩主毛利高誠《たかのぶ》が参詣している（「当浦日記」）。数年に一回の参詣であり、佐伯藩と蒲江浦、ひいてはえびす信仰との間に何らかの関係があると考えられる。

天明四年の漁祭りに着目してみよう。「当浦日記」によれば、四月二十五日に「赤はい恵美須において御漁祭仰せ付けられ、すなわち御祓壱座、御神楽壱番勤行」とあり、先に見たように祓いと神楽が催されている。注目すべき点は、「漁祭りが（藩から）仰せ付けられた」と記されており、漁祭りが藩から命じられて行われた点である。それを裏付けるかのように、翌二十六日には「届け書き差し出し申し候」と、祭りを無事終えたことを藩に届け出ている。浦方のえびす信仰に佐伯藩が積極的に関わりを持っている様子が伺える。

「佐伯の殿様、浦でもつ」といわれるように、浦方からの年貢や小物成によって佐伯藩の財政構造が支えられていることを考えると、藩が浦方の信仰に関心を示すことは、それほど不思議なことではないかも知れない。しかし、先に述べた動きと、藩の政策の展開とを重ね合わせてみると、佐伯藩の意図がより明瞭に見えてくる。

王子神社に四回参拝した八代藩主毛利高標は、宝暦五年（一七五五）生まれで、七代高丘《たかおか》が宝暦十年に没すると、宝暦十年に藩主となった（藩主退任は享和元年〈一八〇一〉）。高標の在世中には風水害や干魃被害、害虫被害などが相次ぎ、藩財政が悪化していた。そのため、支出削減策の実施や、専売制の導入による収入増加策を行うなど、藩財政の立て直しを進めていた（『佐伯藩』）。

漁祭りが行われた天明年間は、毎年のように災害や飢饉が起こっており、一万石前後の損毛高が発生している（佐伯藩の石高は二万石）。さらに天明七年には救民対策として囲い米を宛て、寛政三年には町民からの献金を促している（『佐伯藩』）。飢饉対策の実施と財政基盤安定化の両立に苦労している様子が伺える。

このように、村方からの税収が減少するなか、佐伯藩は浦方からの税収に次第に依存するようになった。『蒲江町史』は、①十八世紀中頃に総収入の三分の一から半分近くを占めていた年貢米販売収入が、一九世紀中頃には一割程度となっていること、②年貢収入に対し相対的に浦方からの税収が次第に増加していること、を指摘している。つまり、藩財政基盤を村方から浦方へ徐々にシフトしていく過程のなか、浦方のえびす信仰に藩が関心を持ち始め、藩主の厚い信仰が浦方の巡見や氏神参拝となって浦方の人々に配慮を示していることがアピールされるようになったのである。つまり、藩財政の立て直しに直面した佐伯藩は、領内の浦方支配に積極的にえびす信仰を活用したのであった。

「当浦日記」には、寛政元年(一七八九)六月の祭礼において、浜出しの立願を行ったところ大漁になった例や、文政六年(一八二三)二月上旬に、佐伯藩の浦奉行から「甚だ不漁なので漁祭りをやるように藩が年々命じており、賑やかに漁祭りを行うように」との指示を受けていることが記されている。浦方の人々にとって祭礼が大漁と結びつき、自らの生活を支えるものとして認識されており、同時に藩の浦方支配と不可分であったことを物語っている。

えびす信仰を活用した浦方支配は、佐伯藩全体に広がっていたと考えられる。嘉永七年(一八五四)七月に佐伯城下の五所大明神・若宮八幡宮で二夜三日の祈祷が藩から命じられ、福泊村の村役人や網方も参詣するように命じられている（『上浦町史』）。

さて、こうしたえびす信仰と西宮神社とのつながりについて述べておきたい。豊後国では、西宮神社が配札をしたことは様々な記録から見ることはできない。ただし、豊後国は瀬戸内海の海運によって上方地域と強いつながりがあり、上方におけるえびす信仰が豊後国に影響を与えていたと推測される。尼崎の船が蒲江地区に来ていた事例があることや（『蒲江町史』）、「赤はい恵比須」が西宮と呼ばれていたこと、漁船のお守りとして用いられた神社の木札のなかに「西宮神社」のものがあることなど（写真）、信仰を通じたつながりが感じられる。

（東谷　智）

「西宮神社」の木札
（佐伯市蒲江海の資料館所蔵）

第五章

西宮神社の境内と賑わい

江戸時代の十日えびす（一）

現在、毎年一月九日（宵えびす）・十日（本えびす）・十一日（残り福）の三日間にわたり行われ、およそ百万人ともいわれる参拝者を集める十日えびすは、西宮神社を象徴する祭事といってよいだろう。しかし、このように盛大になるのは江戸時代あたりからであったようである。そこで、「社用日記」に即してその変遷を確認してみよう。

まず、その前提として、日記中にみえる十日えびすの例として、安政七年（一八六〇）の記事を示しておきたい。なお、記事の日付はいずれも旧暦であり、現在の暦だと二月初旬となる。

一、九日、忌籠《いごもり》、氏子中家毎に背戸・門戸莚《むしろ》を乗せ、門松をさかしまにつり候事古来仕来りに候、古例の通り相慎み、此夜社中□燈明これ無く候、暮六つ時切に社中往来参詣等差し止め候、所中時の太鼓・鐘等六つより明け六つ時迄相止め候事、天気よく候

一、同日、神主朝飯後より出勤の事

一、同日、諸国より参詣賑々《にぎにぎ》しく、鯛売店・吉兆店数多罷り出で候事

一、同日、御殿・拝殿、幕・簾等九日より掛け置き候事

一、十日、鶏鳴《けいめい》より神主・社家ならびに祝部中・神子・社役人出勤、七つ時大鼓壱番、七つ半二番、六つ時に三番鳴候事、それより大門相あけ、それより唐門相あけ、まことに賑々しき事、夫《それ》より西宮・南宮庭上へ篝火焼かせ、未明に西宮御社御《ご》供《く》・神酒《みき》ならびに尼崎魚問屋内中屋九右衛門・碇《いかり》屋五郎兵衛より御鏡餅四重献上、神子御神楽これを奏し、御祈祷丹誠を抽んじ候、それより沖殿社へ御膳献上、大門へ相廻り、南宮御社にて中臣祓一座勤め、諸末社へ参向、大国社へ御膳献備

九日には現在は神社でのみ行われ、町方では廃れてしまった風習である、居籠《いごもり》・逆さ門松の様子が記されている。また、神社内はすべての燈明を消し、暮六つ（午後六時頃）以降は参拝も停止させ、さらに時刻を知らせる太鼓・鐘も翌十日の午前六時頃まで取りやめさせている。

ところで、居籠については、つぎのような興味深いやりとりがある。元禄八年（一六九五）冬、尼崎藩より居籠とは何か、という問い合わせがあった際の、神主よりの回答である。

西宮居籠の事往古より御見覧の通りに御座候、いずれの世より何の義につき仕り来り候と申す儀も、古来当社の伝記焼失におよび、しかと知れがたく御座候につき、京都白川家の御記にも御座候やと雑掌《ざっしょう》御方迄相尋ね申し候えば、当御家の記にも見当り申さざる由仰せられ候、私ども存じ奉り候は、定めて御神崇敬のために慎み罷り有り候やと存じ奉り候

この記事によれば、神社の伝記類は焼失しており、伝奏である京都白川家に確認してもわ

からず、結局いつから、何のために行われているかは不明であり、おそらく神への崇敬のためであろう、と回答するにとどまっている。すでに元禄時代には居籠の由緒は誰も知らないものとなっていたのである。

さきの記事に戻り、十日に注目してみよう。この日は「鶏鳴」すなわち明け方より社中一同が出勤し、七つ（午前四時頃）に一番太鼓、七つ半（午前五時頃）に二番太鼓を、そして六つ（午前六時頃）に三番太鼓を打たせて大門（現在の赤門）を開く。さらに本殿左右にあった唐門も開く。唐門とあるものの、当時の形状は薬医門である。旧来は唐門であり、呼称のみが継承されていた。また、現在は拝殿を通り抜けての参拝となっているが、当時の拝殿は地面から階を昇った畳敷きであるた

戦前の本殿。右側にみえる門が唐門（東唐門）

め通り抜けはできず、左右の唐門をくぐって本殿前へ至り、参拝していた。

「まことに賑々しき事」とあるように、早朝より大変な混雑であり、本社・南宮社前には篝火を灯して照明としていた様子もわかる。神前には御供・神酒はもちろん、尼崎商人より奉納された四重の鏡餅が供えられ、神子は神楽を、神職は祈祷を行う。本社での神事が終わると、「沖殿社」すなわち現在の荒戎社や南宮社、諸末社を巡拝し、一連の神事は終了する。

十一日はいずれの年の日記も簡素な内容で、時代はさかのぼるが寛延三年（一七五〇）には「御殿の掃除、御影代等勘定致し、日用賃等相払い、諸帳面これを記す、関屋において昼飯これをたべ、各々退出におよぶ事」と、片付け・勘定を行い昼過ぎには帰宅とあるのみである。どうやら当時は九日・十日が重要で、参拝者も両日に集中していたようである。

このように、多少の異同は確認できるものの、午前六時の開門や、押し寄せる参拝者と多くの吉兆店など、現在の十日えびすのスタイルは江戸時代にはできあがっていたといえよう。

（松本和明）

江戸時代の十日えびす（二）
～その変遷～

江戸時代の十日えびすはどれくらいの参拝者を集めていたのか。現在のように何らかのかたちで把握されてはおらず、未詳である。ただ、賽銭額が手がかりとなるのではないだろうか。そこで、確認できる限りで年次別の賽銭額を一覧にしたものが表である。

日記上にはじめて賽銭額が記録されたのは、元禄十七年（一七〇四）である。この時、銭七貫六百文（一文銭七千六百枚、一貫＝四千文）であった。小判一両≒四千文、と考えると、二両にもみたない少額であったといえる。また、額の多少はあれど、賽銭箱へはコイン一枚を投じる現在の我々の感覚に近いとすると、この一文銭の枚数がおよその参拝者数を示していると考えてよいのではないだろうか。このような想定が可能であるとすれば、元禄期の参拝者数はおよそ八千人程度と考えられる。三日間で百万人とされる現在と比較すると大変な少人数といえよう。

その後、賽銭額は上昇しつづける。享保十一年（一七二六）には二万台に、宝暦年間（一七五一～六四）には七万を超え、安永四年（一七七五）には十万に到達する。十九世紀には常に

表　江戸時代における十日戎収入の変遷（10年毎）

西暦	和暦	賽銭	御神影	天候
1704	元禄17	7,600文	500枚	
1710	宝永7	7,900文	200枚	10日雨天
1720	享保5	9,000文	500枚	
1730	享保15	20,000文	5,000文	10日天気よし
1740	元文5	22,222文	1,400枚	9日より天気晴朗
1750	寛延3	36,000文	1,100枚	10日夜雨、午前8時頃より晴天
1760	宝暦10	63,000文	—	9日天気すぐれず／10日早朝より快晴
1770	明和7	76,000文	—	10日天気よし
1780	安永9	130,000文	65,000文	10日天気よし
1790	寛政2	79,332文	49,000文（4,461枚）	8日より天気よし
1800	寛政12	92,000文	—	9日終日雨／10日午前4時過より雪、夜明け〜午後4時頃迄霙
1810	文化7	161,100文	61,000文（5,000枚）	9日夜〜10日午前9時頃迄曇、午前10時過より快晴
1820	文政3	129,900文	—	9日曇、強い東風／10日東風強風、曇時々小雨
1829	文政12	176,000文	45,418文（4,480枚）	10日快晴
1840	天保11	160,267文	39,200文	9・10日天気よし／11日朝より雪
1860	安政7	146,420文	—	10日天気よし
1866	慶応2	130,000文	—	10日昼頃迄雨、昼頃より天気よし

注1）紙幅の都合上10年ごとのデータを示した。但し、文政13年（1830）の記録はないため、前年の文政12年のデータを、また、江戸時代の最初（元禄17年）と最後（慶応2年）も示した。なお、嘉永3年（1850）とその近辺の年は記録がないため省略した。
注2）御神影札について。頒布数と頒布額がわかる年から、1枚10文強で頒布されていたことが窺える。

十五万前後を記録し、時に二十万に近づく年もあった。このようにみると、十日えびすに多数の参拝者が押し寄せる状況は、十八世紀を契機にあらわれはじめたようである。この世紀のうち無作為に年を抽出してグラフ化したのが図であるが、一目でわかるようにまさに右肩上がりの様相を

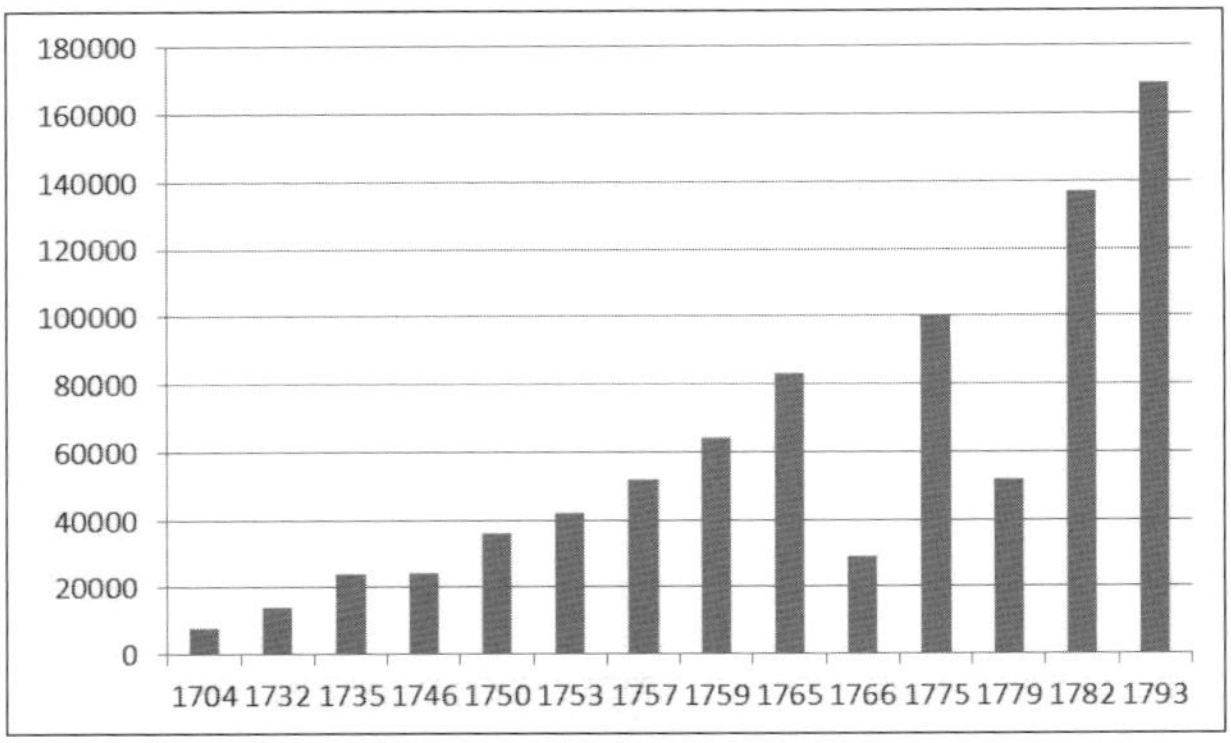

図　18世紀の十日戎賽銭額の変遷（単位：文）

呈している。

日記にも「早朝より諸参詣おびただしく繁昌これ有り候事」（元文二年（一七三七））、「諸方よりおびただしき参詣にて群集致し候」（安永四年（一七七五））などと記され、この時期の参拝者の多さが窺える。安永四年には「諸方よりおびただしき参詣にて群集致し候、御像札拝殿の御守札等払底《ふってい》におよび候」とあり、あらかじめ用意していた御神影札（特設札場・関屋にて授与）・御守札（拝殿にて授与）などが売り切れる事態にまでなっている。

そのため、かかる混雑へ対応する必要が生じ、いくつかの次第変更も行われている。例えば、宝暦五年（一七五五）には、「日暮にさんせん《（散銭）》取集め候て、過分の事ゆえ今晩揃え難く、長櫃に入れ封印をつけ、関屋に預け置き候」と、従来は十日のうちに賽銭を集めて勘定まで済ませていたところ、多額のためその時間がとれず、長櫃に封印を付けて境内にあった関屋という建物内にて一時保管のうえ、勘定は翌日以降に行うこととなった。また、「是迄は拝殿に勤番の衆中自身に夕飯等申し付け候えども、近年次第に御繁昌につき、日用等迄も罷り帰り候あいだはこれ無く候ゆえ、関屋において社中より夕飯申し付け候事」と、神職以下日用（日雇いの者）にいたるまで各々の自宅にて夕飯をとっていたが、帰宅する暇もないため関屋にて夕飯を用意するなどしている。さらに、寛政八年（一七九六）にははじめて祓殿《はらえどの》（大麻《おおぬさ》でお祓いするところ）を設置する。

とくに賽銭額の激増は盗難のおそれからも対処すべき案件であったようで、従来は十日のうちに二度回収していたが、それでは追いつかず、安永六年（一七七七）には四つ時（十時）・八つ時（十四時）・暮方と三度回収を行う。さらには寛政七年（一七九五）にはそれでも足りず、四つ前（十時）・九つ（正午）・八つ過（十四時）・七つ半過（十七時）の四度回収を行うようになった。

加えて、多くの人々が参集するため、治安の面でも注

昭和初期の西宮神社祓殿

意が払われる。明和二年（一七六五）には「尼崎寺社方・当所御陣屋には前後とも御届けはこれ無く候、去年役人の内より内意これ有り候につき、寺社方家木長衛門殿へ去年十日年々繁昌にこれ有り、参詣も多くこれ有り候、万一口論がましき儀もこれ有り候てはいかがに存じ候ゆえ、御内意御耳に入れ置き候」と、十日えびすについては尼崎藩寺社方や西宮奉行所へは届け出をせずに行っていたが、万一口論がましいことが発生しては問題であるという内意が前年の時点で藩より示されており、そのためこの年にはあらかじめ寺社役人へ話を通している。

かかる藩の懸念は的を射たもので、文化十四年（一八一七）には吉兆店の商人と参拝人とが喧嘩に及び、止めに入った神社の雇い人も巻き込まれたり、文政十二年（一八二九）には吉兆店の商人と参拝中の女性連れの船頭とが喧嘩に及ぶなどしている。このように群衆のなかでの諍いは絶えなかったようで、何事もなく済んだ文政六年（一八二三）の日記には、「今日はことのほか静かにて少しのいさかひもこれ無く候、珍らしき事に候事」と記されており、神主のほっとした気持ちが透けてみえるようである。

十八世紀以降の十日えびすの繁盛は、神社にとって利益をもたらすいっぽう、主催者として従来はなかった案件・問題への対処を迫られることとなっていくのである。

（松本和明）

江戸時代の十日えびす（三）

〜参拝者が減少するのはなぜ？〜

前項では、十日えびす賽銭は右肩上がりの増収となったと述べた。しかし、その際に示した図で気になる点はないだろうか？　そう、明和三年（一七六六）・安永八年（一七七九）である。右肩上がりのグラフのなか、この二か年の落ち込みが顕著である。おそらく、参拝者が激減した年だったのだろう。では、なぜ参拝者が減少するのか、また、どういった立場の参拝者が減少するのか、その理由を日記から考えていこう。

まず、この両年については、九日から十日にかけて、終日雨天であったことが原因である。基本的に雨天であれば減少すると考えてよいだろう。とくに日記に大雨と記された年は減少幅が大きく、文化九年（一八一二）では「大雨

戦前期の十日えびすの賑わい

天につき参詣も甚だ少なく、店等少々罷り出で候事」と、参拝者ばかりか出店も少ないとある。現在でも、商売繁盛の祈願はもちろんであるが、ひしめきあう屋台での買い物・食事も楽しみに十日えびすに参拝する人々も多いだろう。当時の人々も同様であったと思われるが、大雨では参拝者減少→出店減少→参拝者のさらなる減少→出店の減少…、といったような悪循環が生じるわけである。しかし、雪の場合はさにあらず。万延二年（一八六一）には「昼後よりも又々雪ふり候らえども、雪ばかりゆえ参詣人はにぎにぎしく御座候」と記されているように、参拝者減少の要因とはならなかったようである。

ただ、雪の程度にもよったようで、文化十年（一八一三）には「九日・十日両日はことのほか余寒にて、丹波路は雪大いに降り候ゆえ参詣も少なく候、六拾年覚えざる寒気の旨老人これを申す、大坂への路舟渡川々氷《（凍）》り、四ツ頃（十時）迄ずつは渡し相止り候事」とある。六十年このかたかつてない寒気と年配者が証言するほどの天候により、丹波路で大雪となり参拝者が減少し、大坂・西宮間の河川も凍結して渡船が止まったようである。

ここで注目したいのは、天候に加えて、丹波方面や大坂方面からの参拝者減少という点である。ここから、天候と特定の地域の参拝者との関連づけが必要と考えられる。この両者の関係が顕著にあらわれたのが安永八年（一七七九）である。「九日夜より大雨終日降り暮れ候、参詣も例年とは余程少なく候、もっとも前日・前々日は天気よく候ゆえ、かえって遠国より参詣は去年に格別の事もこれ無く候、大坂・尼崎・池田・伊丹辺りよりは一向に参詣もこれ無く候」と日記に記されている。この年は九日夜より十日にかけて大雨であったが、八日・九日は好天という気象であった。そのため大坂・尼崎など近隣からの参拝者はさっぱりだが、遠国よりの参拝は例年通りであったという。すなわち、交通機関が未発達であった当時は遠国から泊まりがけでやってくるほかなく、必然的に九日・十日の西宮付近の天候よりも現地出発当日のそれに左右されるわけである。なお、雨・雪以外にも風が影響する場合もあり、文政二年（一八一九）は淡路島よりの渡海が困難で、かつ大坂より舟による商人荷物の運送が不可能なほどの強い西風が吹き、参拝者の減少がみられた。

このように、江戸時代の十日えびすの参拝者数は雨天か否かにかかっていたといえるほど如実に天候に左右されたが、わずかに社会情勢が影響する年もみられるので紹介したい。

一例目は天保五年（一八三四）である。この年は九日夜から十日朝にかけての大風雨もあったが、それに加え

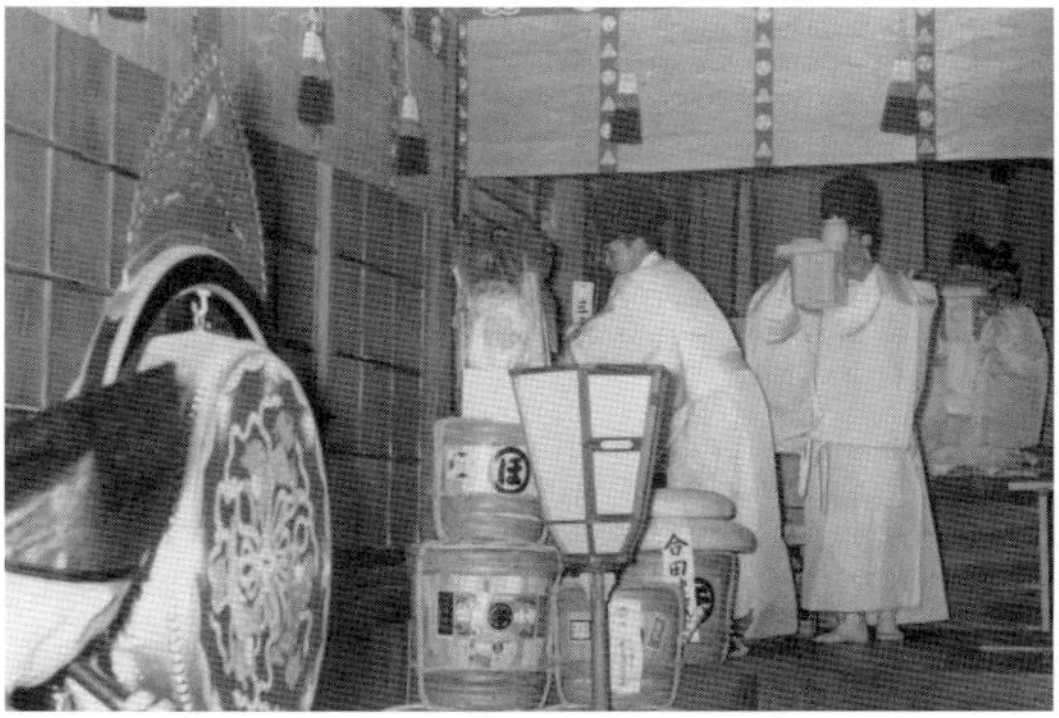

終戦直後の十日えびす神事の様子。空襲で本殿が焼失したため、仮殿で行われた。

て前年冬よりの米価の高騰や、正月四日より尼崎藩札が不通用となるなどしたため「おおいに参詣これ無く候」という状況であった。とくに藩札の件は尼崎においては「悪説」を契機に正金銀への引替希望が殺到し、藩の引替役所は正金銀払底を理由に引替を停止するといった、近現代における銀行のとりつけ騒ぎのような状況を呈している（『西宮市史』第五巻、七七八頁）。当該地域の経済にとって打撃であり、参拝どころではなくなったのではないだろうか。

二例目は幕末期である。文久四年（一八六四）には「近国の参詣人は相替らずこれあり候らえども、五四拾里の参詣人ことのほか少なく候、吉兆屋なども一白《いっぱく》売れ申さざる由」とある。この年には第一次長州征伐が実施されている。遠方からの参拝者が減少し、吉兆も全く売れなかったとある。また、慶応四年（一八六八）には、正月三日に鳥羽伏見の戦いが勃発したため、「時節柄ゆえ開門六つ時頃（六時）に相成り候、参詣人十四、五人ばかりに候」と、開門を待つ参拝者が十四、五人という、現在の盛況ぶりからは想像もつかないような状況であった。これらは幕末期の政情不安に直接影響をうけた事例といえる。

三例目は明和四年（一七六七）の、尼崎藩主死去の影響である。正月四日、藩役人より藩主松平忠名《ただあきら》が年末に死去したとの知らせがもたらされた。そこで神社側は十日えびす期間中の境内での諸商人の営業を認めてよいかどうかを確認したところ、藩役人より「十日諸商人の儀大切なる御慎中に候らえば、他所より来り掛り候とも断り申し候て指し置き申さず、社中も穏便に致し候よう仕るべき」との回答をうける。神社側は逆さ門松の飾りは中止し、境内での諸商人の営業も取りやめる。しかし、実態は「所々に荷ないながら売り候たぐい少々これ有り」という状況であった。おそらく藩が想定し禁止したのは、よしず張りなど仮設店舗を構えての商売であり、それに対して商人らは荷ない売り（振売の類ヵ）を行ったのである。神社側が停止させていないことから、かかる業態はグレーゾーンとして黙認されたのであろう。商魂たくましき商人たちの姿が垣間見える。その甲斐もあってか、「天気晴朗にて終日諸方の参詣群集」と、参拝者の減少にはつながらなかったようである。

　かかる貴人の死と十日えびすとの関係は、現代に生きる我々とも無関係ではない。天皇崩御がそれである。とくに、昭和六十四年（一九八九）には十日えびす直前に昭和天皇が崩御したため、開催すら危ぶまれる事態となった。その辺りの様子を日記から引用してみよう。

　一月七日（中略）境内十日戎出店設営にかかる、天皇陛下崩御の為十日戎開催の有無について放《（ママ）》道機関その

現在の開門神事の様子

他より問合せ頻繁にあり、歌舞音曲をさけ華美にならぬよう配慮して通常通り開催することに決定する、但し神楽は中止、夕方にはすっかり準備完了する、服喪は民間は二日間、官公庁は六日間と決定す、九日からでは民間では服喪が解けるが、三日間の参拝者数は例年に比し減少するかどうか

このように、歌舞音曲・神楽を取りやめることで開催すると決定され「静かな宵戎となる」とも記されるような状況であった。ところが、ふたをあけてみると「人出は例年以上」であったようで、神社の懸念をよそに、天皇崩御・服喪は参拝を阻害する要因とはならなかったのである。

しかし、これは現代人特有の考え方と片付けることはできないのではないか。安易に比較することは慎まねばならないが、さきの尼崎藩主死去の際も、藩当局・神社の気遣いなど無視するかのように、商人は業態をかえて商売に励み、参拝者は群集する。商売繁盛・五穀成就・大漁安全を求める人々は、いつの時代も国や藩の一員である前に、一人の生活者として、えびす様に祈りを捧げてきたのであり、えびす信仰の特徴をよく示しているといえるのではないだろうか。

（松本和明）

西宮神社境内での相撲興行

江戸時代の西宮神社では、毎年八月の恒例神事に合わせて境内で相撲が催されていた。現在は駐車場となっているが、江戸後期の勝部松貫《かつべしょうかん》筆『西宮御社略図』には、南宮社の裏手、南築地の内側に常設の相撲場がはっきりと描かれている。

古くから相撲は神仏に奉納する芸能のひとつとされた。西宮町でも見物用の桟敷《さじき》の準備や開催費用は、氏子たちが負担していた。このような神事の一部として行われた相撲は〈神事相撲〉と呼ばれていた。ただし「社用日記」に初めて登場するのは、神事相撲ではなく、元禄十五年（一七〇二）二月に京都のえびす講の者達が、境内での相撲興行の許可を神社に出願してきた話である。

神社仏閣の修繕費用等を広く集める目的で行われた相撲は〈勧進《かんじん》相撲〉と呼ばれた。江戸・大坂・京の三都を中心に、

西宮神社境内にあった相撲場
（『西宮御社略図』より）

多くは寺社の境内で開催された。勧進相撲にはたくさんの見物客が押し寄せた。あまりの人気ぶりに江戸幕府は治安の悪化を心配し、慶安元年（一六四八）に勧進相撲禁止令を発した。だが人々の相撲熱は一向に冷めることなく、禁令はなし崩し的に緩和されていき、江戸は貞享元年（一六八四）に、京都は元禄十二年（一六九九）に、大坂も元禄十四年に勧進相撲が再興している。

つまりえびす講の者達は、京都での勧進相撲の解禁と相撲人気にあやかって、本社である西宮神社での勧進相撲を企画したのであろう。その意気込みは相当なもので、境内地を借りる謝礼として金百両を神社に寄進すると申し出る。これは当時の神社の年間収入の約二倍におよぶ大金であり、講の代表者が何度も神社を訪れて交渉を重ねた。

しかしこの時の勧進相撲は実現しなかった。当時西宮町を支配していた尼崎藩が、領内での勧進相撲は「御国法」に触れると許可しなかったからである。どうやら神社も許可が下りないと予想していたようで、終始消極的な対応だった。

三都とは異なり、尼崎藩が勧進相撲を厳禁していた理由ははっきりしない。ただ尼崎藩は泉州の岸和田藩とともに、大坂城を守護する特別な役目を幕府から与えられており、不特定多数の人々が集まって熱狂するイベントは、治安上極力避けたかったのかもしれない。従って境内で唯一認められていたのは、昔から行われ、えびす神の為に奉納される八月の神事相撲だけであった。なお宝永元年（一七〇四）六月二十七日条によると、尼崎藩は勧進相撲だけではなく、境内での芸能興行全般を禁止していたことが明らかとなっている。

この状況に少し変化が見られるのは正徳二年（一七一二）である。この年、尼崎藩の役人が西宮の神主に対し、三月の神事でも神事相撲を行うべきではないかと逆提案している。神社が新しい神事や祭礼を出願することは少なくないが、藩側が先に提案することは異例と言える。

また享保七年（一七二二）に西宮神社で開帳があった際、境内で「まんざい・見せ物・小芝居・稽古浄瑠璃《けいこじょうるり》・歌祭文《うたざいもん》」が催された。藩も折角の開帳なので大目に見たのかもしれないが、注目すべきは正徳元年に尼崎藩主が青山家から松平（桜井）家に交代した事実である。

つまり相撲を含む、芸能興行に関する統制政策が、藩主家が代わったことで緩和された可能性が考えられる。これは西宮町の芸能文化史においても重要な変化であり、実際この後、芸能関係の記事が「社用日記」に度々登場するようになる。

しかし勧進相撲の開催は簡単にはいかなかった。神社は享保十八年（一七三三）に、社殿修覆料を捻出するための勧進相撲を藩に出願した。より正確には、大坂町奉行所に出願する許可を求める内容で、藩はそれを認めている。即ち勧進相撲の最終的な許認可権は大坂町奉行所が握っていたこと、また尼崎藩は神社の要求を門前払いしなかったことが分かる。従って開催の是非は大坂町奉行所に委ねられたが、回答は開催不可であり、理由も示されなかった。

もっとも出願の前年は、西日本を中心に深刻な飢饉《ききん》（享保の大飢饉）が発生し、社会不安が非常に高まっていた時期だった。将軍のお膝元の江戸でも、米価高騰に怒った民衆が米屋を襲撃する事件が起きていた。そんな折に、相撲を観戦した人々の興奮がどこに向かうかは誰も予測できないので、大坂町奉行所は不許可の決定を下したのかもしれない。

このように勧進相撲開催への道のりは長く閉ざされていたが、ようやく状況が変わったのが宝暦十三年（一七六三）である。西宮神主と大庄屋が協議し、神主が尼崎藩に勧進相撲の願書を提出する。藩は内々に大坂町奉行所の感触を調べ、大坂の真田山《さなだやま》稲荷社での勧進相撲が最近認められたという情報を得ていた。そこで藩は町奉行所への出願を許し、神社は満を持して町奉行所に願書を提出した。約四カ月後に出た答えは、春秋二回・晴天三日間の相撲の許可だった。この時、神主はわざわざ大坂に呼び出され、町奉行の鵜殿《うどの》和泉守から直々に仰せ付けられている。勧進相撲の可否は幕府にとっても重要な事案だったのである。

そして翌年の明和元年（一七六四）六月の三日間、境内で勧進相撲が催された。相撲の主催者（勧進元）は浮嶋平七《うきしまへいしち》と音羽山《おとわやま》与次兵衛で、どちらも西宮出身の相撲取りだった。また町奉行所からは相撲巡検のために、与力や同心・小者ら二十三人が来社しており、彼らの関心の高さがうかがえよう。なお「社用日記」には「繁昌致し候」と記され、西宮神社初の勧進相撲は幕を下ろした。享保年間の出願から数えても、実に三十一年後の出来事であった。

ただし同年十一月に二回目の勧進相撲が行われたが、客入りが良くなかった。神社への寄進もままならないため、来年以降は休止となってしまった。一方、八月の神事相撲はほぼ毎年開催され、活況を呈していた。両者の差を説明することは難しいが、氏子中が主催し、氏神の為に奉納する神事相撲の方が、勧進相撲よりも人々の生活や信仰心と強く結び付いていたと考えておきたい。

さて、長く途絶えていた勧進相撲だが、文化元年（一八〇四）に再び開催されて以降は、数年に一度のペースで行われるようになる。幕府の倹約令で、他の場所での興行が困難となったことが背景にあった。そうした状況は、勧進元の相撲取と神社との関係を一段と深めた。例えば天保七年（一八三六）には、大坂相撲で名を馳せる三保ケ関喜八郎らが、石灯籠一対を神社に寄進している。かなり大きな灯籠だったらしく、現存していないのが惜しまれる。ただ西宮神社の境内が相撲興行の場として、角界にも広く認知されていた証左と言えよう。

かつて相撲場のあった辺りは、大練塀《おおねりべい》を挟んですぐ西国街道に接している。相撲見物の熱気と歓声は街道を歩く人々にも届いただろう。その雰囲気に逆らえず、急ぐ足を止めて相撲観戦した旅人もいただろう。西宮神社の境内は色んな人々を招き寄せる〈仕掛け〉に溢れていたのではあるまいか。

（戸田靖久）

江戸時代のえびす開帳

開帳とは、普段公開しない仏像などを一定の日を限って人々に拝観させることで、自らの寺社内で行う居開帳《いがいちょう》と、他所の寺社などの場所を借りて行う出開帳《でがいちょう》がある。七年に一度行われる長野市善光寺の開帳などは居開帳の事例として有名である。そして、英訳でも「exhibit a Buddhist image」とされるように、現在は一般的に寺院の行事として知られている。しかし、江戸時代には、西宮神社を含め神社でも開帳が行われていた。ただし、展示されるのはいわゆるご神体そのものではなく、神のお姿をかたどった像である。

開帳がひろく行われるようになったのは幕府の方針とも関係がある。初期には幕府が直接出資をして寺社の造営・修復を行っていたが、享保期（十八世紀初期）以降、財政逼迫に伴い、幕府は開帳と勧化（寺社造営のため一般に寄付を求めること）に許可を与えるというように、資金は寺社側の自助努力で、しかし幕府がお墨付きを与えてそれを行わせるかたちをとることで権威は維持する、という方針へと転換する。

西宮神社の場合、開帳の初見は享保七年（一七二二）で、目的は夷《えびす》・南宮《なんぐう》・広田三社の屋根修復であった。寛文三年（一六六三）の四代将軍徳川家綱による造営からおよそ六十年を経過し、本格的修復の必要があったものと思われるが、寛文三年の造営が幕府の手で行われたのに対して、享保期には初めて開帳を企画しているという点は、幕府の方針転換と密接に関連しているといえよう。また、西宮神社にとっては江戸時代初の開帳ということで、大坂町奉行所などへ実施許可を出願するにあたって、大坂・尼崎にて河内国誉田《こんだ》八幡宝物開帳の立て札を見たという情報を得て、祝部を同社へ派遣して神官に面談のうえで開帳の手続きなどを照会する（享保四年十月二十六日）。また大坂町奉行所与力からは提出願書について「開帳の場所神前とばかりにては何方《いずかた》の神前にて候や分明ならず候あいだ、西宮にて候わば西宮本社神前においてと書き加え」（享保六年十一月二日）るようにと添削をうけるなど、どのように出願すべきか、さらには願書にはどのように記すべきなのかなど、奉行所から許可を得るためのノウハウを獲得するところから始めねばならなかった。

享保七年開帳は、三月一日から四月二十一日までの五十日間、三連春日造りの本殿向かって東側の第一殿前に沖夷神像《おきえびす》（普段は沖夷社に安置ヵ）を出し、その他にも剣珠など神社所有の宝物類も展示された。また、開帳が三社屋根修復費用の確保を目的としている以上、多くの参拝者を呼び込む必要があるため、あらかじめ立て札を諸方へ設置する（図）。設置場所は摂津国では伊丹・池田・郡山（大阪府茨木市）・有馬・三田、播磨国では明石・姫路・室津、さら

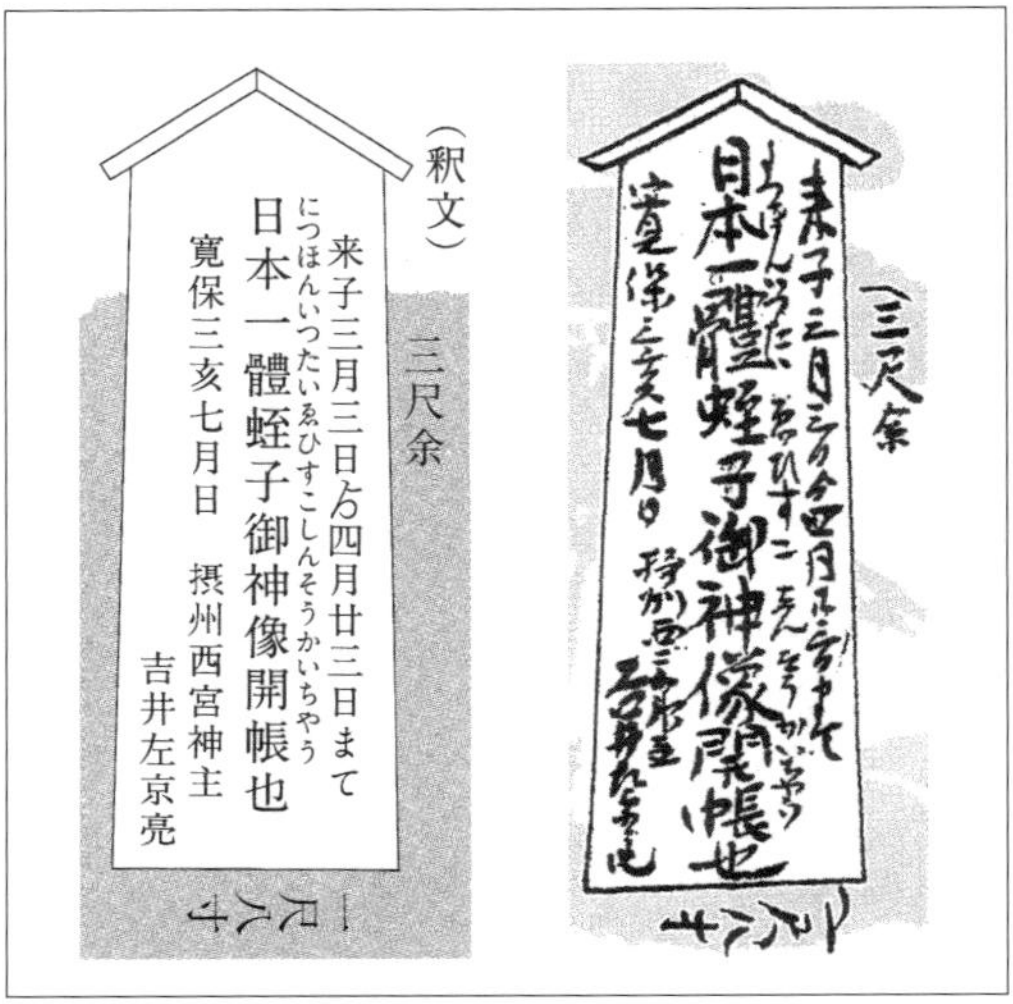

開帳立て札（寛保３年「社用日記」）

には淡路国にも設置された。告知が目的であるため、摂津・播磨・淡路の城下町・宿場町や港町など、人の集散する場が選ばれていることがわかる。キャッチコピーは「日本一体蛭子御神像開帳」である。その結果、期間中多数の参拝者があったようで、寄進・賽銭・御神影札頒布料など金換算で約百六十両という多額の金銭が短期間に集まった。

境内にも大坂・今津・西宮などの商人らが八十軒ほども出店を出していたことが窺え（宝暦度開帳）、茶屋や饅頭・菓子・蕎麦切りを提供する飲食関係、芝居・万歳《まんざい》・浄瑠璃など芸能興行、さらには小間物《こまもの》・煙草・下駄・植木などといった生活雑貨を売る店もあった。占いも営業していた。参拝者は、霊験あらたかなえびす様の福をいただくことに加え、このような非日常的空間を楽しみにやって来たのではないだろうか。

その後、寛保四年（一七四四）・宝暦十四年（一七六四）・寛政三年（一七九一）・文化八年

（一八一一）・天保十一年（一八四〇）と、江戸時代を通じて二十数年間隔で計六回の開帳が実施される。いずれも三月から四月にかけての五十日間、目的は破損箇所の修復助成のためであった。

この開帳、たとえば延享期（一七四四〜一七四八）に大坂にて六十日間の出開帳を行った河内国壺井社の場合、雨天続きであったこともたたって参拝者が少なく、百両余の赤字となったことが他の史料から確認できるように、実施すれば必ず収益があがるわけではない。しかし、西宮神社の場合、最後の開帳となった天保度にはおよそ千二百両という、享保度の六倍もの収入となっている。時代が下るにつれますます繁盛していくのであった。

（松本和明）

西宮神社にお堂があった⁉

現在、西宮神社には本社・末社をふくめ多くの社殿が存在する。そのいずれもがえびす様をはじめとする神々をお祀りしている。しかし、江戸時代の中頃までは境内にお堂が存在していた。神社にお堂？と思われる方もおられるかもしれないが、前近代においては本地垂迹説に基づく神仏習合思想（仏を本地《ほんじ》とし、神をその垂迹《すいじゃく》とみて、神は仏が権《かり》に現れた姿とする考え方）この思想は明治初年の神仏分離令により廃され、現在の私たちがみる、神を祀る神社と仏像を安置する寺院とが明確に区分されたスタイルとなったのであり、歴史的には比較的新しいかたちといえよう。

かかる流れは西宮神社とも無関係ではなく、当然のように境内にお堂が建てられ、堂内には仏像が安置されていた。江戸時代以前には社僧《しゃそう》（神社に所属する僧侶）も二十坊あったようである（本吉井家文書M七一）。しかし、これらのお堂は神仏分離令をまつことなく廃されていく。それは、神職が唯一神道（本地垂迹説に反する考え方）に与《くみ》することでなされた。このように、江戸時代の段階で神社から仏教色が排除されていく過程を「プレ神仏分離」と評価する研究者もいる。

　そこで、「社用日記」から確認できる範囲で、西宮神社における事例をみていこう。

　最初にお堂にかんする記述がみえるのは、元禄七年（一六九四）六月十六日である。この日、神主吉井良信は、境内の本地堂《ほんじどう》を近年確認しておらず、自分自身も見たことがないという理由で、願人頭《がんにんがしら》辻勘右衛門へ相談して開扉し、堂内を確認している。そこで良信が見たものは、中央に約三尺（約九十センチ）の座像である本尊、その右には不動、左には毘沙門の五色に彩色された木像があり、それらの背後にも板に不動が描かれていた。さらに桐箱入りの法華経があったという。確認後、仏殿の鋲《びょう》などに願人頭と「相封《あいふう》」を施して閉扉し、この日は終わっている。

　本地堂は三間（約五・四メートル）四方の瓦葺きであり、現

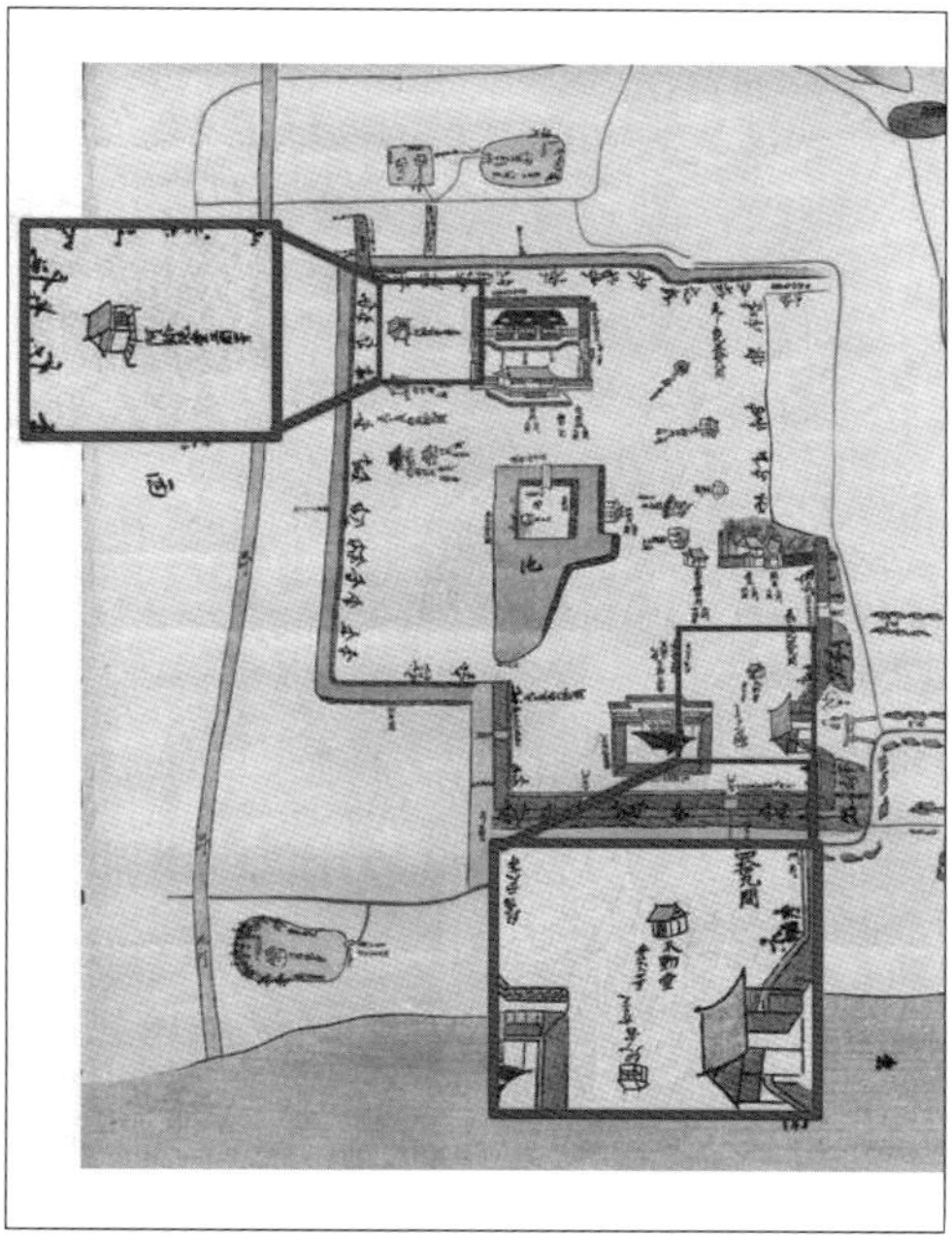

「広西両宮絵図」（広田神社所蔵）に見える阿弥陀堂と不動堂

在大国主《おおくにぬし》西《にし》神社が鎮座する場所にあった（図参照）。このお堂は阿弥陀堂とも称されていることから、本尊は阿弥陀如来座像であったのではないか。そして、左右に居並んだ不動・毘沙門は「夷三郎殿《えびすさぶろうどの》」（のち両者は混同され、「夷三郎殿」となる）の本地仏である。ゆえに本地堂と呼称されていたのであろう。この頃にはすでに仏前での祭事は行われておらず、放置されていたことがわかる。また、神主が願人頭へ開扉の確認をとったり、閉扉時の「相封」などの行為は、本地堂が願人頭の管掌する施設であったことによると考えられる。

またもうひとつ、不動堂という瓦葺きのお堂が境内松林のうち赤門近くに存在していた（図参照）。こちらは享保二十年（一七三五）四月に廃絶の手続きがとられている。この時の記述には「元来不動堂にあらず、然るを中世両部習合に罷成り候て浮屠《ふと》（僧侶のこと、筆者注）の所為《しょい》にて不動堂と成たるの故、此度修覆の節、旧に帰すもの也」として、堂内にあった不動の絵を取り捨て、疱瘡守護神として大巳貴命《おおなむちのみこと》・少名彦命《すくなひこなのみこと》を勧請したとある。不動絵像を廃棄してしまうところに過激さを感じるが、唯一神道へ大きく舵をきっていることを示している。

その約二十年後、このお堂から転じた社殿は移築されようとした。宝暦四年（一七五四）三月二十五日に神主より尼崎藩寺社役人宛に修復願いが提出されている。その本文はつぎのようなものである。

西宮境内末社の内、不動堂と申し候壱丈四方の大黒神社御座候、此所湿地にて破損多く難

義仕り候につき、此度修覆仕り候序でに西の方へ廿間ばかり引移し候て、有り来り候通り
に修覆仕りたく願い奉り候（以下略）

この願書からは、社殿は一丈（約三メートル）四方で大黒神社と称されるが、いっぽうで未だ不動堂とも呼ばれていたことがわかる。そして、立地が湿地であるため修復のついでに西へ二十間（約三十六メートル）の場所へ移築したい、というのが願意である。修復という理由をもって移築するというのは筋が通らないようにも思えるが、新規建設が禁じられていた当時においては、かかる出願の仕方が有効であったのである。ゆえに移築はするが「有り来り候通りに」という点を強調するものとなっている。

しかし、この願いは通らなかった。四月八日、寺社役人より回答の書状が到来する。そこには、「大坂町奉行所へ問い合わせたところ、『移築は多少に限らず検使派遣のうえで行うべき案件である。そのつもりで出願したのか』と問われたが、これについてはどうか」と記されてあった。大坂町奉行所は摂津・河内両国の寺社行政を管掌しており、西宮神社でかような大がかりな修復を行う場合、まずは領主である尼崎藩へ許可をとり、そのうえで大坂町奉行所へも出願、許可をとる必要があったため、このような問答がなされたのである。

神社側は「左様の事は以てのほか存じ寄りこれ無く」と回答する。まさかそこまでのこととは…という気持ちがあったのだろう、すぐに願書を撤回し、五月十五日には移築をせず従来の

場所にて修復のみ行うことを前提に、社中にて相談が行われている（翌年八月二十日修復完了）。さらに時代は下り寛政二年（一七九〇）三月には解体され、新たに三尺五寸（約一メートル）四方の社殿として作り直される。ここに、不動堂は名実ともにその姿を消したのである。

さて、いっぽうの本地堂はもう少し後まで残っていたようである。しかし、享和三年（一八〇三）正月十二日、大坂町奉行所へつぎのような相談をする。

本地堂取払いの儀相尋ね候、先年より仏御座なく候て、社中の雑蔵に致しこれ有り候処、年々風雨に木の枝落ち、屋根其外甚だしく損じ、見苦しく御座候

これによれば、本地堂とは名ばかりで、以前から仏像も安置されておらず、神社の雑蔵（倉庫）として使用していたという。いつ仏像が撤去されたのか、あるいはその後はどうなったのか等は今後の課題としておきたいが、少なくともこの十九世紀初頭の時点においては、すでに実体を伴わない、ただの倉庫と化していたのである。

唯一神道の流れにのまれ、西宮神社の境内に神仏習合時代の建築物は残っていないように思われるが、慶長年間に豊臣秀頼の家臣片桐且元より奉納と伝わる「御戎之鐘《おんえびすのかね》」はまさに神仏習合時代の遺産である。また、境内の一隅にひっそりと鎮座する大国主西神社は本地堂・不動堂の系譜をひくものであり、江戸時代よりさらに以前の神社のすがたをいまに伝える貴重なおやしろといえるのではないだろうか。

（松本和明）

「芝附」という空間

西宮神社の南、築地塀の外側に、芝生で敷き詰められた空間がある。現在は「神苑」と称しているが、江戸時代には「芝《しば》附《つき》」と呼ばれていた。いまもむかしも神社が管理する土地だが、江戸時代における利用のされ方は実に多様だった。

明和八年（一七七一）五月、西宮浜方町人の宮本屋利兵衛が社家の東向斎宮《ひがしむきさいぐう》と面会し、芝附の貸与を申請した。「御蔭《おかげ》参り」の途中に、救護が必要となった伊勢参宮者への施行場《せぎょうば》に使用したいとの理由だった。

かつて「芝附」があった場所。
築地塀と西国街道に挟まれた空間だった。

「御蔭参り」とは、江戸時代の特定の年に発生した、庶民の爆発的・熱狂的な伊勢神宮参拝現象である。特に明和八年は、わずか数ヶ月で数百万人の参宮者を数えたという。もちろん西国街道と中国街道を抱える西宮にも、数多くの参宮者が往来し、町内は大いに活況を呈したと考えられる。

しかし誰もが安全に旅を続けられたわけではなかった。例えば同じ年の三月に、安芸国沼田郡大河内村から伊勢に向かっていた百姓藤七の娘さやが芝附で病に倒れた。藤七は町庄屋に助けを求め、町庄屋は医師を紹介したが既に手遅れだった。不慣れな土地で我が子を失った藤七の悲しみが目に浮かぶ。ただ同様の事態が他にも起きていた可能性があり、宮本屋が貸与を申請した一因だったのではないだろうか。

そこで神社は宮本屋の要求を認める。早速芝附内に三間×六間の仮小屋と忌竹《いみたけ》が設置され「接待場」と名付けられた。当時は参宮者を接待すること自体が功徳《くどく》とされ、沿道の富豪が金銭や飯を提供する施行が盛んに行われた。全国屈指の商業都市だった西宮で、施行が企画されたのは当然の流れと言えよう。芝附は一種の公共的な活動を目的に利用される空間であった。

ただすぐに問題が発生した。夜間に参宮者を接待場に泊まらせてしまい、何か問題が起きた場合、神社の迷惑となるので以後禁止となった。

そして接待場設置の翌月に、神社は市庭町《いちにわちょう》に対して芝附の利用規約の改定を打診した。市庭町は西宮町内の個別町で、芝附から西国街道を挟んだ南側に位置する。市庭町は普段から神社との関わりが深く、神社は芝附の一部を市庭町が無償で利用することを認めていた。神社が宮本屋に貸与したのは、市庭町に認めていた箇所と思われる。

では神社は市庭町にどのような改定を、なぜ打診したのだろうか。

そもそも芝附で異変が起きた際、幕府や藩に報告し、事後処理を負担するのは神社だった。しかし御蔭参りに伴う旅人の増加や、彼らを受け入れる接待場の存在により、体調不良の旅人が芝附に押し掛けてしまい、神社の対応能力を超えてしまった。そこで従来通り使用するならば、芝附での行倒人や捨子等の保護費用は、すべて市庭町が負担するよう求めたのである。

この打診に市庭町はしぶしぶ同意し、神社が救護場所を取り囲む形で設けた、竹垣の管理費も町の負担となった。市庭町にしてみれば大きな負担増だが、それ以上の利用価値があったと考えてよいだろう。それが興行場としての芝附である。

明和三年（一七六六）六月に、沖戎社（西宮神社の境外末社）の祭礼に合わせて、芝附で軽《かる》業《わざ》の見世物興行が行われた。沖戎社は芝附から離れた場所にあるので、興行だけが独立して催されたのである。興行主は不明だが、芝附が興行地として認知されていた可能性を示している。

宝暦十二年（一七六二）閏四月には、放下師《ほうかし》の曲芸や子供の仕組万歳《しくみまんざい》が催された。実はこの興行は、神社の隣の円満寺で行われた法要に合わせたものだった。興行主は浜石才町の小網屋源吉で、彼と円満寺が連名で芝附の貸与を神社に出願していた。さらに天明四年（一七八四）二月にも、備前屋善八が円満寺での法要に合わせ、芸子浄瑠璃《げいこじょうるり》の興行を企画し、神社に芝附貸与を申請していた。

つまり芝附は西宮神社の社地にも関わらず、神社以外の宗教行事に際しても芸能興行が行われていたのである。即ち一八世紀後半に芝附の興行地化が進展し、西国街道沿いという立地条件も相まって、興行主にとって大変魅力的な空間に成長していた。

そこで興行地・芝附の特質をもう少し検討してみたい。

安永六年（一七七七）九月二十日に、浜石才町の小網屋伝四郎が市庭町の町役人を通して芝附の貸与を申請してきた。小網屋は十月十九日・二十日の「誓文払《せいもんばらい》」と、正月十日の「十日えびす」に、芝附での芝居興行を企画していた。どちらも西宮神社を代表する神事日であり、小網屋の狙いが大勢の参拝客にあったのは間違いないだろう。神社側も芝居興行が行われるならば、より多くの人出を見込めるので、市庭町と社役人（神社雑事を取り仕切る役）との合意があれば貸与を許可すると返答した。

これを受けて小網屋は、興行の許認可権を持つ大坂町奉行所に願書を提出した。願書には神主の奥印が付され、神社の同意も得ていることを示したが、当時の西宮町の芝居興行を知る上で興味深い記述がある。

まず小網屋伝四郎は、幕府から「御免定芝居《ごめんじょうしばい》」の営業を認められた人物で、自ら「定芝居株主」と署名している。定芝居とは、特定の場所に常設の小屋を建て、常時興行している芝居を指し、小網屋はその営業権（株）を持っていたのである。彼の芝居小屋は西宮浜方の浜東町にあったらしい。

しかしながら小屋の破損が目立つようになり、また町の中心部から離れていたので、客入りが悪くなり、次第に繁昌しなくなった。そこで芝附の一部を五年間借り、常設小屋を移転して芝居を行いたい、というのが願書の趣旨である。五年間の社地貸与は前例がなく、神社にとっても非常に大胆な提案だったが、どうやら幕府は小屋移転と年二度の興行を認めたらしい。

さらに小網屋は貸与に関する条件を神社側に提示した。まず芝附で行き倒れ等の異変があった場合は、小網屋が関連費用を負担すること。これは前述した市庭町の事例と同じである。もう一つは、小網屋は社殿修覆を名目とする地代銀（出店料）を神社に納めることである。

西宮神社は数十年に一度の開帳の際以外、境内に出店する商人や興行主からは地代銀を設定していなかった。なぜなら地代銀を受け取らないことが、神事の公的な性格を担保すると考えていたからである。従って神社が小網屋から地代銀を受納する意味は、神社にとって芝附が〈社地としての聖性〉と〈興行地としての俗性〉を併せ持つ、非常に特殊な空間と認識していたことを示している。

そうした相反する属性が醸し出す魅力が「磁場」となり、西宮内外の人々を惹き寄せていた。芝附とはまさに都市の〈祝祭空間〉と呼びうる場所だったのである。

（戸田靖久）

阪神・淡路大震災で倒壊した絵馬殿

西宮神社の社殿・建物類はそれぞれ紆余曲折を経ており、わけても第二次大戦時の空襲により本殿をはじめ多くの建物が灰燼に帰した。そのようななか、奇跡的に焼失を免れた建物のひとつに絵馬殿があった。

絵馬殿は神社内では比較的新しい建物といえ、宝暦十三年（一七六三）六月二十八日に上棟式が執り行われている。しかし、計画の発端はそれより三十年近く前の元文二年（一七三七）にさかのぼる。つぎの史料は同年十月六日付で尼崎藩へ提出された願書の一節である。

西宮の義、これまで拝殿に絵馬かけ置き候えども、年々夥しく相かさなり、只今にてはかけ置き申すべきところこれ無きように相成り、難義仕り候につき、この度右拝殿の側に横二間（※）・長さ三間の絵馬かけ瓦葺きにて新建仕りたく願い奉り候（後略）

（※）一間は約一・八二メートル

これによれば、従来は拝殿に絵馬を掲げていたものの、年を経るに従い数が嵩み、元文二年当時すでに掲げる場所がなくなってしまっていた。そのため絵馬を掲げることを目的として、およそ三・六四×五・四六メートルサイズの瓦葺きの建物を拝殿の側に新規に建設することとなったのである。ちなみに、実際に建設された絵馬殿は拝殿西側にあったが、この願書とともに写されている配置図によれば、拝殿東側（現在の拝殿と社務所との間あたり）への建設が計画されていたようである。

尼崎藩から許可を得た神社は、つぎに大坂町奉行所へも願書を提出する。これは、同奉行所が摂津・河内両国の寺社行政を管掌していたためである。十一月五日、大坂町奉行両名列座のもと神主が願書を提出し、無事に許可を得る。

この結果、建設に向けて動き出すこととなるが、費用は寄進に依拠するところが大であった。西宮町人はもちろん、大坂北浜の商人米屋左兵衛なる人物が寄進の世話を申し出ていることから、さらに広域的に寄進が募られたものと考えられる。元文五年（一七四〇）十月四日には、どこからこの話を聞きつけたのか、上野国山田郡（現群馬県）の津久井義助なる人物から金三分の寄進があった。その後、満足な額が集まらなかったためか、願書提出から八年を経た延享元年（一七四四）五月段階においても未だ材木の調達を大坂の新宮屋新兵衛なる人物に依頼するといった状況であったが、宝暦元年（一七五一）十一月には尼崎藩主から絵馬奉納が行われるなど、少しずつ建設への歩みをすすめていた。

ところが、その歩みを停止させる問題が生起する。ひとつは石津社との争論である。詳細は本書「地域社会と勧化・廻在者」（二二一頁）をご参照いただきたいが、江戸の幕府寺社奉行のもとでの訴訟にまで発展したため、神主以下が訴訟へかかりきりになるとともに、江戸への往復・滞在費など、その費用も膨大なものとなったであろうことは想像に難くない。そしてふたつには神主の死去である。宝暦八年（一七五八）四月、年頭礼のため江戸滞在中の神主吉井左京亮良行は、病をおしての出府がたたり、旅宿で死去する（「江戸で亡くなった神主」八一頁参照）。また、これに伴い、弟である和泉守良知が神主職を相続するが、官位叙任は忌明けを待ったためか、翌九年二月に行われている。前神主死去から新神主官位叙任に至る過程にも膨大な費用がかかったであろう（「神主の官位と「価格」」二九八頁参照）。このふたつの問題が生起した期間中は日記にも絵馬殿にかんする記述は一切確認できない。絵馬殿建設どころではなくなっていたというのが実情ではないだろうか。

その後、ようやく宝暦十一年九月に至り、尼崎藩と大坂町奉行所へ絵馬殿建設願書が再び提出され、同十三年六月十六日には上棟を執行することとなる。ところが、この時にも待ったがかかる。尼崎藩主奥方の逝去に伴う鳴物停止《なりものちょうじ》（一定期間鳴物・高声・普請・殺生の禁止）のお触れがあり、それについて藩へ問い合わせたところ、一度は受理されたはずの六月十六日上棟の願書について、一昨年六月十二日に死去した九代将軍徳川家重三回忌のこともあり、前後いずれかへ日取りをずらすようにとの指示をうける。そこで神社側は六月二十八日執行の旨、願書を書き直して再度提出する。さらに、上棟当日には大工棟梁が前夜叔父が死去したとのことで来ず、代理として倅を出席させている。これらは前述のような資金調達や争論と比較するとささいなことではあるが、最後の段階までスムーズには進行しなかったのである。

このように、先人たちの努力により、万難を排して建設され、空襲をも乗り越えた貴重な建物であったが、平成七年（一九九五）一月十七日の阪神・淡路大震災により完全に倒壊し、掲げられていた多くの由緒ある絵馬ともども瓦礫と化してしまったことは大変残念なことであった。なお、絵馬のうちごく一部は救出され、現在も神社に保管されている。

（松本和明）

倒壊前（上）と倒壊後（下）の絵馬殿

第六章
西宮神社のあれこれ

鳩ネット導入物語

誰が決めたか、鳩は平和の象徴らしい。確かに道端や公園で、無心に餌を啄《ついば》む姿は長閑《のどか》で微笑ましい。だが、近年では糞や営巣など鳩害が大きな問題になっている。高層住宅では、もはや鳩ネットは必需品だ。高層建築が少なかった昔、比較的高い建物だった寺社での鳩害は苛烈をきわめた。奈良や京都の大寺社で、屋根の下に金網が張り巡らされているのをご覧になった方も多いだろう。あれこそ、まさしく鳩ネットの魁《さきがけ》なのだ。

実は江戸時代、西宮のゑべっさんも鳩害に悩まされていた。そして、鳩ネットを張った。たかが鳩対策と言う勿《なか》れ。この鳩害への対応からは、当時の神社や社会を取り巻くいろいろなことがわかってくるのだ。「社用日記」から、ゑべっさんの鳩害への対応をみてゆこう。

元禄八年（一六九五）五月十八日、夷社殿の屋根に穴が開いているのが発見された。大きな穴だ。下手人は、社殿に集う鳩。とりあえず応急処置として、杉の葉を固めて穴を塞いだ。しかし、所詮は応急処置。四年後の元禄十二年（一六九九）四月には、穴から雨露が漏れるようになった。

もはや一刻の猶予も許されない。だが、思い立ったが吉日とばかりに、すぐに修繕できるわけではない。その前には、さまざまな問題が立ちはだかる。まず、西宮の町役人、領主尼崎藩、さらには京都の伝奏と、各方面への届け出と許可の取り付けが必要だ。社殿を修繕している間ご神体を仮置きしておく仮殿も造営しなければならない。何より修繕のための経費は、最も切実な問題だった。

社内で熟慮すること一カ月、神主は願人頭を伴って西宮町の庄屋宅を訪れ、屋根の修繕について相談した。願人頭を帯同したのは、彼が神社修復のための経費を集める願人の統括者で、「修造の肝煎役人」(「社用日記」元禄十三年五月十八日)であったからである。修繕の方針は決定した。六月五日になって、尼崎藩宛てに修繕許可を求める口上書を提出、藩主の裁可を経て、同月十日庄屋を通じて藩の許可が伝えられた。

だが、修繕は一向に進まない。年を跨いで元禄十三年二月二十四日、願人頭がしびれを切らして、そろそろ穴塞ぎの工事にとりかかろう、と提案した。費用は不足していたが、ともかくやらねばならない。尼崎藩に仮社殿への神体の移動(下遷宮)を届け出、伝奏にも修繕と遷宮執行を行う旨を届け出た。三月晦日に下遷宮が行われ、四月六日には業者入札の結果、かねて出入りの尼崎の与次兵衛が作事を落札した。入札に際して穴の大きさを確認したところ、坪換算でなんと十五坪余りもあった。

入札金額は六百十六匁余り。だが、とにかくお金がない。五百匁ぐらいで…と値切ってみたが、与次兵衛はギリギリの価格であり、これでも勉強させてもろてますんやと、つれない。提示していた仕様書から修繕面積を減らして…、と持ちかけると、しょうがおまへんなぁ、ご寄進でっせと、なんとか五百五十匁で請け負ってもらうこととなった。それでも、無い袖は振れない。結局、嵯峨屋理右衛門という金融商から、三百五十匁を借り入れて経費を賄った。

準備オッケー。さぁて、普請に取りかかろう！　と思った矢先、御触れが回ってきた。徳川家光の五十回忌の法事があるので、四月六日から二十日まで鳴り物や普請は禁止する、との内容である。トホホ、出鼻を挫かれた。でも、仕方ない…。

四月十九日、ようやく修繕工事の準備が始まった。だが、一難去ってまた一難。鳩の糞が大量にあることが判明したのだ。当座の分は日傭を雇って取り除かせたが、残りは取り集めて売り物にすることにした。その量たるや、何と百俵を越えた。とりあえず二、三人の商人に入札をさせ、西宮町の半四郎が百俵につき銀四百匁で落札した。

これ以降、普請はしばらく順調に進んでいった。だが四月二十七日、夷社殿の鳩穴の修繕を請け負っている与次兵衛が激昂した。夷社殿同様修繕が必要になっていた唐門その他の修繕について、神社が別の業者を指名して契約（役所では「特命」という）を結んでいたことが露呈したのである。夷社殿の鳩穴修繕は入札だったのだから、唐門等も特命でなく入札で業者を決めるべきだ。なのに唐門等の修繕が特命とは…。与次兵衛は、この措置を「ウラミに存じ候」といい、「職人の法」に従ってもらいたい、と凄い剣幕。追って検討する旨を伝え、なんとか事態は収束した。

与次兵衛も機嫌を直して五月十二日、普請は終わった。やれやれ、お疲れ様。だが、やはり今後の鳩害が気に掛かる。今回の修繕を無駄にしないためにも、再発防止策が不可欠である。そう、鳩ネットの導入だ。鳩ネットは銅の金網製。網目の間を棕櫚《しゅろ》の毛で細かく覆えば完璧だ。大坂の銅屋へ見積もりを取ったところ、思いの外安かった。かくして、ゑべっさんに鳩ネットが導入されたのである。

六月五日、尼崎藩・西宮町奉行・西宮町と西宮浜の役人列席の上で、仮社殿からの神体の還幸（正遷宮）が厳かに執り行われた。六月二十一日には伝奏白川家に参上して、遷宮がつつがなく済んだことを伝えている。だが、当初の予定より修繕坪数が増えたため、経費は七百二十匁に膨らんでいた。そのため金融商の嵯峨屋から、三百匁余りの追加融資を受けなければならなかった。

嵯峨屋からの借り入れは、修繕が西宮神社の自腹であったことを示している。当社はしばしば「公儀御造営」の神社であることを誇るけれども、なぜ「公儀」が修繕してくれないの？と疑問が生じる。確かに、西宮神社は寛文三年（一六六三）江戸幕府によって修造された「公

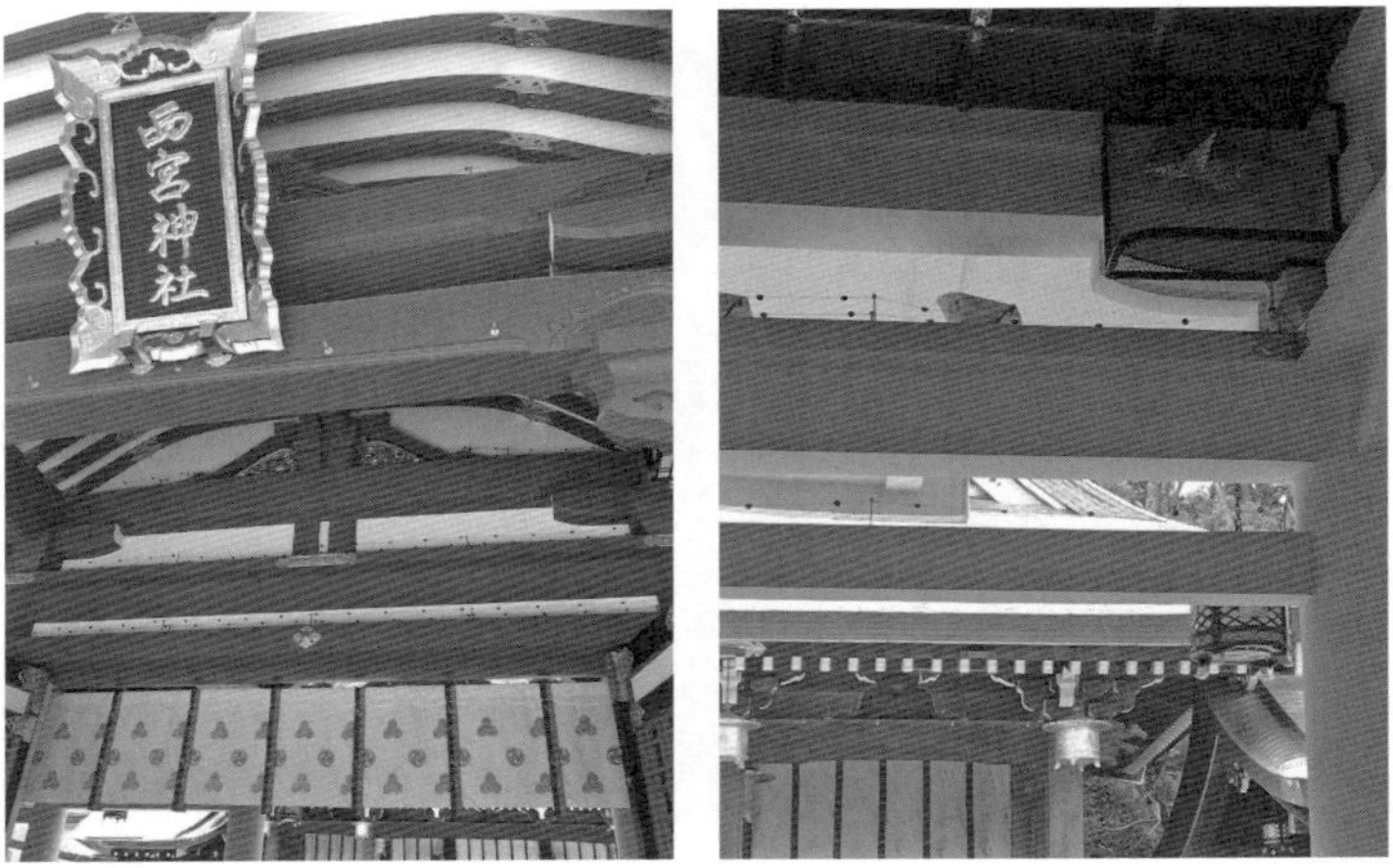

現在の西宮神社の“鳩ネット”

儀御造営」の神社である。だが、幕府や領主が修造するのは「大破」の場合に限られた。鳩穴のような「小破」の場合は、各神社が自前で修復しなければならない。そのために朱印地・黒印地を与えたり除地（免税地）を認めている、あるいは願人による修復料徴収を許している、というのが幕府や藩の立場であった。寛文五年（一六六五）に各地の神職に対して出された「諸社禰宜《ねぎ》神主法度」（当時は「神社条目」と呼ばれた）にも、その五条で「神社小破の時、それ相応常々修理を加えるべきこと」と謳われている。朱印地は持たないが黒印地を有し、除地を認められ、幕府から願人による夷像札の配賦を独占的に行うことを許されている西宮神社は、鳩穴ぐらいの修繕は自腹で行わなければならなかったのである。

たかが鳩穴の修繕ではあるが、その穴からは修繕をめぐる神社と幕藩権力の関わり方が見えてきた。この穴からは他にも、業者たちが依拠する「職人の法」の存在、鳩の糞が売り物になることなど、江戸時代の社会の実態が見えてくる。え、鳩の糞を買ってどうするかって？　わからない方は、今すぐ鳩ならぬ「鶏糞」で検索！　結構、有用だったんですよ。

ともあれ、ゑべっさんと鳩との戦いは、ひとまず終わった。だが油断すれば、いつまた再来するかわからない。果たして、鳩との戦いは再び勃発するのか？「社用日記」から、まだまだ目が離せない！

（井上智勝）

神主の官位と「価格」

江戸時代、西宮神社の歴代神主は官位（官職と位階）を朝廷より叙任（叙位と任官）されていた。四十五代吉井良信までは従五位下という位階のみであるが、以後は四十六代吉井良行（従五位下左京亮《さきょうのすけ》）・四十七代吉井良知（従五位下和泉守）・四十八代吉井良足（従五位下陸奥守）・四十九代吉井良明（従五位下上総介《かずさのすけ》）・五十代吉井良顕（従五位下但馬守）・五十一代吉井良郷（従五位下陸奥守）といったように、叙位・任官をうける。叙任に際しては、朝廷から口宣案《くぜんあん》という、薄墨紙に書かれた文書が交付される。

この叙任手続きについて、享保十九年（一七三四）に吉井良行が従五位下左京亮に叙任された際の事例から紹

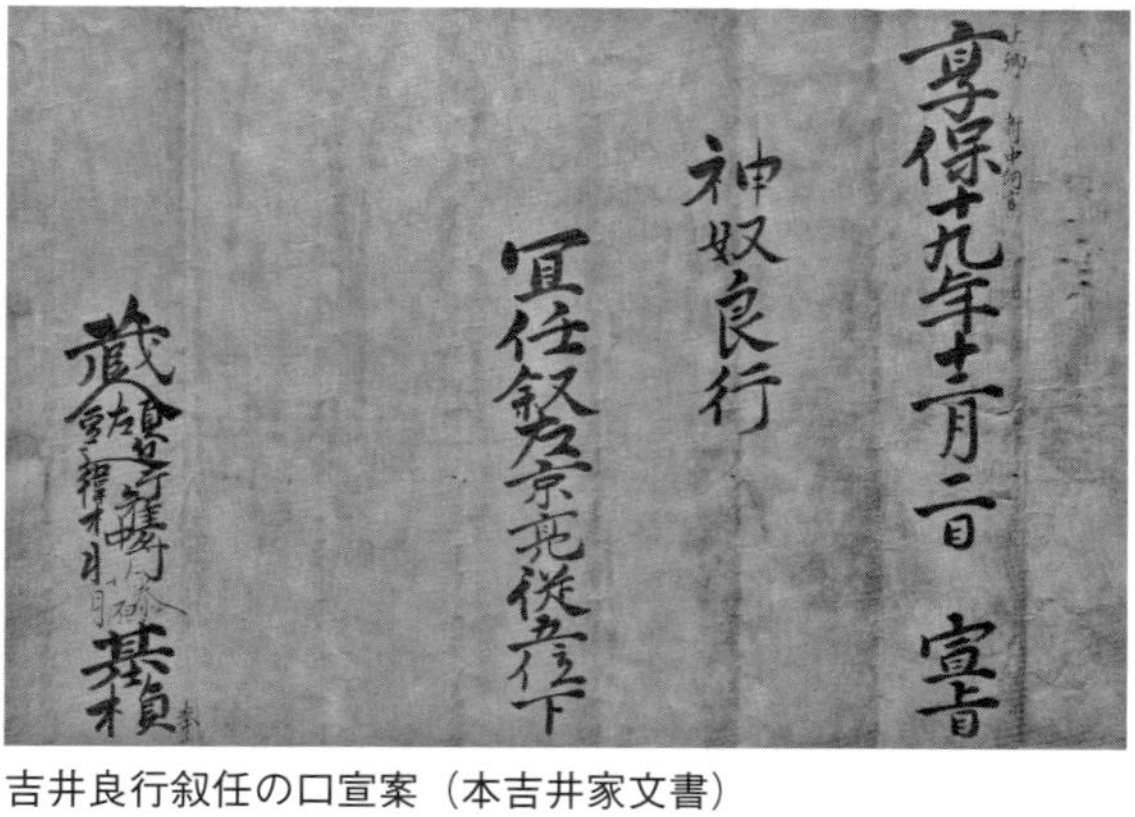

吉井良行叙任の口宣案（本吉井家文書）

介したい。同年九月末、父良信の隠居に伴い、良行が神主職を相続するや、まずは京都へ行き、西宮神社の伝奏（奏請を天皇・上皇へ取次ぐ役、西宮の場合正徳四年〔一七一四〕以前は白川神祇伯家、以後は時々の武家伝奏が伝奏家、本書「伝奏―西宮と朝廷をつなぐもの」五五頁参照）である公家の三条西家・中山家を訪問のうえ、雑掌（公家の家臣）へ、近々官位叙任をお願いするので、その際の周旋依頼の挨拶を行い、西宮へ戻る。

その後良行は十月十六日に再び西宮を発し、翌日に京都へ到着のうえ、官位叙任願いを行いたいと両伝奏へ申し上げたところ、願書・申状《もうしじょう》など必要書類の下書き（雛形・見本）を渡される。その通りに良行が清書を行い持参するが、伝奏のうち月番の中山大納言が死去したため、受理されることなく一旦西宮へ戻っている。十一月十一日に伝手を頼り三条西家に確認したところ、同家は伝奏を免じられ、後任に葉室家が就任したとの知らせが届く。そのため十一月二十一日に再度上京し、就任の祝いとして鯛を進上するとともに、官位願書を提出する。中山家の後任である冷泉家にも挨拶に伺うなどしていると、葉室家より、職事《しきじ》（宮中の事務担当）の甘露寺家へ出願の旨を知らせたという話があり、十二月四日には月番冷泉家より、願いの通り官位勅許があった旨を通知される。

その後は官位叙任御礼の日取りや御礼献上品について、両伝奏とのやりとりが行われているが、献上品については、良行としては困窮していることもあり先例（父良信叙位の事例）の通りに調整したいとの希望を述べるものの、両伝奏からの回答は、「その先例は非常な倹約の状況のうえ、叙位のみであったが、今回はとくに官職・位階いずれも受けるわけであるから、先例の通りとはいかない。しかし、困窮ということもあり、また両武家伝奏の取次ぐところであるから、相応には大目にみよう」というものであった。日取りについては、当日天皇への奏上を取次ぐべき甘露寺家の当主が右少弁《うしょうべん》から右大弁《うだいべん》へ転任し、その御礼を天皇へ奏上するまでは役が果たせないとし、代役として東園《ひがしその》家を紹介されるというやりとりを経て、十二月五日に良行が東園家へ日取り伺いに参上したところ、七日に参内せよと指示される。

かかる指示をうけ、良行は早速紙屋・台屋（仕出屋）などを呼んで献上品を調製してもらい、いよいよ七日の午前十時頃に御所へ参内する。装束は烏帽子・狩衣・小刀で、乗物に乗り、若党を連れ、献上品は長櫃荷台に載せて運んだとある。御所へは今大路庄蔵なる人物の案内にて入り、まずは玄関式台前にて献上品を長櫃荷台から降ろして陳列の後、建物内に入り、時の中《なか》御門《みかど》天皇に拝謁する。その際の様子は、次の間にて奏者である東園頭中将《とうのちゅうじょう》が「西宮神主このたび官位勅許蒙り候御礼」と申し上げ、このかん良行は「頓首仕るばかりにて、何の口上にも及ばず候」とある。天皇の御前にて平伏したまま顔も上げず声も発せず、という拝謁の様子がよくわかる。

拝謁後は御女中方・東宮御所（のちの桜町天皇）・関白近衛家・上卿《しょうけい》（朝儀の責任者）持明

院家をはじめ、冷泉家・葉室家・東園家・甘露寺家・三条西家など、叙任手続きに尽力いただいた関係各所へ御礼まわりを行い、一旦旅宿へ帰着する。そして、装束から裃に着替えたのちに月番伝奏の冷泉家へ、滞りなく拝謁が済んだ旨の報告を行うとともに、帰国を願い受理されている。

さて、かように複雑かつ多くの人の手を煩わす叙任手続きであるが、それ故に必然的に関係各所への進物も入用となる。これが官位の「価格」である。記録によれば、まず天皇へ巻数（祈祷の内容を記したもの）・杉原紙十帖・白銀二枚。御女中方三人へは杉原紙十帖ずつと、取次へ銀二両、小取次へ銭三十疋（一疋＝銭十文）、奏者へ銭二十疋。東宮へは巻数・杉原紙十帖・白銀一枚。上臈御局（身分の高い女官）へ杉原紙十帖。関白近衛家へ巻数・杉原紙十帖。上卿持明院家へ杉原紙十帖。職事東園家へ杉原紙十帖・金二百疋（百疋＝銭一貫文）、同家雑掌へ銀二両、案内今大路庄蔵へ銭三十疋。伝奏冷泉・葉室両家へ杉原紙十帖・金二百疋ずつ、両家雑掌四人へ白銀二両ずつ、となっている。

物品の相場が未詳であるため総額の算出は難しいが、低額とはいえぬ金品が必要であったことは間違いないだろう。なお、これらが西宮神社としての支出か、あるいは神主家としての支出か、という点も残念ながら現在のところは未詳である。

（松本和明）

ある迷子のものがたり

明和八年（一七七一）五月十二日のことである。

西宮神社の表大門の近くに、四歳ぐらいの男児が一人で座っていた。その姿から彼の家族は物乞いで生計を立てる「非人《ひにん》」と称された人々と分かった。彼の親は息子をここに置き、別の場所で物乞いをしているのだろう。ただ夕方には彼を迎えに来て一緒に帰る。神社の人間も、当の本人もそう思っていたに違いない。

しかし夜になっても親は迎えに来なかった。

仕方なく社家の東向斎宮《ひがしむきさいぐう》は、非人を取り締まる長吏《ちょうり》に男児を預け、介抱させた。男児には右手と言葉に障害があったらしい。

次の日、斎宮は西宮勤番所に出向いて事情を伝えた。西宮勤番所とは明和六年（一七六九）に西宮が尼崎藩領から幕府領に移管された後、大坂町奉行所の出先機関として設置された役所である。町内で迷子や捨子があった場合、その場所の住人は必ず勤番所に届け出る決まりとなっていた。

ちなみにこのような迷子や捨子への対策は、徳川綱吉が貞享四年（一六八七）に発した「生類憐れみの令」の内容に則している。犬公方《いぬくぼう》として知られる綱吉だが、彼は「捨子があればすぐに届けるよりも、その場所の者がいたわり、自分で養育するか、望む者がいれば養子にせよ。必ずしも届け出る必要はない」という法令を出し、捨子や病人の保護を打ち出した。彼にとって憐れむ対象は犬だけではなく、人間も含む動物全般に及んでいた。特に弱者への保護は徳川幕府の基本政策として継承され、迷子・捨子・行倒人《いきだおれにん》等が出た際の処理手続きが整備されていったのである。

話を戻そう。斎宮と面会した勤番所の役人は男児の様子を尋ねた。斎宮は彼の障害が生まれつきのもので、誰かが故意に傷つけたのではないこと、親の名前などは何も話さないが、食事の時に熱い寒いは答えること、物乞いは結構な腕前で、昨日も参拝客から多くの銭や菓子等を貰っており、非人の子に間違いないと述べている。

そこで役人は男児を連れてくるよう命じ、直接尋問をした後、大坂町奉行所の沙汰があるまでしっかり保護せよと斎宮に指示した。斎宮は粗末に扱わないよう長吏に言い付けている。

男児にとってみれば、突然見知らぬ場所に連れてこられ、多くの大人に囲まれてあれこれと聞かれたのだから、どれほど不安な気持ちだったろう。だが唯一の救いは、大人たちは一貫して彼の保護に努めたことである。

さて町奉行所の沙汰は十六日に到来した。迷子を告知する札を町の出入り口に七日間立て、親や縁者が現れたら町奉行所に出頭させよとの指示だった。彼はまだ「捨子」ではなく「迷子」であり、親がのこのこ出てきたら奉行所の役人から厳しい叱責《しっせき》を受けたのではなかろうか。

一方、もし誰も現れなかった場合は、身元が確かで、保証人もいる貰《もら》い親を募り、決まったら奉行所に連れてくるよう指示した。

そして運命の七日後――。男児の親はやはり迎えに来なかった。彼はついに「捨子」になってしまったのである。

その直後、男児は病気にかかってしまう。神社は勤番所に報告するとともに、すぐに医者を派遣して、二人の日雇いに看病させた。勤番所も彼の容体に何か異変があれば、すぐに連絡せよと命じた。たった一人の子供に、官民揃っての介抱がなされたのである。

通称「迷子石」（東京都・一石橋）。迷子や尋ね人の特徴を書いた紙を貼って情報を求めた。

こうした甲斐もあって、元気になった男児に吉報が舞い込む。西宮の浜東町に住む中川屋太右衛門なる人物が、貰い親に名乗り出たのだ。

早速斎宮は太右衛門と面会し、彼の素性を見定めて貰い親になることを認める。次いで勤番所に出頭した太右衛門は、男児を手厚く養育すること、病気の際は届け出ること、実の親が出てきた時は無条件で返すことを誓約した。

七月十四日、男児は太右衛門の元に引き取られた。

神社は男児への餞別《せんべつ》として銭十五貫文を与えた。その年の元日に賽銭《さいせん》箱へ納められた額よりも多い餞別に、神社の人々はどのような思いを込めたのだろうか。

その後、男児はいかなる人生を歩んだのか。中川屋を継いだのかもしれないし、実の親がやっと迎えに来たかもしれないが、それを語ってくれる史料はまだ見つかっていない。

しかし彼の人生最大の転機となった二カ月間は、「社用日記」の中に黒い筆跡となっていまも残っている。

そして名も知れぬ迷子の物語は、同時に、彼の身を案じ、彼の将来を一丸となって応援した西宮の大人達の物語でもあった。

（戸田靖久）

銀貨、発掘さる

文化七年（一八一〇）八月七日、西宮神社境内の赤門外南東にあった空堀《からほり》にて銀貨が発掘された。発掘したのは神社のすぐ南にある市庭町の住人鉄屋与左衛門娘とよ（八歳）と山田屋重兵衛娘つね（九歳）であった。彼女らが空堀にて遊んでいた際、何気なく土を掘ったところ、土中から南鐐銀四両一分二朱・丁銀一枚・小玉（豆板銀）百五十四個を発見したのである。

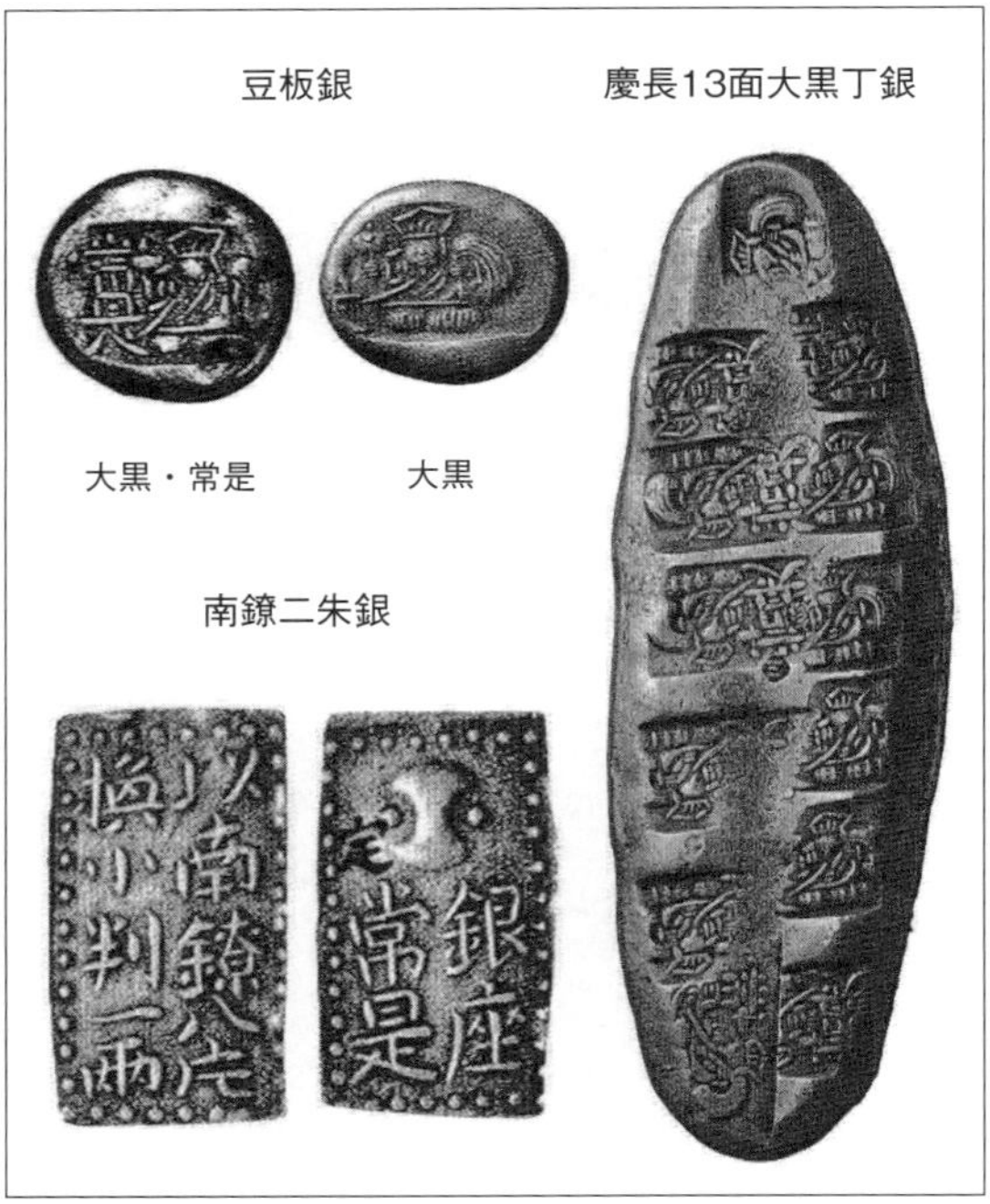

丁銀・豆板銀・南鐐銀（『日本貨幣カタログ』より）

市庭町組頭の五兵衛が早速に西宮勤番所へ銀貨を持参のうえ届けを提出する。ところが勤番所より、神社の者の奥印がなくては書類は受理しないとの回答をうけ、五兵衛が来社のうえ奥印を捺してもらえるように依頼してきたことからこの事実が神社にも知れ、社用日記にも記録されることとなった。その依頼をうけ、社役人辻兵治が奥印を捺した口上書は無事受理され、銀貨は勤番所に保管された。

この間には銀貨発掘を聞きつけた人々が追々やってきてその辺りを掘ったようであるが、二四目のドジョウとはいかなかったようである。ただ、「黄狐神」と彫られた一尺五寸（約四・五センチ）の石が出土し、神社へ持参した者があった。最近のものではないうえ、彫った字も見事であるが、どこから持ってきたものか、また埋もれた理由も皆目判らなかったとあることから、少なくとも西宮神社にまつわる石ではなかったのではないだろうか。

このような、時ならぬシルバーラッシュ騒動のうちに、八月十一日には辻兵治が勤番所へ呼ばれ、「五兵衛へよく問合せを行い、落とし主がいるかどうか気を配っておくように。それでも三十日目になっても落とし主がいない場合には、その旨を五兵衛・庄屋・社中の印を捺した書付を作成のうえ出頭するように」との指示をうける。勤番所としては、落とし主が現れる可能性を考えて三十日間の猶予期間を設定し、その期間内は落とし主の有無を当事者がよくチェックしておくようにという姿勢をとったわけである。

猶予期間である三十日間を経過した直後の手続きについては未詳であるが、この一件は翌文化八年二月に結末を迎える。同月十八日、鉄屋与左衛門と娘とよ、山田屋重兵衛と娘つね、さらに組頭五兵衛と辻兵治が勤番所へ呼び出され、同所において全員大坂西町奉行所へ出頭せよと申し渡される。何のために出頭するのかまでは申し渡されなかったが、神主はこの一件についてであろうと推測している。神主の推測通り、早速大坂へ向かった彼らは西町奉行所において十九日・二十日の両日にわたりこの件について尋問をうけたうえ、二十一日にはとよ・つねの両名に対して、発掘した銀貨をそのまま下されて一件は落着したのであった。

ここから、やはり落とし主は見つからなかったこと、そしてその場合、全額が発見者にお上から下げ渡されることになっていたことがわかる。大坂町奉行所が結着をつけたのは、西宮勤番所が上部機関である町奉行所に対してこの一件の判断を仰いだためであろう。神社にとっては何の役得もないままに手続きに駆り出され、はては大坂まで同行させられたわけである。ただ、謝礼の意味もあろうか、両名の親より初尾という名目で金二百疋、大坂へ往復した費用として金百疋が神社へ、さらに実際に神社側の担当となった辻兵治にもいくばくかのお金が渡されたようである。

さて、この一件は、当時の拾得物の取扱い方がうかがえる点においても興味深い。まず届け人と届け先である。発見者が幼少であったこともあろうが、その親たちではなく、町内の組頭が届け人となっていること、届け先は西宮勤番所であったことが指摘できる。つぎに発見場所である。赤門外とはいえ、境内に属する場所であるため、届けの際には神社の者の印鑑も必要であり、以後決着するまで神社も当事者であり続けた。つまり、発見者が住む町の責任者、そして発見場所の管理者のいずれの印鑑が欠けても役所は受理しなかったのである。また無事受理されると役所が拾得物を預かることとなっていたようであるが、今度は印鑑を捺した者たちは、役所が限った期限内は常に落とし主のありなしに注意しておかなければならなかった。そして、期限内に落とし主が見つからない場合は、たとえ幼少であったとしても、また形式上ではあったとしても、親でも町の責任者でもなく、発見者へ全額が下げ渡されることなどが確認できよう。ちなみに、同様の一件を現在の法律にあてはめると、拾得物は発見者（とよ・つね）と土地所有者（神社）とで折半となる（民法第二四一条）。

なお、この幸運な少女とよ・つねの両名がその後どのような人生を送ったのかは杳《よう》として知れない。ただ、お金よりもなによりも、たまたま銀貨を発掘したことにより歴史のひとコマに名を残したことこそ幸運であったといえるのではないだろうか。

（松本和明）

江戸時代の神職の髪型

「西宮神社の神職」の項において、江戸時代の神主以下神職の装束について紹介したが、髪型はどのようなものだったのだろうか。江戸時代ということもあり、月代《さかやき》を剃ったちょんまげ姿を想像される方もおられるのではないだろうか。そこで、本項では「社用日記」に記された、髪型について起きた問題を通して確認していきたい。

享保十年（一七二五）九月二十一日、神主吉井良信は領主尼崎藩へ息子左京（当時十七歳、のち吉井左京亮良行）の元服について書付を提出したところ、藩役人より、「古来より束髪《そくはつ》のところ、此度末々跡目《このたびすえずえあとめ》相勤め候左京に候えば、此度《このたび》始りに成り候存入如何《ぞんじいりいかが》」と、神主は昔より束髪（図参照）であるが、左京は将来神主職を継ぐ者であるのに今回前例にないことを行おうとする存念を尋ねられる。ここからは何が前例にないのかが読み取れないが、それに対する良信の返答に「江戸御殿中《ごてんちゅう》へ罷り出で候大社神主も月代《さかやき》にて相勤め申し候」とあることから、元服と同時

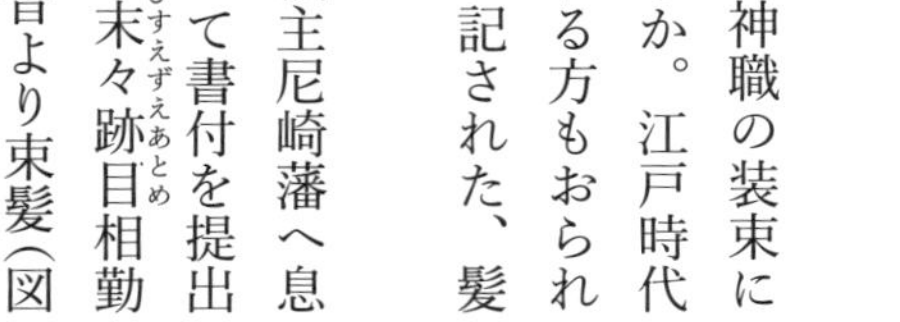

惣髪（『類聚近世風俗志（守貞漫稿）』国立国会図書館デジタルコレクションより）

に月代を剃ることが書付に記入されており、それが前例のないことであるため藩役人に問題視されたことがわかる。そして、良信は大社の神主も月代で江戸城へ登城している事例を持ちだして反論する、という構図であったことも窺える。さらに良信は「旅へ罷り出で候節気毒《きのどく》の儀共御座候につき願い申し候」と述べているように、外出の際、束髪では「気毒」（当時は、自分の心に苦痛や困惑を感じること、という意味で使用）であるという理由を付している。

この問題は、藩では判断しかねたようで、同じ藩領内の住吉社・生田社の神主については「勝手次第」と指図するが、西宮社は江戸城にて年頭礼を行う格式ある神社であり、「右の趣にていかようの儀出来の節、御差図とこれ有り候ては如何思召候《いかがおぼしめしそうろう》」と、何らかの問題が生起した場合、藩の指図で行ったとあっては藩の責任になるため、自己判断で問題ないと思えば願書を提出せよと指示している。

なにやら現在に通じるような藩役人の責任回避の仕方であるが、結局、良信は元服の際に月代を剃らせ、束髪は相続した時点で行うという折衷案を採る。元服と神主相続とを切り分けるという論理で、元服から相続までの間だけでも息子に月代姿でいさせてやろうとしたわけである。良信の親心が垣間見える。

これは神主家だけの問題であったのではなく、この前年の享保九年には社家東向左膳《ひがしむきさぜん》が藩へ無許可で長髪から「男に成」っていたことが問題となっている。これに対して藩は「私《わたくし》に有髪《うはつ》の社家月代《さかやき》いたし候は不届《ふとどき》」として左膳を逼塞《ひっそく》（自宅謹慎。閉門より軽く、遠慮より重い刑罰）に処す（三月十五日）。このことから、「男に成」るとは、月代を剃ることであり、ここでは藩へ無許可である点と、本来有髪であるべきはずであるという点が二重に問題となっていると考えられる。

なぜ左膳は無断で月代を剃ったのかという藩の尋ねに対して、神社の責任者として返答した神主は「拙者悴儀《せつしやせがれ》もなで（撫）付《つけ》は道中等の節も山伏の様にて気毒《きのどく》に候」（二月八日）などと、自分の息子の事例を出して左膳の行為に理解を示している。この一件もさきの左京元服の事例の前提になっていると考えてよいだろう。

いずれの事例も有髪を嫌う理由として「旅」「道中」の際の見栄えを挙げており、行きかう人々にまさに「山伏の様」に見られてしまうことが、神職身分である彼らにとって我慢ならなかったのではないだろうか。ただ、良信は江戸年頭礼を行う他の神主は月代であると述べており、この点はレトリックの可能性を含めて検討すべき問題であろう。

現在に生きる我々の視点からは、月代姿はやや奇異にうつる。しかし、当時は成人男性にとっては月代姿であることが常識であり、有髪であるべき神職ですら月代姿でありたいと願っていたのである。そして、この事例は、当時の人々の考え方や行動を現在の常識にあてはめて推し量ることの危うさを教えているといえよう。

（松本和明）

西宮神社の幕末

およそ三百年続いた江戸時代。その最後の年となった慶応四年（一八六八）を、西宮神社はどのように迎えたのか。「社用日記」を紐解いて、激動の一年を振り返ってみよう。

まず正月元日は快晴で、多くの参詣者が神社に訪れた。なかには長州藩（山口）、大洲《おおず》藩（愛媛）、小浜藩（福井）の藩士も見られた。長州藩は言うまでもなく、大洲藩も新政府側に属し、西宮に藩兵を進駐していた。長州藩は六年前の禁門の変で「朝敵」となり、京都入兵をいまだ許されていなかった。岩倉具視《ともみ》の朝廷工作で解禁されるまでの我慢の駐屯であった。

一方、小浜藩は幕府によって西宮守護を命じられていた。つまり西宮は「呉越同舟《ごえつどうしゅう》」の様相を呈していたのである。そんな彼らがえびす神に何を祈ったのか興味あるところだが、三藩の駐屯は、西宮町の地理的重要性を如実に示していると言えるだろう。

また同じ元日条には「旧冬より諸神降臨数多《あまた》これ在《あ》り候ニ付、大三十日も踊り止まず、今日も降り候事」とあり、西宮町で発生していた神札降りと、「ええじゃないか」の狂騒ぶりが記されていた。

慶応三年八月頃に三河地方で始まった「ええじゃないか」は、不安定な社会情勢への怖れや怯えを背景に各地へ伝播《でんぱ》し、同年十一月頃に西宮町辺で発生したらしい。当時は長州藩の西宮上陸が噂された頃と重なっていた。人々が狂舞する「ええじゃないか」の流行からは、大勢の藩兵と同居することになった西宮町人の、強い緊張感を読み取ることができよう。

そんな西宮町人の緊張感を一段と刺激したのが、刻一刻と流れてくる京・大坂や周辺地域の情報だった。

例えば「社用日記」正月三日条には、伏見の奉行所・肥後藩邸・豊後橋《ぶんごばし》（観月橋）の火災が記される。これは元日に戦端が開かれた鳥羽伏見の戦火を指す。他にも薩摩藩兵が旧幕府軍に奪われぬよう自ら放火した、大坂蔵屋敷の火災も書き留められている。

五日には西宮町の西にある打出《うちで》村の住人が、村から退去しているとの情報が西宮神主の耳に入り、慌てて人を派遣して確認させている。実際に村人は家財道具をまとめていたらしく、神主家の家族は大変驚いたという。さらに六日には、尼崎藩の知人が家族十人を連れて西宮町にやってきて、尼崎城下が大混乱に陥っていると神主に伝えている。

その後も西宮勤番所の役人が、七日に突然退去して居なくなったり、西宮町人にも家財道具を片付ける者が現れたりと、町内の緊迫した雰囲気がうかがえる。

神社も社頭守護の人員を配置したり、本殿や諸末社の鍵や神璽《しんじ》を安全な場所に移動したりするなど自衛措置を取った。ちなみに神主は、いつでも自宅を退去できるよう、夜間も身支度を調えたまま布団に伏していたらしい。

こんな中でも大坂市中の状況は逐一西宮に届き、ついに大坂城内に火の手が上がったことが九日・十日条に記されている。正月十日といえば「十日えびす」の当日である。例年ならば早朝の開門と同時に、大勢の参詣人が境内に押し寄せるのだが、この年門前で待っていたのはわずか十四、五人だった。しかしながら切迫した状況下でも、従来通りに神事祭礼を執り行うところに、幕末期の神職達の気概を感じ取れよう。

さて旧幕府軍の抵抗を退けたものの、新政府軍の西宮駐留は二月に入っても続いていた。そんな折に備前岡山藩が神社に対し、境内を馬の稽古場に貸して欲しいと頼んできた。岡山藩兵は三千人の大所帯で、一月上旬から駐留しており、広い境内に目を付けたのだろう。

そこで神社は南の築地塀の外側に広がる「芝附《しばつき》」と呼ばれる社地なら貸しても構わないと返答した。しかし岡山藩は是非とも境内を借り受けたいと直談判し、神社も何とぞ塀外でと譲らなかった。この直後に岡山藩兵は京都へ移動したため、社地貸与の話は無くなった。

神社境内で馬を扱うことは珍しくない。例えば天保元年（一八三〇）に、公家の近衛家から栗毛の神馬《しんめ》一疋《いっぴき》と馬具一色等が奉納された。神馬は毎年正月七日に本殿前へ引き出され、境内を三巡するのが恒例行事となっていた。また江戸時代の中頃から、祭礼日の見世物興行の一種として、馬上での曲乗りや馬に芸を行わせる「曲馬《きょくば》」が何度も催され、本殿へと続く長い参道が用いられたと思われる。

だが軍事訓練目的での貸与依頼は初めてで、しかも大藩からの強い要請に神職も対応に相当苦慮したと思われる。しかし諸国藩兵の街道往来や西宮駐留を含め、幕末維新という激動の時代をまさに象徴する出来事と言えよう。

そして二月十七日に薩摩藩の岩下清之丞《いわしたせいのじょう》が西宮に到着する。彼は空屋敷となっていた旧西宮勤番所に入り、仮役所を設置する。行政的にはこの時点から西宮町政の新体制が始まったことになり、以後神社は神事祭礼の届出や各種の願書を仮役所に提出している。

では当時の神社が明治新政府に求めていた事案は何だったのか。

第一には旧幕府の「御渡米《おわたしまい》」の継続である。

西宮神社は毎年幕府から九石余の米を支給されていた。これは明和六年（一七六九）に西宮町の支配権が尼崎藩から幕府に移った際、それまで尼崎藩が下付してきた三十石分の米を、幕府が「御渡米」として支給していたのである。額自体はさほど大きくないが、幕府や尼崎藩との繋がりを示す要素として神社は非常に重視していた。従って維新以後も新政府との繋がりを維持するべく、御渡米の継続を求めたのである。

ちなみに御渡米は明治四年（一八七一）まで旧幕府と同じ額を兵庫県から支給されていたこ

とが「社用日記」で確認できる。それ以降は何らかの理由で廃止され、尼崎藩時代に始まる慣習が絶たれたのである。

第二には御神影札《おみえふだ》の頒布《はんぷ》体制の保障である。

西宮神社は幕府から「えびす・田の神・神馬」の三絵像札（御神影札）の独占的な配札権と、配札人から役銭を徴収し、社殿修理料に充てる権利を認められていた。この特権が諸国におけるえびす神と西宮神社への信仰を支えていた。しかし特権を保障する幕府が瓦解《がかい》したいま、御神影札の頒布体制の存続は、神社にとって宗教的にも経済的にも死活問題であり、その重要度は御渡米の比ではなかった。

そしてこの件に関して西宮神社は、明治

西宮神社境内にある神明神社。かつては西宮勤番所内に鎮座していたが明治維新後に移築された。

政府から講社《こうしゃ》設立の許可を得て、各地に設立した講社を通して御神影札を頒布する仕組みを構築した。また明治政府の宗教政策により、頒布する御神影札の出版と販売の法的権利（版権）を神社は獲得した。つまり御神影札の頒布体制は、従来の仕組みを変えながらも、明治政府によって再び保障されることになった。

このように幕末の西宮神社は、戦争の騒乱に包まれる中、神事祭礼を絶え間なく執り行う一方、新しい時代に合わせた御神影札頒布の道を歩んでいくのである。

（戸田靖久）

本書には「えびす・ゑびす」の漢字表記として「恵美酒・恵比寿・恵美須・蛭子・戎・夷」等が見られるが、史料用語としての使われ方を優先し、表記を統一しなかった。また現在では不適切とされる江戸時代の身分に関わる語句や表現が見られるが、当時の社会風潮、人々の意識、考え方がどのようなものであったかを知る上での、歴史用語としての観点からあえて改めず、文書史料の原文のままとした。

❖参考文献

【第一章】

『生田神社史 下 後神家文書』生田神社社務所、一九八八年

石井良助編『徳川禁令考』前集第五、創文社、一九五九年

岩城卓二『近世畿内・近国支配の構造』柏書房、二〇〇六年

靭矢嘉史「近世神主の江戸城年頭礼―大宮氷川神社・府中六所宮を事例に」（『早実研究紀要』三七）二〇〇三年

靭矢嘉史「神職の集団化と幕府支配―武蔵国独礼神主層を事例に」（井上智勝・高埜利彦編『近世の宗教と社会〈二〉国家権力と宗教』）、吉川弘文館、二〇〇八年

佐藤晶子「『西宮神社御社用日記』について」（『悠久』七七）一九九九年

神道大系編纂会編『神道大系　論説編一一　伯家神道』同編纂会、一九八九年

高久智広「明和上地と兵庫勤番所」（『ヒストリア』二四〇）二〇一三年

『西宮市史』第二巻、西宮市、一九六〇年

幡鎌一弘「臼井雅胤が八神殿神璽を一条兼香に奉呈するに至った道のり」（『ビブリア』一三三）二〇一〇年

幡鎌一弘「臼井雅胤日記三点」（『天理大学おやさと研究所年報』二三）二〇一七年

平井誠二「武家伝奏の補任について」（『日本歴史』四二二）一九八三年

二木謙一「江戸幕府の正月参賀の成立」（林陸朗先生還暦記念会編『近世国家の支配構造』）雄山閣、一九八六年

二木謙一「江戸幕府将軍拝謁儀礼と大名の格式」(『日本歴史』六一八)一九九九年
松本和明「史料解説」(西宮神社文化研究所編『近世諸国えびす御神影札頒布関係史料集』)西宮神社、二〇一一年
松本和明「解題」(西宮神社文化研究所編『西宮神社文書』第二巻)清文堂出版、二〇一八年

【第二章】

井上智勝「在地社会における神職官位と執奏家」(『近世の神社と朝廷権威』)吉川弘文館、二〇〇七年(初出二〇〇五年)
大谷めぐみ「寺社造営史における『本願』研究の意義と課題」(『大谷大学大学院研究紀要』二三)二〇〇六年
熊野本願文書研究会編『熊野本願所史料』清文堂出版、二〇〇三年
西田かほる「近世前期の西宮神社—他社との比較を通じて—」(『ヒストリア』二三六)二〇一三年
幡鎌一弘「正徳の争論の経緯とその背景」(西宮神社文化研究所編『西宮神社御社用日記』第二巻)清文堂出版、二〇一三年
松本和明「解題　近世西宮神社における願人」(西宮神社文化研究所編『近世諸国えびす御神影札頒布関係史料集』)西宮神社、二〇一一年
松本和明「近世西宮神社における神主職相続とその手続き」神社史料研究会サマーセミナー報告レジュメ、二〇一七年
山本殖生「大規模な熊野三山本願所の展開」(豊島修・木場明志編『寺社造営勧進　本願職の研究』)清文堂出

版、二〇一〇年

【第三章】

「日下村元庄屋日記」京都大学所蔵
『広報とよなか』二〇一五年二月号、豊中市、二〇一五年
戸田靖久「西宮社『年中神事』に見る近世西宮町の様相」（『年報都市史研究』二一）二〇一四年
『とよなか歴史・文化財ガイドブック』豊中市教育委員会、二〇〇八年
西宮神社編『西宮神社』学生社、二〇〇三年
西宮神社文化研究所編『西宮神社文書』第一巻、清文堂出版、二〇一七年
幡鎌一弘「『西宮神社御社用日記』にみる元禄期の西宮神社・広田神社の年中行事」（西宮神社文化研究所編『西宮神社御社用日記』第一巻）清文堂出版、二〇一一年
幡鎌一弘「正徳の争論の経緯とその背景」（西宮神社文化研究所編『西宮神社御社用日記』第二巻）清文堂出版、二〇一三年
籔元晶『雨乞儀礼の成立と展開』岩田書院、二〇〇二年

【第四章】

大高弘靖・大高宜靖『水戸の大神楽 水戸藩御用』ふじ工房、一九八四年
家世実紀刊本編纂委員会編『会津藩家世実紀』第五巻、歴史春秋社、一九七九年

『蒲江町史』蒲江町、一九七七年、二〇〇五年
『上浦町誌』上浦町、一九九六年
河内将芳『祇園祭の中世―室町・戦国期を中心に―』思文閣出版、二〇一二年
河野弘「水戸太神楽の系譜」（『茨城の民俗』一五）一九七六年
河野弘『水戸太神楽』筑波書林、一九八三年
北川央「大神楽―獅子舞と放下芸が紡ぐ心の交流」（『別冊太陽　日本のこころ一一五　お神楽』）平凡社、二〇〇一年
北川央「獅子が往く―水戸大神楽随行記―」（『季刊仏教通』八・九）二〇〇四年
北川央「伊勢大神楽の回檀と地域社会」（園田学園女子大学歴史民俗学会編『漂泊の芸能者』）岩田書院、二〇〇六年
北川央『神と旅する太夫さん　国指定重要無形民俗文化財「伊勢大神楽」』岩田書院、二〇〇八年
北川央「関東における大神楽事情―伊勢・江戸・水戸、三つの大神楽の関係」（幡鎌一弘編『近世民衆宗教と旅』）法蔵館、二〇一〇年
小出祐子「近世建仁寺門前蛭子社における参詣空間の成立について―十八世紀後半の普請計画を通して―」（『日本建築学会計画系論文集』五五三）二〇〇二年
『堺市史』続編第一巻、堺市、一九七一年
佐藤晶子「西宮夷願人と神事舞太夫の家職争論をめぐって」（橋本政宣・山本信吉編『神主と神人の社会史』）思文閣出版、一九九八年

「信濃奇勝録」（『新編信濃史料叢書』第一三巻）信濃史料刊行会、一九七六年
庄司吉之助編『会津風土記・風俗帳　巻二　貞享風俗帳』歴史春秋社、一九七九年
「須部神社文書・宇波西神社文書」福井県立文書館　写真帳
中野洋平「えびす願人・えびす社人とその支配」（『ヒストリア』二三六）二〇一三年
中村茂子「大神楽の発生と展開および萬歳周辺の芸」（中村茂子・三隅治雄編『大衆芸能資料集成　第二巻　祝福芸Ⅱ　大神楽』）三一書房、一九八一年
橋本鶴人「習合家神職集団の形成と展開（上・下）―近世武州における神事舞太夫の事例を中心に―」（『埼玉地方史』五六・五七）二〇〇六年・二〇〇七年
林淳「陰陽師と神事舞太夫の家職争論」（『近世陰陽道の研究』）吉川弘文館、二〇〇五年
『福井県史』通史編2中世、福井県、一九九四年
松永友和「大坂から阿波・徳島への往来について―渡海の手続きと「鳴門」見物の旅を中心に―」（「鳴門の渦潮」世界遺産登録学術調査検討委員会編『「鳴門の渦潮」世界遺産登録学術調査報告書～文化編～』）同委員会、二〇一七年
松本和明「史料解説」（西宮神社文化研究所編『近世諸国えびす御神影札頒布関係史料集』第二巻）西宮神社、二〇一七年
宮明邦夫『シリーズ藩物語　佐伯藩』現代書館、二〇一〇年
柳貴家正楽『ひとろく―大神楽の世界―』新いばらきタイムス社、一九九四年
柳貴家正楽『家元襲名十周年記念写真集　大神楽の世界』水戸大神楽宗家、一九九八年

藪田貫『国訴と百姓一揆の研究』校倉書房、一九九二年
横山陽子「会津藩における被差別民の存在形態」（『別冊東北学』六）二〇〇三年
吉井良昭「えびす信仰の広がり―阿波における西宮御神影札賦与・勧請を通して―」（「阿波木偶箱廻し」調査・伝承推進実行委員会編『四国における「三番叟まわし」「えびすまわし」調査報告書―地域社会から見た門付け芸能―』）同委員会、二〇一三年
吉田ゆり子「万歳と春田打ち―近世下伊那の身分的周縁―」（『飯田市歴史研究所年報』一）二〇〇三年
吉田ゆり子「地域社会と身分的周縁」（『部落問題研究』一七四）二〇〇五年

【第五章】

高埜利彦「近世国家における家職と権威」（『近世日本の国家権力と宗教』）東京大学出版会、一九八九年

【第六章】

岩城卓二「西摂津社会の中の西宮・広田神社」（『ヒストリア』二三六）二〇一三年
海原亮「都市大坂の捨子養育仕法」（『住友史料館報』四〇）二〇〇九年
沢山美果子『江戸の捨て子たち―その肖像』吉川弘文館、二〇〇八年
塚本学『生類をめぐる政治―元禄のフォークロア』平凡社、一九八三年
『西宮市史』第二巻、西宮市、一九六〇年
吉井良秀『老の思ひ出』私家版、一九二八年

著作／『寺社史料と近世社会』法蔵館2016年など。

早栗 佐知子（はやぐり さちこ）
1971年生まれ。西宮市教育委員会文化財課嘱託。専門は日本民俗学。六甲山とその周辺の山岳信仰を研究。

東谷 智（ひがしたに さとし）
1970年生まれ。甲南大学文学部教授。専門は日本近世史。藩政史を中心に地域行政の展開について研究。著作／「堅田藩における大庄屋の成立とその職掌」（『甲南大学紀要・文学編』168）2018年など。

日向寺 朋子（ひゅうがじ ともこ）
1991年生まれ。西宮神社文化研究所研究員。専門は日本中世史。中世前期のえびす信仰や武士について研究。

俵谷 和子（ひょうたに かずこ）
1970年生まれ。西宮市立郷土資料館学芸員。専門は日本民俗学。高野山納骨信仰成立史、江戸時代の念仏行者研究。著作／『高野山信仰と権門貴紳』岩田書院2010年、「江戸時代の女人救済と徳本行者」（『御影史学論集』39）2014年など。

松永 友和（まつなが ともかず）
1980年生まれ。徳島県立博物館学芸員。専門は日本近世史。大坂や阿波の地域史などを研究。著作／「阿波藍をめぐる藍商・紺屋と藩政の動向」（地方史研究協議会編『徳島発展の歴史的基盤』雄山閣）2018年など。

松本 和明（まつもと かずあき）
1979年生まれ。静岡大学人文社会科学部准教授。専門は日本近世史。近世の寺社・寺社領などを研究。著作／「近世中後期における大坂町奉行所寺社支配について一元禄五年寺社改帳を手がかりに一」（『史学雑誌』126-3）2017年など。

村上 紀夫（むらかみ のりお）
1970年生まれ。奈良大学文学部教授。専門は日本文化史。著作／『近世勧進の研究』法蔵館2011年、『近世京都寺社の文化史』法蔵館2019年など。

森本 真紀子（もりもと まきこ）
1985年生まれ。私立高等学校教員。専門は日本近世史。

山﨑 善弘（やまさき よしひろ）
1968年生まれ。東京未来大学モチベーション行動科学部准教授。専門は日本近世・近代史。国家・領主制論、地域社会論などを研究。著作／『徳川社会の底力』柏書房2017年など。

横山 陽子（よこやま ようこ）
1977年生まれ。さいたま市アーカイブズセンター史料調査員。専門は日本近世史。奥羽の被差別民を中心に研究。著作／「南奥の近世被差別民の多様性と関係性一「穢多」・「癩人」・「非人」から見る」（『部落解放研究』202号）2015年など。

吉井 良昭（よしい よしあき）
1951年生まれ。西宮神社宮司。えびす信仰史、西宮神社御神影頒布の研究。

吉田 ゆり子（よしだ ゆりこ）
1958年生まれ。東京外国語大学大学院総合国際学研究院教授。専門は日本近世史。兵農分離、身分、地域社会研究、家と女性史などを研究。著作/『近世の家と女性』山川出版社2016年など。

執筆者紹介

井上 智勝（いのうえ ともかつ）
1967年生まれ。埼玉大学教養学部教授。専門は日本近世史。宗教社会史。中国・ベトナム・朝鮮などの東アジア諸国との比較研究も行う。著作／『吉田神道の四百年―神と葵の近世史』講談社2013年など。

梅田 千尋（うめだ ちひろ）
1970年生まれ。京都女子大学文学部教授。専門は日本近世史。陰陽道史、諸信仰の関係を研究。著作／『近世陰陽道組織の研究』吉川弘文館2009年、「近世の神道・陰陽道」（『岩波講座日本歴史近世３』岩波書店）2014年など。

衛藤 彩子（えとう あやこ）
1971年生まれ。西宮市立郷土資料館嘱託（学芸員）。専門は日本近世史。現職では特別展示「西宮町人の生活と文化―江戸時代の日記を読み解く―」等を担当。

笠井 今日子（かさい きょうこ）
1986年生まれ。西宮市立郷土資料館学芸員。専門は日本近世史。たたら製鉄業をめぐる産業史、流通史などを研究。著作／「近世中期石見銀山領における鉄山政策と鑪製鉄業の展開」（『史学研究』282号）2013年など。

北川 央（きたがわ ひろし）
1961年生まれ。大阪城天守閣館長。織豊期政治史・近世庶民信仰史専攻。著作／『神と旅する太夫さん』岩田書院2008年、『大坂城と大坂の陣』新風書房2016年、『近世金毘羅信仰の展開』岩田書院2018年など。

志村 洋（しむら ひろし）
1964年生まれ。関西学院大学文学部教授。専門は日本近世史。藩領大庄屋や幕末の強情者などを研究。著作／「地域社会の変容―幕末の「強情者」と寺領社会―」（藤田覚編『近代の胎動』吉川弘文館）2003年など。

戸田 靖久（とだ やすひさ）
1975年生まれ。西宮神社文化研究所主任研究員。専門は日本近世史。主に神社と地域社会との関係を研究。著作／「西宮社「年中神事」に見る近世西宮町の様相」（『年報都市史研究』21）2014年など。

戸森 麻衣子（ともり まいこ）
1975年生まれ。早稲田大学エクステンションセンター講師。専門は日本近世史。幕府地域行政に関与する代官・代官手代・地役人・勘定所役人などについて研究。

西田 かほる（にしだ かほる）
1964年生まれ。静岡文化芸術大学文化政策学部教授。専門は日本近世史。著作/『近世甲斐国社家組織の研究』山川出版社2019年など。

橋本 鶴人（はしもと つると）
1963年生まれ。埼玉県ふじみ野市教育部社会教育課主幹。専門は近世宗教社会史。神事舞太夫などの神道系の宗教者の存在形態や身分を研究。著作／「近世後期における神事舞太夫と修験の争論」（『埼玉大学紀要』54-2）2019年など。

幡鎌 一弘（はたかま かずひろ）
1961年生まれ。天理大学文学部教授。専門は日本近世史、日本宗教史。近世の寺社、巡礼、民衆宗教などを研究。

えびすさま よもやま史話《しわ》

「西宮神社御社用日記《にしのみやじんじゃごしゃようにっき》」を読《よ》む

2019年11月30日　初版第1刷発行

編　者＿＿西宮神社文化研究所
〒662-0974　兵庫県西宮市社家町1－17
TEL 0798-33-0321 ／ FAX 0798-33-5355

発行者＿＿吉村一男

発行所＿＿神戸新聞総合出版センター
〒650-0044　神戸市中央区東川崎町1-5-7
TEL 078-362-7140 ／ FAX 078-361-7552
https://kobe-yomitai.jp/

装丁・DTP／神原宏一

印刷／神戸新聞総合印刷

落丁・乱丁本はお取替えいたします

ISBN978-4-343-01060-5 C0021